El sendero del
Tikún

Una guía práctica para encontrar tu propósito
con la sabiduría de los 72 Nombres de Dios

Rosa Gómez Casañ

Rosa Gómez Casañ

....

El sendero del
Tikún

Una guía práctica para encontrar tu propósito
con la sabiduría de los 72 Nombres de Dios

....

2020

GÓMEZ CASAÑ, Rosa (Valencia, 1958)

El sendero del Tikún. Una guía práctica para encontrar tu propósito con la sabiduría de los 72 Nombres de Dios / Rosa Gómez Casañ; [prólogo de Mario Javier Sabán y F. E. Eckard Strohm]. Kindle Direct Publishing, 2020.
292 p.: 89 ils. (b/n y color) y tablas. 23 cm. Bibliografía (p. 273-276)

ISBN: 978-84-09-19845

1. Cábala. 2. Judaísmo. 3. Religión. 4. Ángeles (Judaísmo). 5. Espiritualidad-Judaísmo.
I. Gómez Casañ, Rosa. II. Sabán, Mario Javier, prólogo. IV. Eckard Strohm, F. E., prólogo. V. Título

El sendero del Tikún. Una guía práctica para encontrar tu propósito con la sabiduría de los 72 Nombres de Dios

© 2020, Rosa Gómez Casañ
Kindle Direct Publishing
Diseño de cubierta: Francisco Pallarés
Diseño interior y maquetación: https://maquetadordelibros.es
Número ISNI: 0000 0000 6119 7469
ISBN: 978-84-09-19845-0

Todos los derechos reservados. Esta publicación no puede ser reproducida, ni en todo ni en parte, ni registrada en o transmitida por un sistema de recuperación de información en ninguna forma ni por ningún medio, sea mecánico, fotomecánico, electrónico, magnético, electroóptico, por fotocopia o cualquier otro, sin permiso previo por escrito de la autora y de su editorial. La infracción de los derechos mencionados puede ser constitutiva de delito contra la propiedad intelectual (Art. 270 y siguientes del Código Penal).

Every name for God is only a try to put him to our Imagination!

¡Cada Nombre de Dios es sólo una oportunidad para entregarlo a nuestra imaginación!

F.E. Eckard Strohm

A los Ángeles, mis compañeros de vida, que día a día me han estado acompañando en cada uno de los momentos de mi existencia y que me han llevado hasta quien hoy soy.

A mis hermanos los seres humanos.

A mis hijos, Arantxa y Xabier, por nuestro mutuo amor desde el respeto.

Índice general

Prólogo de Mario Sabán	11
Prólogo de F. E. Eckard Strohm	13
Prólogo de la autora	15
Agradecimientos	23
Introducción	27
- El origen de los 72 Nombres de Dios	30
- El papel de los 72 Nombres de Dios en la Creación y en nuestra vida	34
- El *Shem Ha-Meforash*	38
- Los 72 Nombres de Dios en *El Bahir*	40
- Meditaciones con los Nombres de Dios	44
- Meditaciones con combinaciones de Nombres de Dios ...	50
- ¿Quiénes son los Ángeles?	55
- Métodos para invocar a los Ángeles de la cábala	57
- Salmos y cantilación	57
- Velas: nombre en malajim y sellos	59
- Oraciones e invocaciones	64
- El Ángel del programa de vida personal y su cálculo	65
- El efecto de nuestro Ángel personal	65
- Una propuesta de trabajo personal	85
- Ventanas de oportunidad	89
Estudio y significado de los 72 Nombres de Dios	90
Principal bibliografía consultada	273
Apéndice I: Tablas de los Ángeles	277
Apéndice II: Cálculo del Ángel personal mediante instrumentos informáticos	280
Apéndice III: Velas y sus diseños de los 72 Ángeles de la cábala	283

Prólogo de Mario Sabán

A lo largo de la vida de una persona se van cumpliendo sueños y, a veces, esos sueños aparecen en el momento menos esperado.

Se dice en la tradición judía que existen 36 justos anónimos que sostienen el universo y la humanidad y, si alguno de estos justos no fuera reemplazado en forma inmediata, Dios decretaría el final porque ya no tendríamos el sostén necesario para merecer nuestra continuidad como especie. Creo que uno de esos justos se ha revelado con esta obra.

Cuando conocí a mi amiga Rosa Gómez Casañ se me cumplieron varios sueños al mismo tiempo, y con la oportunidad que tengo de escribir este prólogo los confesaré todos.

Mi primer sueño fue cuando ejercía la dirección de la asociación judía de España Tarbut Sefarad, recuerdo que siempre soñaba que los estudios judíos volvieran a florecer en las antiguas tierras de Maimónides y Najmánides. Con este libro mi amiga Rosa ha cumplido uno de mis sueños.

Mi segundo sueño fue que alguna vez un investigador serio y responsable terminara de explicarnos las 72 energías divinas de los Nombres de Dios, y cuál fue mi sorpresa cuando recibí la hermosa noticia de que Rosa Gómez Casañ estaba terminando esta investigación.

Mi tercer sueño era que una mujer fuera cabalista, a lo largo del tiempo en la cábala hemos tenido muchos hombres y alguna mujer oculta dentro de la historia, y mi amiga Rosa ha cumplido también este sueño.

Queridos lectores, tenéis en vuestras manos una obra fundamental para comprender las 72 energías que fueron decodificadas por la antigua tradición secreta del judaísmo, analizadas con una sensibilidad especial por nuestra querida Rosa Gómez Casañ.

Cuando leí las primeras palabras de su libro confesando públicamente: "mi vida era un desastre", exclamé dentro de mí, ¡qué alma valiente la de esta mujer!, y qué orgullo para mí tenerla como amiga, alumna y Maestra.

Querida Rosa: ¡cuánto te debemos los que estudiamos la cábala!

Qué privilegiados somos en esta generación de contar con una mujer que en Sefarad nos explica los misterios de los 72 Nombres de Dios.

Para mí, es un orgullo contarte entre los que ya están haciendo historia en la cábala.

Eres Rosa, una cabalista, una mujer que ha buscado el secreto de la existencia y del universo.

Siempre recordaré nuestro viaje a Israel de diciembre de 2019 contigo y tus sabias explicaciones a los miembros de nuestro grupo.

Siempre sonriente, siempre pensativa, siempre indagando lo oculto detrás de la realidad de la materia.

Tenemos en nuestras manos la sabiduría de un alma muy especial, Rosa Gómez Casañ ya ha dejado su legado a las futuras generaciones porque nos ha revelado algunos de los más importantes secretos que son los 72 conductos por los cuales el Infinito oculto se ha revelado a través de su Merkabá.

Que así como los tres versículos del libro de Éxodo relatan la apertura de las aguas del Mar Rojo, así las explicaciones de Rosa alcancen nuestro corazón y nuestra mente para que se abran y se conecten con la luz divina.

Que estos 72 Nombres de Dios explicados por ti derramen la luz al universo.

Gracias Rosa, por organizar la luz para los que desean ascender, y por iluminar a los que se encuentran en las Tinieblas.

Tu amigo,

Mario Javier Sabán, año 5780

Prólogo de F. E. Eckard Strohm

Querido lector,

Conozco a Rosa desde hace muchos años como una de mis alumnas más entusiasmadas. Cuando vino con la idea de este libro, supe inmediatamente que iba a ser un libro extraordinario, pues ella trataría este tema con precisión y apertura.

De ello sólo podía salir un libro excepcional. Y así ha sido.

Todo aquel que busque sobre este tema, debería tener este libro para poder mirar de forma lenta pero segura detrás de los misterios de Dios.

Pero también el esotérico con experiencia debería encontrar aquí algo que quizás nunca buscó, porque ni siquiera conocía.

Todos aquéllos interesados en la espiritualidad podrán descubrir algo.

Estoy orgulloso de que sea mi alumna la que ha escrito tan buen libro.

Eckard Strohm
Gran Maestro

Prólogo de la autora

Entre 1999 y 2001, cuando conocí la cábala, mi vida era un perfecto desastre, estaba totalmente desestructurada y muy perdida, pues se me había escapado el trabajo que desarrollé durante dieciséis años, un trabajo que me gustaba muchísimo, casi diría que me pirraba, pero que me estaba provocando en los últimos años serias contradicciones y problemas éticos y en el que había recibido maltrato, donde se habían vertido mentiras y denigración sobre mi persona, amén de las envidias que suscitaba. Como ya pasaba de los cuarenta era difícil encontrar uno y recibí respuestas como "usted está sobrecualificada", con la consiguiente desesperación por mi parte que veía que el tiempo pasaba y no había forma de lograr un sustento estable con la amenaza a necesidades básicas humanas como el alimento, el agua o el cobijo que veía peligrar por días y sin saber cómo solucionar. Además había perdido la custodia de mis hijos por graves calumnias que un juez inepto creyó, con un enorme dolor interno, porque no entendía emocionalmente esta pérdida, que al principio tampoco comprendía a nivel espiritual ni mental, con todo el desgarro interno que eso supone. Y, por supuesto, si un juez lo dice, algo muy malo tiene que haber hecho esta mujer y fui tildada de "mala madre" sin prácticamente apoyos, incluida casi toda mi familia. Vi literalmente como amigos y familiares huían de mí, unos por rechazo y enjuiciamiento y otros, como comprendí después, porque no soportaban ver el pesar que todo esto me producía y que ellos no aguantaban verme en tal estado. Ya sabes, los amigos sólo lo son en las duras y en las maduras, porque quien sólo lo es en una de ellas, no es verdaderamente un amigo, pero eso no lo alcanzaba a entender en este momento y me creó desaliento y mucha confusión. Me sentí profundamente sola, completamente abandonada y hasta traicionada por quienes creía que me querían con la decepción que todo esto me provocaba. Así que me había convertido en la mala de la película. De poco serviría que poco después la segunda instancia judicial me diera la razón y sentenciara que me los devolvieran, es más, que su padre tuviera visitas tuteladas. Ya me habían colgado el sambenito y los demás sabían poco o nada de estas historias judiciales, que a veces causan más morbo que interés genuino, con lo que encima tienes que callarte y aguantarte cuando lo que necesitas es apoyo, cariño y comprensión y estás recibiendo el juicio castigador de los demás. La buena fama tarda mucho en construirse, pero es muy fácil de arruinar y muy difícil después reconstruirla. No me había quedado ni el derecho al buen nombre. Si aún te importa la opinión de los demás, como entonces era mi caso, esto es muy lacerante. Y aquel juez inepto fue capaz de no acatar la resolución judicial y desacató a una instancia superior para no dar su brazo a torcer. Mis dos opciones eran denunciarlo por el delito que estaba cometiendo o claudicar y tragar y no me quedó otra que aguantarme, porque ningún abogado quiere llevar la denuncia contra un juez, ya que su carrera profesional peligra, porque los otros jueces empiezan a verlo como un enemigo en otros casos que lleva y lógicamente el letrado piensa en comer y no en ponerse las flores de los triunfos judiciales. Mi grado de impotencia y de frustración era indescriptible, me sentía humillada y vilipendiada, abandonada y castigada por un sistema judicial humano claramente injusto, diría que inhumano, un sistema que te estigmatiza, con todas la heridas que esto causaba en mi alma. Así que imagínate todo este cúmulo de emociones desagradables juntas, que me lastraban y me engullían como un tornado, que me estaba arrasando con una fuerza desmedida. Y para añadir algo más a tanta aflicción y disgusto en ocho meses engordé cuarenta kilos consecuencia de un cuerpo que gritaba y se autoprotegía ante tanta congoja. Evidentemente estaba lejos de saber quién era realmente, con la consiguiente angustia vital, y más lejos aún de saber cuál era mi propósito, con el subsiguiente vacío existencial, que algún médico, poco versado en estos estados del alma, confundió con una depresión con la consecuente estigmatización externa y con el hecho que no se ponía solución al problema real y se dilataba el remedio para todos estos males. Estaba literalmente rota por dentro en mil pedacitos difíciles de recomponer y me sentía pisoteada hasta un punto en que mi autoestima ni existía. Me faltó muy poquito para volverme loca irremediablemente y emprender una fuga permanente de la realidad de imprevisibles consecuencias. Estuve literalmente al borde de la locura. Pero como me dijo un conocido en aquel entonces: "Dime cómo de profundo es el pozo en el que has caído y te diré lo alto que subirás cuando salgas de él". Esto no me sirvió de consuelo en aquel momento, aunque me aportó algo de luz. Y hoy te puedo decir que sé cuánta razón tenía. Pero también te diré que he estado en el infierno y que, gracias a Dios, he vuelto de él, porque para mí no es un lugar, sino un estado del alma.

En este estado estaba convencida de que me había equivocado en mi propósito vital, porque desde niña siempre he creído que nuestra vida tiene un propósito concreto. Me decía a mí misma: "Tienes que espabilarte, estás a mitad de la vida. Debes averiguar rápido cuál es tu propósito, porque sólo te queda media vida para poder cumplirlo". Si algo me caracteriza es que si tengo claridad sobre algo, voy a por todas y no me importa lo difícil que sea, porque siempre he creído que "nada es imposible, que sólo es imposible lo que tú crees que es imposible". Como estaba decidida a encontrar mi propósito, algo noble y que el alma anhela, tuve toda la ayuda del cielo y de la tierra. Busqué en la astrología, el Diseño Humano, la numerología tántrica hasta que encontré, casi por casualidad, la cábala. Me es difícil describir el gran gozo que sentí en las primeras clases con Jaime Villarrubia en las que reía sin parar de la enorme alegría que experimentaba. Alguien racionalmente y con lógica me explicaba lo que yo siempre había sabido y creído y mi entorno se había empeñado en decirme que no era así, lo que me había llevado anteriormente a poner en duda mi autoridad interna, a dudar de mi clarisapiencia y mi intuición certera con la consiguiente pérdida de autoestima y de cercanía con mi verdad interior.

La cábala me haría descubrir el tikún, el propósito dentro del conjunto de las reencarnaciones, la necesidad de rectificación del mundo específica de cada alma, que Dios nos dio a escoger en el momento en que fuimos creados y según la cual nos dio dones y talentos específicos para que pudiéramos desarrollarlos y convertirlos en cualidades y habilidades en el mundo de la materia. Con ella también vinieron los 72 Nombres de Dios. Y gracias a ambos y al trabajo interior pude reconstruirme. Pero no fue de un día para otro, porque me llevó tiempo y paciencia, pero "lo que no te mata, te hace fuerte". Si eres capaz de sobreponerte a la adversidad y adaptarte a las circunstancias y sacar lo mejor de ellas, extraes los aprendizajes que te plantean, porque no se trata de lo que te pasa, sino de qué haces con lo que te ocurre. La cábala, la filosofía y principios de vida que implica, me aportaron y me aportan fundamento firme sobre el que afianzar mi vida y consolidarla, una forma de plantearte tu relación con la Totalidad integral y holística, coherente, sin fisuras. La cábala te obliga a dudar, a cuestionarte, a preguntarte, es la explicación del Todo donde las preguntas son más importantes que las respuestas, porque la pregunta correctamente formulada te devuelve una respuesta certera y te enseña a debatir y a crecer con nuevos argumentos congruentes y llenos de sentido. En resumen, te propone un crecimiento constante como ser humano. Como casi desde el principio los Nombres de Dios y las herramientas espirituales transformadoras me acompañaron, el camino de vuelta a mí misma y a la esencia de mi propio ser tuvo una guía eficaz y confiable que me fue proporcionando un despertar constante con la transformación interior que ello implica.

Con el tiempo descubrí que mi propio propósito vital es ayudar a revelar a otros seres humanos su propio tikún y que los Nombres de Dios son una herramienta poderosísima para conseguirlo. Mi deseo es que no pases por el vacío existencial de quien no conoce su rumbo y, en consecuencia, va dando bandazos, que logres, a través de lo que este libro te propone, despertar y elevar tu consciencia al punto que sepas con certeza y claridad qué has venido a hacer al mundo, cuál es el lugar que en él te corresponde por derecho divino, que lo ocupes y te pongas a cumplirlo, a alcanzar la realización que no es otra cosa que consumar tu tikún, que llegues a tu verdad interna y a sentir tu propia esencia y la vivas en plenitud, que te recuperes a ti mismo para ti mismo y puedas vivir tu mejor versión.

Evidentemente mi vida ha pasado desde ese estar totalmente perdida al que me refería al principio hasta tener la claridad y certeza de saber quién soy, qué he venido a hacer al mundo, cuál es mi lugar en él por derecho divino y estar completamente en proceso de realización con la consiguiente paz interior, con la felicidad inherente que nace de quien está haciendo su tikún, porque la felicidad es casi la consecuencia más palpable de estar cumpliendo tu propósito y con un grado de fluidez en mi vida lleno de gratas sorpresas y regalos inesperados a cada paso. Hoy mi vida es lo que siempre he querido que fuera, estoy en mi mejor versión y todo ello gracias a la cábala, los Nombres de Dios y el trabajo interior.

En otro orden de cosas, cuando conocí la cábala casi inmediatamente llegué a la comprensión, no completa entonces, de los Nombres de Dios. Mi maestro Jaime Villarrubia (a él no le gusta que lo llamen maestro, porque dice que él no es maestro de nada) me recomendaba que los tratara con respeto, porque los Ángeles de la cábala, como así también se llaman, te pueden dar un buen tirón de orejas si no sigues el camino que tu alma se ha propuesto de elevar su consciencia. Desde entonces los Nombres de Dios me han acompañado a lo largo de un arduo camino, me han ayudado a comprender situaciones que me afectaban emocionalmente, detectar creencias tóxicas o no-verdades que me limitaban, a eliminar el chapapote de mi subconsciente y especialmente a aceptar el aprendizaje que como regalo traían escondidas. El conocimiento de los Ángeles de la cábala llegó de forma progresiva, así como también cómo profundizar en el conocimiento de cada uno de ellos y con qué herramientas poder trabajar con ellos como un camino que ilumina la majestuosidad divina que se pone al servicio de los hombres para elevarnos por encima de la oscuridad y devolvernos la grandeza de ser hijos suyos.

Esta obra no ha estado exenta de dificultades, pero fue gracias a las propias fuerzas de Dios que fui capaz de sacarla adelante, pues sin ellas no hubiera sido posible, porque cuando se trata de temas que tienen que ver con un mundo distinto de *Assiah* (Mundo de la Acción) puede no ser suficiente el esfuerzo. Sólo permitiendo que la gracia divina operara en mí, no resistiéndome a ella, dejándola fluir es como este libro ha llegado a tus manos.

Existen unas cuantas obras que exploran los Nombres de Dios. Un buen número de ellas apenas realizan aportaciones nuevas, pues son la repetición casi textual de lo que dijeron otras. Algunas contienen claros errores sobre el nombre de los propios Nombres de Dios y como lo que dicen de dichos nombres está basado en las letras hebreas que los componen, pero éstas no están correctamente reflejadas, se producen desaciertos en lo que aportan, aunque en apariencia parezcan una gran contribución. Si hay una obra que destaca por ser completamente diferente es la de Yehuda Berg: *Los 72 Nombres de Dios. Tecnología para el alma*, si bien este autor no explica cabalísticamente de dónde extrae sus asertos y es bastante incompleta sobre el significado de ellos. Por otra parte, la obra de Eduardo Madirolas *La cábala de la Merkavá. Una vía universal de iluminación y liberación*, aunque parte de una perspectiva distinta del análisis cabalístico de los

Nombres de Dios de la que empleamos nosotros y es bastante breve en su exposición de los Nombres de Dios, llega a conclusiones sobre su significado que compartimos plenamente.

Hemos partido del análisis que Jaime Villarrubia hizo de los Nombres de Dios mediante los métodos cabalísticos, a lo que hemos añadido nuestra contribución personal. Este autor no trabaja con los versículos de los salmos atribuidos a cada Nombre de Dios y la información que estos aportan es interesante para comprender sus atributos. Finalmente, he añadido una oración de invocación y ruego, específicamente escrita para este libro, que recoge lo que aporta cada Nombre de Dios, así como el nombre del Ángel en *malajim* (*malachim*) —el lenguaje de invocación angelical— y el sello correspondiente a cada uno y el procedimiento para realizar las velas que con estos últimos se hacen. Se encontrará también explicación de cómo meditar con los Nombres de Dios y de qué manera esta meditación actúa sobre nosotros.

Hay algo completamente original y nuevo en este libro que no encontrarás en ningún otro y es la secuencia de trabajo que se debe seguir con los Nombres de Dios para, de forma progresiva, muy segura y eficaz ir desde el despertar de la consciencia y su elevación, pasando por el propio descubrimiento del tikún hasta la completa realización del propósito. Tienes en tus manos una vía práctica y muy eficiente para transformarte y evolucionar.

También vas a encontrar en este libro una explicación del lugar que los Nombres de Dios ocupan en la Creación y su papel en ella que no ha sido expuesta antes y que te permitirá entender el enorme alcance que los Nombres de Dios tienen y hasta qué punto te pueden ayudar a extraer de tu interior tus potencialidades dormidas.

La mayor aportación de este libro no es sólo lo nuevo que ofrece, sino también el hecho de reunir herramientas prácticas que hasta ahora no habían figurado nunca juntas. Todas son técnicas simples y muy fáciles y he recogido la esencia de lo mejor de ellas, tras haber estudiado en muchos libros y en algunas tradiciones orales, juntando las piezas de un rompecabezas que recoge el extracto de lo mejor que hay sobre los Nombres de Dios para que así tu camino sea simple y cómodo, tratando de evitarte el galimatías de consultar muchas obras y no saber a qué carta quedarte.

Me consta que otros cabalistas explican otras técnicas, créeme que he probado estas y aquellas y su eficacia y que he seleccionado las herramientas que se ofrecen en esta obra desde la experiencia propia tanto por su sencillez como por su eficiencia. Algunas son tan simples que uno puede desconfiar de que algo tan fácil pueda funcionar, pero aquí es válido el principio de la navaja de Ockham: "En igualdad de condiciones, la explicación más sencilla es la correcta".

El título o el subtítulo de este libro en justicia debería ser "El tocable y el intocable Dios" pues realmente es lo que este libro contiene, pues refleja, en mi opinión, con precisión aquella parte de la divinidad que los Nombres de Dios representan que está a nuestro completo alcance y es asequible, es tocable para nosotros, pero como ocurre con la divinidad (y los Nombres de Dios son atributos divinos) hay aspectos que nos resultan completamente intocables o inaccesibles, porque los Nombres de Dios ocupan en la Creación el papel de asegurar precisamente el límite o barrera entre lo finito y lo infinito, como verás explicado más adelante y que es una de las aportaciones novedosas de este libro. Pero este subtítulo resulta poco comprensible a simple vista para la mayoría de los que buscan una obra sobre esta temática precisamente porque hasta ahora no se había revelado la tarea de los Nombres de Dios en el conjunto de la Creación y todo lo que implica respecto a ellos.

¿Me queda algo por decir sobre los Nombres de Dios? Sí, más de 200 páginas ya escritas a las que les falta corrección de estilo y notas aclaratorias, pero viendo que esto me iba a llevar mucho tiempo, la obra se iba a alargar y muchas personas me estaban pidiendo que saliera ya, he optado por poner por obra el refrán "lo mejor es enemigo de lo bueno", porque a veces ser tan perfeccionista es una *klipá* (vicio) de Binah. Sé que este libro va a cubrir un hueco existente referente a obras sobre este tema en español, porque me consta y sé perfectamente que no se ha publicado previamente nada parecido, además de que va a poder ayudar a muchísimas personas. Tiempo habrá pues de volver a los materiales que no estarán en esta primera edición y publicar una segunda.

Los contenidos de este libro forman parte de un curso que he impartido, y aún doy, en distintos lugares de España, tanto de forma presencial como on line, que ha supuesto un cambio transformador en mis alumnos. Si estás interesado en seguir este curso que además contiene ejercicios prácticos para ayudarte a encontrar tu tikún, escríbeme a heshlem@gmail.com, búscame en Instagram como **@heshlem** o mira en mi página web **www.rosagomez.com** para que te pueda orientar sobre dónde lo puedes realizar.

La inspiración de este libro nació de forma natural como parte del desarrollo interior que sigo junto a mi maestro espiritual F.E. Eckard Strohm quien en todo momento me ha apoyado en el proceso.

Madrid, 2 de abril de 2012- Valencia, 16 de febrero de 2020

Agradecimientos

A Jaime Villarrubia por cederme parte de los materiales sobre el análisis de los Nombres de Dios que figuran en esta obra, por su amistad y apoyo incondicional a lo largo de todos estos años, porque en él no sólo encontré un maestro sino también un gran amigo que me ha dado sabios consejos sólo cuando se los he requerido, con el respeto que esto supone a los procesos de aprendizaje que he vivido desde que lo conocí.

A F. E. Eckard Strohm que con un enorme respeto a mi libertad personal me ha guiado por las difíciles aguas del camino del espíritu con comprensión, enorme amor y paciencia considerable. Él constituye un ejemplo viviente de maestría y con su actitud y enseñanzas contribuye a que tú puedas alcanzar la tuya propia. Me ha dado consejos muy valiosos sobre el material de este libro que me han aportado claridad en momentos en los que no estaba segura. También le agradezco su presentación a este libro.

A Mario Sabán por la generosidad de tomarse tiempo en su apretadísima agenda para revisar el mecanoscrito de este libro, señalarme sus errores, desaciertos o mejoras que realizar, gracias a sus dilatados conocimientos cabalísticos de los que aprendo constantemente, a sus sabios consejos y a su amistad incondicional y tolerante. Gracias también a su elogiosa presentación de este libro.

A Eduardo Madirolas que tuvo a bien escuchar mis dudas sobre los Nombres de Dios y con gran humildad me dio sabios consejos no sólo para este libro, sino también para mis cursos y todo ello sin conocerme previamente.

A Óscar Sierra Calderón por su amistad sincera y cordial, por revisar la transcripción hebrea de los salmos y el texto completo de este libro en busca de gazapos. Si alguno se le ha escapado, ha sido mío, no suyo.

A Vicka, que ni siquiera quería aparecer en esta obra, que cuidó de la corrección de los textos hebreos de los salmos y de su exactitud.

A Paloma González, hermana del alma y antigua alumna, que persiguió el gazapo del gazapo y quizá logró acabar con ellos o al menos reducirlos a su mínima expresión.

A Francisco Pallarés y Yolanda Meana, en parte "culpables" del libro que tienes entre manos, ambos creyeron en mí y en mi proyecto cuando apenas era un esbozo y me han apoyado incondicionalmente desde el principio, promovieron y fomentaron que se iniciaran los cursos de los 72 Nombres de Dios en el centro que dirigen, que se han mantenido hasta hoy gracias a su energía entusiasta y transformadora. Su apoyo ha sido clave para mí.

A Salud Pedraza, gran amiga, que ha acogido los cursos de los 72 Nombres de Dios en su centro y que es mi más aventajada alumna.

A Sandra Castelló y Félix Pastilla, compañeros del alma, que impulsaron los cursos en Ibiza de los 72 Nombres de Dios en su centro y me recibieron como a una hermana de sangre.

A Juana María de León y Carlos Verge, hermanos en el espíritu, que impulsaron el curso en Lanzarote y me adoptaron como parte de su familia.

A Ángeles Quintana, una alumna ejemplar, que desde su generosidad me ofreció toda su ayuda para realizar gráficos y transcripciones de textos míos orales y cuya noble motivación fue que este libro viera la luz cuanto antes.

A Anna Martí, querida mamá de tres retoños, que sacó tiempo de su apretada agenda para traducir la presentación en alemán de Eckard Strohm a este libro.

A mis amigos, siempre presentes y al tanto, por su respeto hacia mí y su cariño y son tantos que la lista sería larga. Me siento muy afortunada por el regalo de su amistad y de la intimidad que me proporcionan. Ellos saben muy bien quiénes lo son.

A mis hermanos esenios, compañeros del alma, comprensivos, amorosos, tolerantes, pacientes, fuertes, justos, que están ahí a las buenas y a las malas, que tantas veces han sido una inspiración para mí y un ejemplo admirable y a seguir.

A mis alumnos de los que tanto he aprendido con sus dudas, sus preguntas, sus cuestionamientos, que me han incitado a buscar la mejor forma de explicar la materia de forma sencilla y llana, de presentarles materiales fáciles y simples, de mejorarme cada día y que han sido un acicate para entregar lo mejor de mí en los cursos y hacerlo a fondo y desde la apertura del corazón. Sé que ellos están esperando este libro con anhelo y por fin van a ver satisfechos sus deseos.

A mis pacientes que confían en mí como su guía en su proceso de sanación, por la responsabilidad y compromiso consigo mismos que me demuestran a cada paso, que es el mejor material a través del que pueden alcanzar la mejor versión de sí mismos y su salida del laberinto espiritual hacia la verdadera libertad del ser y el autorreconocimiento de su esencia.

A mis hermanas carnales, Pilar, Carmen y Charo, que no comparten mi camino ni mi concepción de la vida, pero lo respetan.

A mis padres, Primitivo y Pilar, ya fallecidos, que no escatimaron en mi educación y me proporcionaron un magnífico ambiente cultural en el que crecer y que con su nivel de exigencia, que tardé bastante en comprender, me llevaron a buscar la excelencia en las obras.

A mis hijos, Arantxa y Xabier, la mayor alegría de mi vida y mis mayores hinchas, no porque compartan mi camino, sino porque les hace felices que yo haga aquello con lo que me siento feliz desde el respeto profundo a la libertad y con un gran sentido de la justicia. Me llena de gozo el ver en qué se han convertido. Ellos me regalaron uno de los primeros libros que tuve sobre los Nombres de Dios, cuando aún no alcanzaban ni la mayoría de edad, simplemente porque "esas son cosas que interesan a mi madre".

Finalmente, si en esta obra encuentras algún error es de mi cosecha y no de los que me ayudaron ni de los que me aconsejaron.

NOTA IMPORTANTE:

Los rectángulos en los que están inscritos tanto los sellos como los nombres en *malajim* no forman parte de los mismos, se han utilizado con fines de maquetación y **no deben emplearse dichos rectángulos al grabar el sello o escribir el malajim sobre la vela.**

Introducción

Una de las herramientas que hemos aprendido de la Biblia son los 72 Nombres de Dios: 72 combinaciones de tres letras hebreas, cada una portando una energía específica que puede ayudarnos en nuestra vida. Se trata de 72 estructuras energéticas que cubren todo el proceso de elevación de la consciencia del ser humano, desde su despertar hasta su plenitud, al tiempo que conforman una tecnología espiritual para ayudar a que dicho desarrollo se produzca a través de constituir un poderoso antídoto del *ego* humano. Los cabalistas meditan con estos nombres para conectar con la esencia divina que existe dentro del ser y para ayudarse a cambiar y desarraigar los aspectos negativos, limitantes o egoístas que yacen dentro de ellos mismos y han hecho esto durante siglos para despertar y alcanzar el desarrollo de su máximo potencial. Estas combinaciones de letras son herramientas espirituales que nos ayudan a cambiar despertando en nuestro interior la potencialidad dormida, no nos dan nada que no tengamos ya en potencia, son despertadores del desarrollo de la consciencia y nos ayudan cuando estamos atorados en algún aspecto que nos impide crecer para lograr ser la mejor versión de nosotros mismos.

Dentro de los 72 Nombres están representadas todas las 22 letras del alfabeto hebreo salvo una. Resulta interesante que falte sólo una letra: la *guimel.* ¿Por qué la letra *guimel*? Porque, de acuerdo a los cabalistas, la *guimel* representa *gaavá,* lo que en español significa 'orgullo'[1], por lo cual cualquiera que quiera utilizar los Nombres de Dios para su orgullo personal, esto no le funcionará porque la *guimel* no está, porque si buscamos la retribución (*guemul,* גמול) para nosotros mismos, los Nombres de Dios simplemente no actuarán. Debemos ser conscientes de que no

---

[1] Según el Midrash de las letras hebreas la *guimel* también fue rechazada para inicial de la Creación porque es la inicial de *guemul* (גמול), 'retribución'. Véase Camuñas, María Selene y Villarrubia, Jaime (2007): *Las letras hebreas y sus pruebas iniciáticas. Las tentaciones en los senderos del Árbol de la Vida. Un recorrido espiritual por el alfabeto hebreo,* Málaga, Miraguano Ediciones.

somos nosotros los que operamos estos milagros, sino las inteligencias a las que invocamos y en la medida en que resonamos con ellas en su misma frecuencia, se operan los milagros en nuestra vida. Ellos extraen de nosotros nuestras potencialidades dormidas, despertándolas y permitiendo que crezcan hasta su máxima expresión. En nuestro interior ya yace la semilla que aportan y ellos actúan como acicate.

Ahora ¿qué hay de malo con el orgullo? Es decir, todos tenemos orgullo ¿cierto? Muchos de nosotros sentimos orgullo por nuestros talentos, por nuestro país o ciudad de residencia, incluso por nuestro equipo deportivo local. Pero este no es el tipo de orgullo del que hablamos aquí.

En este caso estamos hablando del orgullo que anula nuestra conciencia y apreciación por la Luz del Creador en nuestras vidas. La pregunta que necesitamos hacernos es: cuando alcanzamos algo, cuando llegamos al éxito, ¿creemos que fue nuestro propio poder lo que nos trajo hasta allí? De ser así, no hemos entendido que nada podemos hacer sin la gracia divina, que nuestros logros no son nuestros. ¿Por qué? Porque la verdad es que no podemos hacer nada sin la ayuda de la Luz.

Todos nosotros hacemos algún tipo de trabajo en este mundo, el que hemos venido a hacer cada uno de nosotros es el plan de nuestra alma para esta encarnación o programa de vida y el propósito del conjunto de nuestras reencarnaciones o *tikún*. Todos tratamos, todos luchamos, todos hemos sentido el dolor. Todos podemos volvernos exitosos en algo. Pero en nuestro camino al éxito, debemos reconocer que no alcanzamos el éxito por nosotros mismos y a través de nuestro propio poder, sino que necesitamos el poder de la Luz para llegar a nuestra realización y que sin ella nuestros intentos pueden quedar frustrados por el orgullo de creer que lo logrado lo hemos conseguido por nuestros propios méritos, cuando en realidad es el efecto de la Luz que permitimos en nosotros la que hace que alcancemos un mayor nivel de consciencia y la realización en la materia. Es cierto que sin esfuerzo por nuestra parte, no será posible y que este es un elemento indispensable, pero sin la Luz del Creador actuando en nosotros, nuestros esfuerzos pueden llegar a ser completamente vanos. Como le dijo Isaac Luria a su alumno Jaim Vital cuando este le resaltó lo que había llegado a alcanzar: "Fue a través del esfuerzo". Cada nivel de consciencia que logramos no se realiza sin esfuerzo, de hecho "si dices que no te esforzaste, es que no lo lograste", pero el logro es posible gracias a la Luz del Creador. Es posible poner mucho esfuerzo por alcanzar algo, pero si creemos que sólo con nuestro esfuerzo alcanzaremos un mayor nivel de consciencia, andamos errados.

Todas las personas tienen el potencial del Creador dentro de ellos. Pero los que tendrán éxito de forma real y duradera serán aquellos que hagan algo para compartir con otros, mientras que el resultado de aquellos que actúan y hacen sólo para ellos mismos puede durar únicamente el tiempo mientras la persona hace. Esta es la razón por la que cada día cuando nos despertamos, necesitamos tomar una decisión: ¿estamos aquí para ser una Luz para el mundo o estamos aquí sólo para nosotros mismos? Es necesario transformar nuestro deseo de recibir la Luz para nosotros mismos en el deseo de recibirla para compartir.

Cuenta un viejo cuento que un indio muy sabio se encontraba enseñando a su pequeño nieto una de las lecciones más importantes de la vida. Le contó al pequeño niño la siguiente parábola:

"Existe una pelea dentro de cada uno de nosotros. Es una terrible pelea entre dos lobos", le dijo.

"Un lobo es malo. Es furia, rabia, envidia, remordimiento, avaricia, arrogancia, autocompasión, resentimiento, mentiras, falso orgullo, superioridad y *ego*. El segundo lobo es bueno. Es alegría, paz, amor, esperanza, serenidad, humildad, bondad, empatía, verdad, compasión y fe".

El nieto pensó sobre esto un momento. Entonces le preguntó al abuelo, "¿Qué lobo ganará esta pelea?"

El abuelo simplemente respondió, "Aquel al que tú alimentes".

Y cada día nos deberíamos preguntar ¿A cuál estás alimentando hoy? En algún momento de la vida tenemos que tomar una decisión y es la de ¿qué voy a alimentar en mi vida? Esto se refiere a cada pequeño pensamiento, sentimiento o emoción, palabra y acto que realizamos, porque sólo cuando se es fiel, se es fiel en lo mucho, tal como manifiesta Mt 25: 21 "El señor le dijo: 'Muy bien, eres un criado bueno y fiel. Y como has sido fiel en lo poco, yo te pondré al cargo de mucho más. Entra y alégrate conmigo". Cuando tomamos esta decisión de ser fieles en lo pequeño, luego más adelante cuando lleguen las grandes pruebas es cuando somos capaces de superarlas porque previamente, en lo cotidiano, en el día a día, hemos tomado la opción por la Luz, por hacer, como explican los cuatro acuerdos de la sabiduría tolteca: "Haz siempre lo mejor que puedas"[2]. Las pruebas en nuestra vida se mantienen mientras no hemos alcanzado la reconciliación de nuestra sombra y nuestra luz, hemos alcanzado como consecuencia de ello la paz (*shalom*) y nos sentimos entonces completos (*shalem*) ante nosotros mismos, ya que siempre lo fuimos, pero no lo habíamos reconocido hasta ese momento.

El punto principal es estar conscientes todo el tiempo de que existe la fuerza de la Luz, un poder que trasciende el mundo físico, y que existe en cada uno de nosotros. No se trata de lo que *yo* siento, sino de preocuparse por lo que *nosotros* sentimos. Cuando hacemos esto, podemos llegar al lugar en el que tenemos un sentido de unidad con nuestros vecinos y, por ende, tener el derecho de recibir la bendición de la Luz de manera duradera en nuestras vidas y en el mundo.

El origen de los 72 Nombres de Dios

En la cábala existen 72 Ángeles, también conocidos como Nombres de Dios, que se corresponden con 72 nombres divinos cuya única diferencia es que aquellos son portadores de la terminación *–el (*אל*)* o *–iah (*יה*)*, según sean de la frecuencia masculina o de la femenina respectivamente, mientras que estos están formados únicamente por una secuencia de tres letras hebreas que te conectan con fuerzas espirituales de alta frecuencia y que tienen un efecto profundo en el alma, ya que potencian nuestras capacidades y dones internos, además de ser poderosos protectores de nuestra realidad física. (Se dice que un Nombre de Dios es más fuerte que una armadura). Estas 72 combinaciones únicas de las letras hebreas crean una vibración especial, que sirve como antídoto poderoso en contra de la energía negativa del *ego*

---

[2] Cfr. Ruiz, Juan (2002): *Los cuatro acuerdos. Un libro de sabiduría tolteca*, Barcelona, Urano, 7ª ed. Los otros tres acuerdos son: "Sé siempre impecable con tus palabras", "No te tomes nada personalmente" y "No hagas suposiciones".

humano y actúa como catalizador de ciertas frecuencias espirituales concretas según iremos viendo a lo largo de esta obra.

Estos 72 Nombres proceden de tres versículos bíblicos de Éxodo, a saber, los versículos Éxodo 14: 19-21 en la Biblia hebrea (aunque sin las debidas vocales)[3].

Este concepto de letras divididas procede del fragmento 110 del *Sefer Ha-Bahir*, el Libro de la Claridad[4]. Sin embargo, este fragmento alude, no a los Ángeles de la cábala, sino a los Nombres divinos. En efecto, dicho texto comienza con estas palabras:

"Hay un nombre que se deriva de los tres versículos (Éxodo 14, 19-21): "Y viajaron" [vaisá]… "Y llegaron" [vaiabó]… "Y se extendieron" [vaiet]...

Las letras del primer versículo: "Y viajaron…" están dispuestas en este nombre en el orden en el que están en el versículo.

Las letras del segundo versículo: "Y llegaron…" se disponen en el nombre en orden inverso.

Las letras del tercer pasaje: "Y se extendieron…" se disponen en el nombre en el mismo orden en el que aparecen en el versículo, igual que en el caso del primero.

Cada uno de estos versículos contiene 72 letras.

Por lo tanto, cada Nombre que se deriva de estas tres frases: "Y viajaron" [vaisá]… "Y llegaron" [vaiabó]… "Y se extendieron" [vaiet]... contiene tres letras.

Estos son los 72 Nombres. Emanan y se dividen en tres secciones, 24 letras en cada sección.

Estos tres versículos dicen lo siguiente:

---

[3] La Biblia hebrea carecía originalmente de vocalización, puesto que esta no era necesaria al ser el hebreo una lengua hablada y cuya vocalización era conocida. Pero aproximadamente sobre el siglo VI d. C. ya se había introducido la llamada puntuación masorética (de *mesorah* מסורה 'transmisión de una tradición') que determina la pronunciación exacta, por lo que entre otras cosas se incluye la puntuación vocálica, aunque esta no es la única que guardan los textos masoréticos que fueron compuestos, editados y difundidos entre el siglo I y el X d.C.

[4] Cfr. Kaplan, Aryeh (2005): *El Bahir. Traducción, introducción y comentario*, Madrid, Equipo Difusor del Libro.

[19] Y el Ángel de Dios, que hasta entonces andaba delante del campamento de Israel, se puso detrás de ellos, de modo que la columna de la nube que iba delante se puso detrás de ellos, [20] entre el campamento de los egipcios y el de Israel, y fue extremadamente oscura la noche, y no se acercó uno a otro en todo su transcurso. [21] Y extendió Moisés su mano sobre el mar y el Eterno hizo soplar un viento solano toda la noche que puso el mar en seco, siendo divididas las aguas.

1 ויסע מלאך האלהם ההלך לפני מחנה ישראל וילך מאחריהם ויסע עמוד
   הענן מפניהם ויעמד מאחריהם:
2 ויבא בין מחנה מצרים ובין מחנה ישראל ויהי הענן והחשך ויאר את הלילה
   ולא קרב זה אל זה כל הלילה:
3 ויט משה את ידו על הים ויולך יהוה את הים ברוח קדים עזה כל הלילה
   וישם את הים לחרבה ויבקעו המים:

Figura 1. Éxodo 14: 19-21 que contiene el Shem Ha-Meforash, o Nombre Dividido.

Los versículos del Éxodo (capítulo 14, versículos 19, 20 y 21) que dan lugar a los 72 Nombres de Dios relatan el momento en el que Moisés partió las aguas del Mar Rojo, cuando el pueblo de Israel estaba siendo perseguido por los ejércitos del faraón. Este hecho del Antiguo Testamento siempre ha sido tenido por mágico, pero ello fue posible porque Moisés invocó simultáneamente los 72 Nombres de Dios. Al igual que Moisés, nosotros podemos invocar en nuestra vida de diversas formas estos Nombres y de ellos no sólo obtendremos la fuerza divina derivada de los atributos para conectarnos con el Creador, sino los diversos atributos que cada uno de estos Nombres implica, por lo que la conexión con ellos nos lleva a una nueva dimensión vital, porque el efecto será extraer de nuestro interior lo que ya es y que se muestre hacia fuera.

Cada uno de estos versículos tiene 72 letras. Los nombres se obtienen combinando la primera letra del versículo 19, la última letra del versículo 20 y la primera del versículo 21, la segunda, penúltima y segunda de los respectivos versículos y así sucesivamente, hasta formar un total de 72 nombres que contiene tres letras cada uno.

Cada generación de cabalistas ha avanzado en su tarea de decodificar la Biblia, cada uno basándose en el trabajo del que vino antes, cada uno contribuyendo a la sabiduría secreta y contribuyendo cada generación a hacerla más accesible; cada generación, de una parte, ha preservado la tradición y, de otra, la ha hecho más accesible. La información oculta de los 72 Nombres de Dios surge de la investigación y descubrimiento de los significados iniciáticos de las letras de las que constan los 72 Nombres, los cuales te revelarán todo su potencial. Cada Nombre de Dios nos proporciona una energía determinada para cambiar o mejorar un aspecto de nuestro carácter, ya sea los miedos o recibir sanación, que nos están impidiendo ser la mejor versión de nosotros mismos y poner por obra todo nuestro potencial.

Cada una de las tres letras tiene una función particular. La primera es una carga positiva, la segunda es una carga negativa y la tercera es un cable a tierra para que la energía baje a nuestra alma sin que nos produzca ningún cortocircuito. Juntas forman un circuito de energía que se transmite directamente a tu alma. Esta revelación es un paso hacia delante crucial en el trabajo para tu elevación de la consciencia hasta alcanzar la consciencia mesiánica y el cumplimiento de nuestro propósito o programa de vida y de nuestro *tikún*, destino final de todos los seres humanos, pero sin olvidarnos que el objetivo no es la felicidad, sino que esta es un síntoma del estado de cumplimiento de nuestro programa de vida y de nuestro *tikún*.

Como el *Zóhar* aclara, los Nombres de Dios son una herramienta para ayudar a la humanidad a tener control sobre el caos al controlar nuestra naturaleza física, siendo el único obstáculo nuestro *ego*. Sólo el superar nuestro *ego* desde sus propias fundaciones nos trae control sobre el mundo físico, y ese es, en primera instancia, el propósito de los instrumentos que son los 72 Nombres, si bien los Nombres de Dios van mucho más allá al promover en nosotros el despertar de todo nuestro potencial dormido y guardan en su interior todas las claves para el despertar de nuestra consciencia y su elevación hasta ser la mejor versión de nosotros mismos. El mero hecho de invocar cualquiera de los 72 Nombres de Dios por sí mismos elimina el caos y genera inmortalidad y nos otorga sensibilidad de observación. El cuerpo de nuestra consciencia son los Nombres de Dios. Dios no tiene nombres, estos son sus aspectos o sus atributos. Debemos entender que tenemos en nuestra alma grabados nuestros 72 Nombres de Dios y ese poder está latente, dormido, en potencial, lo único que hacemos es activar con las letras de los Nombres esa fuerza interior. En la medida que hemos optado por activar ese potencial en nosotros a fin de recibir para dar, para servir a los demás, los Nombres de Dios actúan con mayor fuerza en nosotros.

El *Zóhar* va más allá y explica que, a pesar de lo que podríamos llegar a pensar, nuestro *ego* no es en verdad quiénes somos, no es nuestra esencia. Más bien los cabalistas describen al *ego* como una vestimenta, una cortina que esconde la Luz de nuestra verdadera naturaleza. Nuestro primer propósito en este mundo es eliminar esta vestimenta que esconde nuestra verdadera esencia y potencial para lograr la expresión de la Luz en todo su esplendor. No se trata por tanto de anular el *ego*, que es necesario para estar encarnado, sino de ponerlo en equilibrio y trascenderlo.

El papel de los Nombres de Dios en la Creación y en nuestra vida

Abraham Abulafia, en su libro *Vezot li-Yehudah*, dice que hay una cábala superior a la cábala de las *sefirot*,

Figura 2. Diagrama recogiendo la manifestación en círculos concéntricos desde la periferia al centro. La vibración original, *zimzum* (o *tzimtzum*) o big bang es el círculo exterior llameante, en el que se aprecia el nombre de צמצום en su parte inferior, y אור אין סוף en la superior, hacia la izquierda del círculo. Los nombres hebreos de las *sefirot* o esferas del Árbol de la Vida aparecen escritos en cada uno de los círculos.

que es la combinación de las 22 letras del Nombre de Dios, donde estas 22 letras corresponden al alefato hebreo. Para Abulafia, de este alefato surgen los Nombres Divinos y los Sellos (siendo los sellos las tres letras con que Dios selló el universo para que no se expandiera más). En estos sellos se refiere Abulafia a los 72 Nombres de Dios que en grupos de tres letras constituyen el límite o borde que Dios puso al universo para que este no se expandiera más. Hemos de entender que el Infinito hubo de realizar una restricción que creó un vacío finito en el infinito en el cual la Creación se pudo desarrollar. Esta contiene diez dimensiones de menor a mayor densidad, siendo el mundo de la materia la de mayor densidad, por ser la que mayor restricción de la Luz presenta, siendo esta restricción de la Luz de menor a mayor, tal como manifiesta el gráfico que presentamos en la página anterior.

Para ello hemos de comprender que antes de la Creación —según ha explicado Mario Sabán[5]— existía el Infinito y solamente este, aunque no podamos con nuestra mente racional abarcar qué es el infinito y sólo lo podamos explicar como carente de límites tal como queda expresado por la matemática, por la teoría de los conjuntos transfinitos, siendo la Creación un espacio-tiempo finito, si bien se halla en expansión y lo estará mientras la Creación alcanza la madurez de la consciencia mesiánica en su conjunto, por lo que todavía está en crecimiento.

En el propio Árbol de la Vida el límite entre lo espacio-temporal y lo que no lo es, está marcado por el séptimo velo —tal como lo ha descrito Jaime Villarrubia[6]— formado por la pareja Binah-Jokmah tras el que nos encontramos el vacío, siendo Keter el origen y el sustrato de todos los niveles, siendo el punto sin dimensión que representa al Tao. Y tal como dice el Tao te-King: "El Tao que puede ser expresado no es el verdadero Tao"[7].

El *Ain Sof Or*, último de los tres velos de lo inmanifestado junto a Keter, que representa el mundo de *Galgaltá* o el *Adam Kadmón*, y Jokmah que representa en lo cosmológico el *Olam Ha-Atzilut* (o Mun-

---

5   Vid. Sabán, Mario Javier (2012): *Maasé Bereshit. El Misterio de la Creación*, Buenos Aires, Ghione Impresiones.

6   Cfr. Villarrubia, Jaime; Haut, Carmen y Millera, Dulce María (2010): *Sefer Ha-Neshamah. Manual de cábala práctica. El Programa de Vida y la investigación del Tikún*, Barcelona, Escuelas de Misterios, pp. 416-421.

7   Vid. Mitchell, Stephen (1999): *Tao-te-King,* Gaia Ediciones.

do de la Emanación), representan elementos de tipo no espacio-temporales, carentes de límites e infinitos en sí mismos que constituyen tres barreras continuas o bordes, la primera de las cuales linda con el *Ain Sof*, segundo de los velos de lo inmanifestado, y esta con el *Ain*, primero de los velos de lo inmanifestado y el más alejado de nosotros. Para separar el infinito de lo finito recordemos que dice Abulafia que de Dios "surgen los Nombres Divinos y los Sellos (siendo los sellos las tres letras con que Dios selló el universo para que no se expandiera más)", por lo que los 72 Nombres son una suerte de *borde, barrera o frontera* entre lo infinito y lo finito, son los que custodian que lo finito se pueda expandir hasta un limite determinado sin invadir lo infinito, pues de otro modo la Creación toda se expandiría sin límite hasta borrar lo infinito.

¿Cómo operan como *borde* estos 72 Nombres en el límite espacio-temporal que linda con lo infinito? Constituyen una triple barrera que, en términos espacio-temporales, está representada en primer lugar por los quincuncios que los Ángeles rigen en el zodiaco; en segundo lugar, el grado que estos abarcan y; en tercer lugar, por los 20 minutos diarios que cada unos de los Ángeles gobierna diariamente desde la salida del sol, de modo que al menos tres de ellos están operativos en todo momento, según nos movemos en el espacio-tiempo, para guardar o custodiar la Creación y desde nuestra perspectiva espacio-temporal, pero operativos todos al mismo tiempo desde una perspectiva no espacio-temporal, pues sus 216^8 letras constituyen una suerte de corriente de energía continua. Recordemos que de estas letras la primera serie de 72 constituye una carga positiva, la segunda serie de 72 una carga negativa y la tercera serie de ellas una toma de tierra, por lo que conectan lo intocable de Dios con lo tocable de Dios.

---

8   216 (72 x 3) es el valor numérico de la *sefirá* de Guevurah, cuyo significado es fuerza. De modo que los Nombres de Dios te dan fuerza para superar los obstáculos y en la meditación estás fuera del tiempo y el espacio, tal como corresponde al carácter que hemos visto de representar el tocable y el intocable Dios, y al mismo tiempo actúan en el mundo físico y para tu bienestar físico. El significado final de los Nombres de Dios es su expresión de amor (Jesed, *sefirá* opuesta a Guevurah y cuyo valor numérico es 72), de modo que cada Nombre de Dios expresa su amor de forma única. Ambas esferas, Jesed (v.n.72) y Guevurah (v.n. 216), suman el v.n. 288 que corresponde con el número de chispas caídas (*nitzotzot*) del cataclismo primordial de la rotura de los vasos y que permean toda la realidad, de modo que los Nombres de Dios, en mi opinión, constituyen una especie de corrección de la realidad de la materia, porque las chispas caídas son rescatadas a través de ellos y nos elevan y nos permiten volver a la Fuente.

El hecho de que Dios constituyó dicho borde queda reflejado en el segundo día de la Creación en los vs. 1: 1-2 del Génesis que dice así: "En el principio creó Dios el cielo y la tierra. [2] Pero la tierra estaba desolada y vacía, y las tinieblas estaban sobre la faz del abismo, y el espíritu de Dios flotaba sobre la superficie de las aguas". Como vemos se establece el תהום (*tehóm*), *barrera* o *abismo* que separa las esferas superiores (*Arij Anpin*) de las inferiores (*Zeir Anpin*). Este *tehóm* o abismo (borde, barrera) es el lugar donde el Infinito pone a través de los Nombres de Dios el límite entre lo infinito y lo finito para evitar que este último se propague más allá e invada lo infinito. El Infinito (Dios) para realizar la Creación establece una restricción en su infinitud para en ella realizar un gran vacío que pueda dar lugar a la Creación, pero para que esta obra suya no se expanda más allá de sus propios límites instituye un borde, abismo o barrera (*tehóm*) estableciendo unos guardianes que aseguren dicho límite, la frontera entre el infinito y el espacio-tiempo. A modo de ejemplo, el infinito ocupa todo y establece un globo (barrera) sobre el que va insuflando el aliento divino al espacio vacío del globo que se va hinchando y generando las dimensiones que conocemos como esferas, sólo que dos de ellas aún constituyen el infinito (Keter y Jokmah) y las restantes son las dimensiones espacio-temporales, ya que Binah constituye a nivel cosmológico el *Olam Ha-Briah* (o Mundo de la Creación), donde ya rige el espacio-tiempo. En las dimensiones inferiores separadas por el *tehóm* los Nombres de Dios son tocables y les corresponde en su manifestación angelical la división espacio-temporal de los 12 signos del zodiaco que se expresa en las seis sefirot del *Olam Ha-Yetzirah* (Mundo de la Formación) que corresponde a las esferas 4^a a 9^a (de Jesed a Yesod). En las dimensiones superiores, al no existir espacio ni tiempo, todos los Nombres están operativos al mismo tiempo desde nuestra perspectiva espacio-temporal, ya que en el Infinito todo existe en la eternidad, es decir, todo existe simultáneamente. Desde el punto de vista matemático esta limitación (abismo, borde) que representa el *tehóm* podría ser explicada por la teoría de los conjuntos finitos, relación que esperamos desarrollar más adelante.

Por ello, los Nombres de Dios constituyen simultáneamente lo tocable y lo intocable de Dios. Y su expresión angelical es la forma en la que es posible que los seres humanos podamos recorrer desde el despertar de la consciencia hasta la consciencia mesiánica. Para ello, proponemos como esquema de trabajo las atribuciones de los Ángeles a las esferas 10ª a 2ª, de abajo a arriba, en orden inverso, en el *Olam Ha-Assiah* o Mundo de la Acción. Recordemos que estas atribuciones varían según los mundos a los que nos referimos. Pero nuestro despertar y la elevación de nuestra consciencia sólo se pueden producir desde el Mundo de la Acción (*Olam Ha-Assiah*) por mucho que en el Árbol de la Vida psicológico dichos mundos ocupen un lugar diferente al asignado en el Árbol de la Vida cosmológico al que ya nos hemos referido anteriormente.

En la explicación de cada uno de los Nombres de Dios (y Ángeles de la cábala) se encontrará en primer lugar la exposición que los métodos cabalísticos (*notarikón, guematria, temurá y tzeruf*) proporcionan sobre ellos, que iremos desmenuzando para hacerla asequible y permitir que dicha información nos hable de las propiedades de ellos en la materia, yendo pues las descripciones desde lo más espiritual a lo más terrenal.

El Shem Ha-Meforash

Shem Ha-Meforash, o Nombre Dividido, se puede contemplar en la figura 3.

Este nombre está oculto en el libro del Éxodo, en el capítulo 14, versículos 19, 20 y 21 en la Biblia Hebrea.

Cada uno de estos 3 versos se compone de 72 letras. Si se escriben estos tres versículos uno por encima del otro, el primero de derecha a izquierda, el segundo de izquierda a derecha y el tercero de derecha a izquierda, se obtienen 72 columnas de tres letras cada una. Cada columna es un Nombre de Dios de tres letras formando un total de 72 Nombres, de los que se sacan los nombres de los 72 Ángeles.

Los 72 nombres de los Ángeles son creados cuando se les añaden las terminaciones –EL (אל), el cual significa severidad y juicio y –YH (יה), el cual significa misericordia y beneficencia. Estos 72 Ángeles dominan sobre 72 quinarios, o conjuntos de cinco grados en el Zodiaco, por ende cada Decanato o conjunto de diez grados de un signo Zodiacal tiene dos quinarios, y cada signo tiene tres decanatos (30 grados). Esta es la formación: cada nombre de los Ángeles contiene cinco letras, ya que cada uno de los 72 Nombres de Dios contiene tres letras.

וְהוּ	יְלִי	סִיט	עֳלָם	מֶהֵשׁ	לֶלָה	אָכָא	כָּהֵת
הֲזִי	אָלָד	לָאוּ	הֲהַע	יָזֵל	מֶבַה	הֲרִי	הֲקָם
לָאו	כְּלִי	לֶוּו	פָּהְל	נְלָך	יָיִי	מְלָה	זֲהוּ
נְתֲה	הָאָא	יֶרֶת	שַׁאָה	רִיִי	אוּם	לְכָב	וֶשָׁר
יְזוֹ	לֲהוּ	כּוּק	מֵנָד	אֲנִי	זַעַם	רֲהַע	יֵיז
הֲהָה	מִיכ	וּוּל	יֶלָה	סָאל	עֲרִי	עֳשָׁל	מִיָּה
וְהוּ	דְּנִי	הֲזֵשׁ	עֲמָם	נְנָא	נִית	מֶבַה	פּוֹי
נְמָם	יֵיל	הֲרָז	מֶצֶר	וּמֲב	יֲהֵה	עֲנוּ	מֶזוֹיִ
דֶּמָב	מֶנָק	אִיע	וּזְבוּ	רָאָה	יֶבֱמ	הֵיּי	בּוּם

Figura 3. Tabla de los 72 Nombres de Dios.

La razón es que las estructuras energéticas que representan los Nombres de Dios (tres letras) precisan para actuar en determinados aspectos de la materia la cualidad angelical de los seres semimateriales que son los Ángeles (por lo cual se añaden dos letras más a cada uno, pudiendo ser estas –EL (אל) o –IH (יה) —se pronuncia este último –iah—) y, de este modo, se transforman las estructuras energéticas o fuerzas capaces de actuar en la materia de forma tan extensa como los Ángeles son capaces de actuar.

Estos 72 nombres se dividen a su vez en cuatro columnas de 18 nombres cada una. Estas columnas están bajo el dominio del Tetragrammaton (יהוה). Estas están asignadas a los Decanatos del Zodiaco con dos quinarios para cada decanato.

La primera división está bajo el dominio de la YOD (י). La segunda división esta bajo el dominio de la HEI (ה). La tercera división esta bajo el dominio de la VAV (ו). La cuarta división esta bajo el dominio de la otra HEI (ה).

División de los Nombres con el Tetragrammaton

	18	17	16	15	14	13	12	11	10	9	8	7	6	5	4	3	2	1
י	כ	ל	ה	ה	מ	י	ה	ל	א	ה	כ	א	ל	מ	ע	ס	י	ו
	ל	א	ק	ר	ב	ז	ה	א	ל	ז	ח	כ	ל	ה	ל	י	ל	ה
	י	ו	מ	י	ה	ל	ע	ו	ד	י	ת	א	ה	ש	מ	ט	י	ו

	36	35	34	33	32	31	30	29	28	27	26	25	24	23	22	21	20	19
	מ	כ	ל	י	ו	ל	א	ר	ש	י	ה	ח	נ	מ	י	נ	פ	ל
ה	נ	ו	ה	ח	ש	כ	ו	י	א	ר	א	ת	ה	ל	י	ל	ה	ו
	ד	ק	ח	ו	ר	ב	מ	י	ה	ת	א	ה	ו	ה	י	כ	ל	ו

	54	53	52	51	50	49	48	47	46	45	44	43	42	41	40	39	38	37
	נ	נ	ע	ה	ד	ו	מ	ע	ס	י	ו	מ	ה	י	ר	ח	א
ו	י	נ	מ	ח	נ	ה	י	ש	ר	א	ל	ו	י	ה	י	ה	ע	נ
	ת	א	מ	ש	י	ו	ה	י	ל	כ	ל	ה	ז	ע	מ	י

	72	71	70	69	68	67	66	65	64	63	62	61	60	59	58	57	56	55
	מ	ה	י	ר	ח	א	מ	ד	ע	י	ו	מ	ה	י	נ	פ	מ
ה	ו	י	ב	א	ב	י	נ	מ	ח	נ	מ	ר	י	מ	ו	ב
	מ	י	ה	ו	ע	ק	ב	י	ו	ה	ב	ר	ח	ל	מ	י	ה

Figura 4. Ejemplo del *Shem Ha-Meforash*.

Los 72 Nombres de Dios en El Bahir y otros textos cabalísticos

El *Sefer Ha-Bahir* (Libro de la Claridad) recoge en algunos de sus fragmentos información sobre los Nombres de Dios y así nos dice:

Los 72 Nombres de Dios estaban colocados en las doce tribus de Israel y así lo expresa el Éxodo, 28: 10. "Seis de sus nombres en una piedra y los nombres de las otras seis en otra piedra, de acuerdo con sus generaciones" y sigue relatando *El Bahir* que también está escrito (Josué 4: 9) "Erigió doce piedras", siendo tanto unas como otras piedras conmemorativas (Éxodo 28: 12 y Josué 4, 7). Hay por tanto doce piedras que contienen cada una seis nombres lo que hace un total de 72. Esto se equipara con los 72 nombres del Santo, Bendito sea. Y añade el *Bahir*, fragmento 94: "¿Por qué empiezan con doce? Esto nos enseña que Dios tiene doce directores. Cada uno tiene seis poderes (que hacen un total de 72). ¿Qué son? Son las 72 lenguas". Y con ello se refiere a las setenta naciones mencionadas en Génesis 10. Cada una de ellas tiene su propio supervisor.

Hoy día las lenguas y las naciones que los 72 Nombres de Dios representaban no tienen ya la correspondencia que se menciona.

El *Bahir* no explica la relación existente entre los 72 Nombres de Dios y las piedras, ni tampoco cuáles son estas, pero sabemos (Éxodo 28: 15 ss.) que cada tribu de Israel estaba representada en el pectoral del Sumo Sacerdote mediante una piedra, tal como se puede ver a continuación[9]:

Esmeralda	Topacio	Rubí
ברקת	פטדה	אדם
(bareket)	*(pitdá)*	*(odem)*
Leví	**Simeón**	**Rubén**
לוי	שמעון	ראובן
Diamante	Zafiro	Turquesa
יהלם	ספיר	נפך
(iahalom)	*(sapir)*	*(nofej)*
Zabulón	**Issacar**	**Judá**
זבלון	יששכר	יהודה
Amatista	Ágata	Ópalo
אחלמה	שבו	לשם
(ajlamá)	*(shbó)*	*(leshem)*
Gad	**Neftalí**	**Dan**
גד	נפתלי	דן
Jaspe	Ónix	Berilo
ישפה	שהם	תרשיש
(yaspe)	*(shoham)*	*(tarshísh)*
Benjamín	**José**	**Asher**
בנימין	יסף	אשר

Figura 5. Esquema de las piedras del pectoral del Sumo Sacerdote, con sus nombres en hebreo, su pronunciación y el de la tribu correspondiente. El orden de las tribus es el de nacimiento de cada hijo de Jacob. El diagrama debe leerse de derecha a izquierda y de arriba abajo.

Existe una conexión entre las doce piedras del pectoral del Sumo Sacerdote[10] y las doce piedras de los doce Ángeles Reales[11]. Cada uno de estos Ángeles estaba vinculado a uno de los doce reinos existentes

---

9 Cfr. Villarrubia, Jaime (2011): *Diccionario de Guematria hebreo-castellano*, Barcelona, Escuelas de Misterios, vol.I, pag. 251, bajo en número 358.

10 El ejemplo que hemos puesto de las piedras del pectoral del Sumo Sacerdote es una de las muchas asignaciones que existen de las piedras de este pectoral. La razón por la que existe una controversia sobre cuáles son las verdaderas piedras del pectoral es que al dejar de ser el hebreo una lengua hablada durante milenios, se perdió la conexión entre el significante y el objeto (las piedras), por lo que hubo confusión sobre el verdadero significado de los significantes (palabras) para designar los objetos (piedras).

11 Cfr. Strohm, Eckard (2000): *Los Ángeles del Atlantis*, Barcelona, Ed. Abraxas, 1ª ed, ver especialmente páginas 102-131. Estos doce Ángeles los volvemos a encontrar entre los esenios según puede verse en los libros de Székely, Edmond Bordeaux (1992): *El Evangelio de los Esenios*, Ed. Sirio.

en la Atlántida que tienen continuación en cierto modo en las doce tribus de Israel. En este libro se recomienda y especifica trabajar con la piedra correspondiente a cada Ángel para percibir su energía de forma más clara en la meditación con ellos.

De otra parte, las piedras sirven también para la sanación, dado que אבן 'piedra' contiene אב 'padre' y בן 'hijo', por lo que las piedras en esencia cumplen la función de conectarnos a nosotros, los hijos, con nuestro Padre y en sí mismas constituyen una percepción, ן, del Padre, אב.[12]

Ahora bien, estas piedras a las que se refiere el *Sefer Ha-Bahir*, como veremos más adelante no se corresponden con las del pectoral del Sumo Sacerdote ni con las de los Ángeles Reales.

Ahora bien, ¿por qué 6 piedras? ¿por qué doce directores? Lo que es evidente es que 6 x 12 = 72.

De las atribuciones de El Bahir, sólo se conserva el sentido de las "doce piedras" y de los "seis poderes" en lo concerniente a la distribución en el espacio-tiempo de los Nombres de Dios, que corresponden a los doce signos zodiacales y los seis quinarios (cinco grados del zodiaco) que contiene cada signo. Esta relación se concreta en las esferas 4ª a 9ª del mundo de Yetzirah.

El Tetragrama compuesto de esas cuatro letras (יהוה) suman en sus valores totales 72 que se corresponden a las 72 fuerzas arquetípicas o estructuras energéticas de los 72 Nombres de Dios o Ángeles de la cábala, tal como se muestra en la figura de la página siguiente.

Las 72 estructuras energéticas que son los 72 Nombres de Dios, de los que derivan los 72 Ángeles de la cábala, porque no deberían ser llamados genios debido a que el término genio[13] es un vocablo que no

---

12   Esta información se extrae según los métodos empleados en la cábala para obtener información oculta o secreta de los textos y palabras del hebreo, lengua vehicular de la cábala.

13   El término *genio* proviene del latín GENIUS y es derivado de GENS 'grupo vinculado por la sangre y por los nacimientos' y de la misma raíz que GIGNO 'nacer', por lo que GENIUS es lo que caracteriza a una determinada GENS, aquello que la caracteriza desde un punto de vista numínico, lo que está representado en el fuego de cada hogar, eso es, por tanto, el GENIUS de una determinada GENS y es lo que da vida y cohesión a esa GENS. De modo que difícilmente el término *genio*, por mucho que se haya utilizado especialmente desde la obra de Lenain, (Lazare) (1823): *La science cabalistique ou l'art de connaitre*

.... *Introducción*

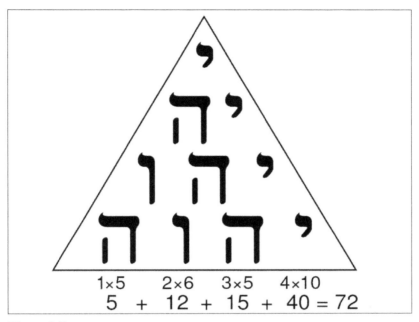

Figura 6. Tetragramaton.

les bons génies, Paris, Hector et Henri Durville Editeurs), pero previamente también en la obra de Agrippa (Agrippa, Henricus Cornelius (1533): *De occulta philosophia libri tres*, Colonia, p. CCLVII) que se ha seguido empleando hasta la actualidad, pero que difícilmente refleja, por su propia etimología, a los Ángeles de la cábala. Es comprensible que a partir de la división de los Ángeles de la cábala en los nueve coros angélicos, hecho que pertenece a la tradición cristiana, pero que no refleja en absoluto la corriente del misticismo judío (ver González Rubio, Concepción (1977): *La angeología en la literatura rabínica y sefardí*, Barcelona, Ameller Ediciones) y se haya buscado un nombre que los defina a todos, con bastante mala fortuna y causando una grave confusión sobre el sentido original de los Nombres de Dios y de los Ángeles de la cábala. Los coros angélicos se mencionan a partir del Pseudo Dionisio en *Sobre la jerarquía angelical*, en el que se enumeran nueve coros de **Ángeles** divididos en tres jerarquías de tres coros cada una, uno de los cuales se denomina Ángeles, razón por la cual al haberse distribuido los 72 Ángeles de cábala en círculos cristianos en nueve coros, a saber: serafines, querubines, dominaciones, virtudes, potestades, principados, arcángeles y ángeles, en este mismo ámbito se consideró que denominarlos Ángeles era impreciso por referirse a un solo coro y no a los demás, ya que a estos últimos pertenecerían según dicha clasificación 64 de los 72 Ángeles, por lo que se pasó a denominarlos *genios*, término este, como vemos, muy alejado del significado original. Pero es que la misma intención de clasificar los 72 Ángeles de la cábala dentro de los coros angélicos constituye un despropósito, porque dicha clasificación pertenece al cristianismo del siglo V y VI y los Nombres de Dios y los Ángeles de la cábala pertenecen a la tradición cabalística más antigua, por lo que mezclar conceptos de distintas tradiciones e intentar encajar unos en otra, da como resultado confusiones que se han perpetuado hasta la actualidad y que empañan el sentido original.

se utiliza en la tradición más antigua del misticismo judío, ya que decir 72 genios llevaría a un cierto politeísmo, a creer que hay 72 fuerzas y eso sería paganismo politeísta, porque en realidad se trata de 72 estructuras energéticas que provienen de la misma fuente de Dios. Cada una de estas 72 energías se corresponden con el mundo de Yetzirah, considerado el universo psíquico y tienen una función dentro de esta realidad[14]. 72 es el resultado de la multiplicación de las 6 dimensiones inferiores (de Jesed a Yesod) del universo de Yetzirah del Árbol de la Vida Cosmogónico por doce ciclos de tiempo espacial, que se corresponden con los signos del zodiaco. De modo que debemos entender que estas seis dimensiones inferiores no se entienden como tiempo de seis días, pues carecería de sentido. Por lo que tenemos 72 divisiones de una única fuerza divina dentro del espacio-tiempo que recorren en su especificidad el proceso de elevación de la consciencia del ser humano y lo ayudan a extraer las cualidades que porta en su interior, que pueden estar o no desarrolladas. Con su ayuda se produce en nuestro interior un proceso alquímico de convertir el plomo en el oro, de la ignorancia a la sabiduría y el conocimiento y nos ayudan en el proceso de despertar y de elevación de la consciencia hasta el estado de la consciencia mesiánica.

Meditaciones con los Nombres de Dios

Como vimos, cada uno de los versículos del relato bíblico del Mar Rojo, capítulo 14 del libro del Éxodo (versículos 19, 20 y 21), contiene 72 letras, en dichos versículos se encuentra codificada y oculta una "tecnología" espiritual tremendamente poderosa, que se forma tomando una letra de cada versículo y armando así las 72 combinaciones únicas de las letras hebreas que crean una vibración especial, que sirve como antídoto poderoso en contra de la energía negativa del *ego* humano y actúa como catalizador de ciertas frecuencias espirituales concretas.

Cada una de las tres letras tiene una función particular. La primera es una carga positiva, la segunda es una carga negativa y la tercera es un cable a tierra, juntas forman un circuito de energía que se transmite

---

14   Explicado antropomórficamente es como si hablamos del brazo, la boca, la oreja… todos pertenecen a un mismo cuerpo, pero cada uno estaría cumpliendo una función.

directamente a tu alma, esta revelación es un paso hacia delante crucial en el trabajo para tu elevación espiritual.

Se observan las letras de derecha a izquierda despacio, después se cierran los ojos y se imagina cada letra en dorado o como si la letra estuviera hecha de fuego. De hecho, el alefato hebreo se llama el alfabeto de fuego. Esto se hace despacio. Cada una de las tres letras tiene una función particular.

Los nombres hay que visualizarlos cerrando los ojos y verlos con los ojos de la mente en la pantalla mental. Cuando los vemos en la pantalla mental están atacando, limpiando el inconsciente. Se está proyectando como en una pantalla de cine, para afectar la parte trasera del cerebro, el cerebelo o cerebro reptiliano. En esa parte está instaurado el programa del inconsciente, del *ego*, ahí se tiene todo el bagaje de otras vidas, los rasgos de personalidad, el carácter, la reactividad, todo.

Cuanto más se trabaja con las herramientas con conciencia, más la acción, como resultado más se transforma y se reduce la potencia del *ego*, se va limpiando el bagaje que traemos, vamos vaciando la mochila y soltando piedras.

Sabemos que detrás de ese cerebro, protegiéndolo, se encuentra el último hueso de la columna vertebral y la cabeza, el hueso atlas. Justo lo que nos separa de la inmortalidad es el inconsciente, y para ser merecedores de ella, es preciso trabajar el inconsciente.

El trabajo de la humanidad es cambiar de hábitos, volverse flexibles, romper esquemas, etc. Los hábitos y rutinas nos esclavizan y condicionan la química y el cableado de nuestro cerebro.

Hay zonas, partes del cerebro, que ni se usan, porque no exploramos, no nos aventuramos a hacer cosas distintas, a romper rutinas, a hacer las cosas de forma diferente. Si vives el mismo día durante 75 años, en vez de 75 años en un día, pues cada día le has dado más poder al *ego*, a lo que crees, lo que piensas. Vemos que ese es el camino hacia la muerte física o la muerte del consciente: parkinson, alzheimer, etc. y todas las enfermedades neurológicas degenerativas, depresión crónica, etc.

Cuando visualizamos las letras del Nombre de Dios en blanco y negro[15] y luego hacemos el esfuerzo de ver la silueta en dorado o en llamas, ese esfuerzo fortalece el consciente, y a la vez reduce y debilita la parte animal del Nombre de Dios que proyectamos en la pantalla mental.

La pantalla mental es un espacio dentro de nuestro cerebro. Dependiendo de lo que proyectemos, fortalece o estimula que aumenten las conexiones químicas diferentes, el cableado neuronal y que empiecen a trabajar distintas partes del cerebro. Lo que se proyecta en la pantalla mental va a atacar directamente al inconsciente, debilitándolo.

Los Nombres y las herramientas desarrollan distintas partes del cerebro activando un mecanismo de defensa contra el inconsciente. Cuando se activan las áreas encargadas de fortalecer la voluntad, el deseo, la recepción extra-sensorial, el individuo va tomando otra conciencia.

Ya no se mueve en dos extremos, dos columnas, acción-reacción, sino que vamos aprendiendo a ir equilibrándonos, a hacer restricción, a tener voluntad, esfuerzo, perseverancia y tomar control sobre el cuerpo, los pensamientos, las emociones y en última instancia, la manifestación, las acciones.

El hueso atlas que es nuestra conexión con la inmortalidad está protegido del resto del cerebro, por el cerebelo y el bulbo raquídeo. Todas las ramificaciones nerviosas del cerebro, quitando los sentidos de la vista, el oído y olfato, el resto parte de la base del cráneo, de este cerebelo donde está la parte reptil, es la que está más conectada a la columna vertebral y justo termina en la rabadilla y fuertemente conectada al nervio ciático.

El cerebro reptiliano es el responsable de nuestras respuestas del sistema nervioso parasimpático, responsable de nuestras respuestas involuntarias o "inconscientes".

El sistema nervioso central que condiciona nuestras respuestas "conscientes" también está ubicado en esa parte. De hecho, la respuesta a determinados estímulos está condicionada a experiencias previas. En realidad, a lo que nos dedicamos es a asociar. Nuestro cerebro asocia situaciones anteriores con situaciones actuales, y con-

---

15   Las letras negras representan el fuego negro sobre fondo blanco que es fuego blanco. En otro nivel de consciencia estas letras las veríamos transparentes.

diciona la respuesta según criterio del pasado o de otras vidas. Eso es lo que se llama programa del *ego*.

Cuando se trabaja con las herramientas de cábala, ese conocimiento y consciencia acaba permeabilizando partes del cerebro y el cambio de hábito, de patrones y de personalidad, se produce paulatinamente.

Otra forma de que ciertos patrones se modifiquen, se puede llegar a conseguir cambiando conscientemente, cuando decidimos cambiar con nuestra actitud, formas diferentes de hacer las cosas o tomamos decisiones distintas.

Otra forma de cambiar el consciente es con un suplemento químico-neurológico o con drogas. Pero eso sólo afecta compartimentos estancos que hay dentro del cerebro. También hay otra forma de modificar ese cableado del cerebro, los traumas. Cuando un trauma se produce, se corta la conexión química entre distintas neuronas, se deja de producir la sinapsis nerviosa y perdemos el acceso a la información. De este modo sabemos que algunas personas que tienen un accidente y entran en coma, cuando se despiertan de él, se observa en ellos un cambio importante en su conducta.

Al final, con todo esto lo que hacemos es desgastar las conexiones nerviosas entre las neuronas. Los cortocircuitos espirituales se traducen en apagones de neuronas, de forma que vamos perdiendo cada vez más y más hasta que se producen enfermedades degenerativas que afectan a la parte consciente. Lo que se desgasta es el consciente.

Aún así, aunque cambiemos en la acción, sin que haya un cambio de conciencia ni un despertar, con la acción, sólo se fortalece una parte del consciente, pero no se reduce el inconsciente.

Con la química y la droga, lo mismo, pero en cuanto se deja el tratamiento, estamos en las mismas[16].

Lo único que potencia completamente el cerebro es el trabajo con las herramientas de cábala y algunos métodos terapéuticos a través de los cuales cambiamos la química del cerebro, cambiamos pensamientos, emociones y acciones.

---

16   Se observa que los pacientes que p.ej. padecen ansiedad cada vez necesitan mayor dosis de ansiolíticos y que si se eliminan estos, la ansiedad reaparece, sólo que aumentada, por lo que la química puede ser una ayuda temporal, pero no una solución a medio y largo plazo.

Existen pocos métodos terapéuticos verdaderamente eficaces en el tiempo, porque la inmensa mayoría de ellos, como muestra Mario Sabán[17], no abarcan las diez dimensiones del Árbol de la Vida y mientras una terapia no abarque tanto lo personal como lo transpersonal no logra tener un efecto profundo y duradero en el tiempo, que realmente deshaga los patrones inconscientes. Los patrones tóxicos están constituidos por creencias tóxicas que producen emociones tóxicas (porque nos las guardamos, ya que no encontramos el cauce para expresarlas), estas emociones tóxicas generan hábitos tóxicos y estos alimentan el diálogo mental tóxico que retroalimenta la creencia tóxica.

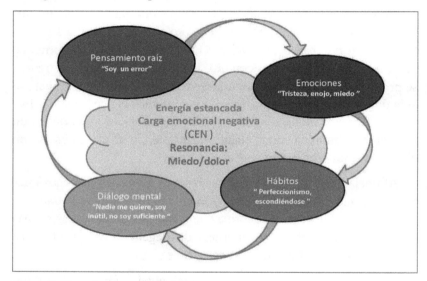

Figura 7. Ejemplo de un patrón tóxico

Detrás de ello hay alguna no-verdad o creencia tóxica que es preciso descubrir, con sus emociones tóxicas. En realidad, las emociones se convierten en tóxicas porque no las expresamos y las guardamos, porque al fin y al cabo esas emociones —bien sean cómodas o bien sean incómodas— sólo son un índice de necesidades básicas humanas satisfechas y no satisfechas respectivamente, sus hábitos tóxicos y su diálogo mental tóxico que retroalimenta la no-verdad donde se originó todo el embrollo. Y las emociones así enquistadas forman el

---

17   Cfr. Sabán, Mario Javier (2016): *La cábala. La psicología del misticismo judío*, Barcelona, Kairós.

cuerpo del dolor (tal como explicó Eckhart Tolle[18] y recogió y desarrolló Luis Díaz[19]) y este cuerpo del dolor termina degenerando en enfermedades de todo tipo.

Y la razón es que, como han demostrado Candace Pert[20] y Bruce Lipton,[21] cada emoción (asociada a una creencia tóxica o no-verdad o, por el contrario, a una verdad) genera un péptido específico (sea tristeza versus alegría, etc.) y en cada célula del cuerpo humano existe un receptor exclusivo para cada clase de péptido generado por una emoción concreta (p.ej. rabia). Los receptores se acostumbran a recibir el péptido de la emoción dominante, que cuanto más crece más demanda de ella el receptor celular, por lo que la rabia alimenta a la rabia y hace que el propio cuerpo demande más péptidos de la rabia hasta que llegamos al extremo de las reacciones desmesuradas ante un hecho nimio. Y nuestro cuerpo tiene unas 50.000.000.000.000 células demandando el péptido en cuestión. Sólo que como no percibimos la conexión entre la creencia tóxica o no-verdad y la emoción y aquella se retroalimenta como hemos visto, estamos metidos en una rueda de hámster de la que no sabemos cómo salir y a veces ni siquiera somos conscientes de que lo estamos. En realidad, la mente (en sánscrito contiene la palabra mentira), por lo que sí o sí nos engañará y como esa no-verdad no es sino una de las muchas que nuestro falso *ego* ha construido para resolver un conflicto normalmente planteado entre nuestra gestación y aproximadamente los 4 años, que con frecuencia no es sino un disparador de un patrón tóxico de una vida pasada almacenado en nuestro ADN y también en nuestro cuerpo causal (el quinto de nuestros siete cuerpos y que permanece intacto entre encarnación

---

18   Véase Tolle, Eckhart (2006): *Un nuevo mundo, ahora. Encuentra el propósito de tu vida,* Barcelona, Grijalbo, especialmente pp. 119-144.

19   Cfr. Díaz, Luis Ángel (2009): *La memoria en las células. Cómo sanar nuestros patrones de conducta,* Buenos Aires, Kier.

20   Cfr. Pert, Candace (1999): *Molecules of emotion: how you feel the way you feel,* Touchstone.

21   Cfr. Lipton, Bruce H. (2005): *La biología de la creencia. La liberación del poder de la conciencia, la materia y los milagros,* Palmyra, y Lipton, Bruce H.: *La inteligencia de las células* (Originalmente publicado en Peak Vitality: Raising the Threshold of Abundance in Our Material. Spiritual and Emotional Lives (2008) Editor: J. M. House, Elite Books, Santa Rosa, CA).

y encarnación)[22] y, lo más frecuente es que no recordemos ni la situación de origen de una vida anterior y muy a menudo tampoco el disparador, a lo largo de nuestra vida el patrón va reforzándose y a menudo entremezclándose con otros patrones tóxicos, cobrando fuerza hasta que nos explota de lleno en la cara.

Al crecer el consciente y debilitar al *ego* y comprender como funciona, estamos instaurando el ADN espiritual, estamos recibiendo la capacidad de hacer cambios. Cambian las reacciones químicas del cerebro, poco a poco se va poniendo Luz al cerebro a base de trabajo constante, cambio en la acción y cambio de actitud.

El cerebro es un gran reactor que no se utiliza correctamente. Es como el que utiliza una nave espacial como un coche, o un iPhone que sólo se usa como teléfono. No es que la máquina no sea potente, es que no sabemos hasta donde se puede llegar. Vamos en un Ferrari conducido a 10 km/h. por un camino de cabras en lugar de ir con un Ferrari por la autopista o un circuito de carreras con toda su potencia.

Meditaciones con combinaciones de Nombres de Dios

Meditación con secuencias concretas de los Nombres de Dios

La meditación con ciertas secuencias de Nombres de Dios muy definidas nos proporciona entrar en determinados estados de consciencia desde los cuales logramos revisitar o entrar en una determinada disposición, actitud, situación, forma, circunstancia, condición, etapa o fase beneficiosa para nosotros y para el proceso de nuestro despertar y elevación de nuestra consciencia.

---

22   Para los siete cuerpos del ser humano véase Strohm, Eckard (2000): *Los Ángeles del Atlantis*, Barcelona, Ed. Abraxas, 1ª ed, ver especialmente páginas 79-80. Nuestro cuerpo causal, que junto al alma (cuerpos búdico y átmico) es el único cuerpo que no resulta destruido cuando nosotros morimos y el cual nosotros retomamos con cada nueva encarnación, y en cual está grabado todo lo que hemos vivido. Tal como muestra Jaime Villarrubia (2008): *Tzalaj. Los Diez Mandamientos a la luz de la cábala. Propuestas para una clave interpretativa*, Málaga, Miraguano Ediciones, pp. 155-163, existe una clave oculta en Éxodo 20 que se extrae de las letras marcadas en el decálogo que dicen: *dan esh ha-ta ke-ed kubal* cuya traducción sería: "un juicio de fuego de la célula es semejante a un testigo encerrado (en ella)" y ese juicio de fuego de la célula es una grabación (y su correspondiente reproducción) y la química celular es realmente eso, como hemos explicado previamente al hablar de cómo se comportan los péptidos.

La secuencia de cada una de estas meditaciones debe mantenerse intacta. Meditaremos con las tres letras de cada Nombre divino en el orden que se indica durante cinco minutos cada una y según vayamos progresando en la meditación de la secuencia de los Nombres iremos adentrándonos en este estado. Al terminar la meditación del último Nombre estaremos plenamente en lo que determinadas secuencias de los Nombres nos indican y este estado permanece en nosotros durante un mínimo de cinco minutos y máximo de veinte, por lo que aprovecharemos este tiempo para sentir y percibir lo que dicha frecuencia nos proporciona y apuntar después aquello que hemos sentido, percibido o escuchado, esto último a veces similar a un modo de telepatía, como una inspiración y/o una intuición y para que estas aparezcan debemos sentirnos motivados a meditar.

Como hemos venido haciendo con los Nombres de Dios de forma individual, cada una de las tres letras tiene una función particular, tal como hemos explicado previamente: la primera es una carga positiva, la segunda es una carga negativa y la tercera es un cable a tierra, juntas forman un circuito de energía que se transmite directamente a tu alma, esta revelación es un paso hacia delante crucial en el trabajo para tu elevación espiritual.

Se observan las letras de derecha a izquierda despacio, después se cierran los ojos y se imagina cada letra en dorado o como si la letra estuviera hecha de fuego. Esto se hace despacio.

Los Nombres hay que visualizarlos cerrando los ojos y verlos con los ojos de la mente en la pantalla mental. Cuando los vemos en la pantalla mental están atacando, limpiando el inconsciente. Se está proyectando como en una pantalla de cine, para afectar la parte trasera del cerebro, el cerebelo o cerebro reptiliano. En esa parte esta instaurado el programa del inconsciente, del *ego*, ahí se tiene todo el bagaje de otras vidas, los rasgos de personalidad, el carácter, la reactividad, todo.

Al activar una secuencia completa actuamos sobre determinadas conexiones previamente establecidas y podemos desbloquear trabas y reactivar el circuito original, especialmente si lo hacemos de forma repetida.

Las meditaciones con secuencias son muy poderosas e inducen a estados alterados de consciencia para los que conviene estar preparado después de haber realizado un trabajo interno serio y consecuente. Deben ser realizadas con la debida precaución, ya que no son recomendables para personas con problemas psíquicos serios a las que las rutinas de horarios establecidos, comidas saludables, la práctica del ejercicio suave (p.ej. tai chi, chi kung (qui gong)) y el contacto con la naturaleza junto a la importante terapéutica adecuada benefician más que estas meditaciones.

PRIMERA SECUENCIA DE NOMBRES

La siguiente secuencia de Nombres de Dios nos conecta con el feto en el vientre de la madre, protegidos de cualquier agresión por un escudo protector. Esto se logra meditando los siguientes Nombres de Dios: 47 (Asaliah), 48 (Mihael), 63 (Anauel) y 2 (Ieliel), siguiendo dicho orden exacto. En este estado, además de sentirnos protegidos, podemos reconectarnos con mayor facilidad con el plan que nuestra alma traía al nacer al mundo y que a menudo olvidamos con nuestro nacimiento y especialmente en etapas posteriores. Por ello, no sólo podremos hacer esto, sino que además lo haremos en un espacio en el que nos sentimos seguros y a salvo.

Cuando en nuestra infancia nos hemos sentido abandonados, traicionados, rechazados, humillados o tratados con injusticia[23] volver al estado inicial fetal nos permite sentir el momento donde nos sentíamos protegidos y a salvo y la conexión con nosotros mismos antes de haber sido heridos.

Esta combinación activa simultáneamente en nosotros la elevación hasta la Divinidad, el conocimiento de la verdad en los procesos externos e internos, la comprensión de la mecánica cósmica, activa la transformación interna, ayuda a resolver los conflictos entre el alma y el cuerpo, disuelve los bloqueos, nos da presentimientos e inspiraciones de lo por venir, nos da la capacidad de tener una visión de conjunto de nuestro escenario y nos permite la visión para corregir, ya que una visión fraccionada nos haría equivocarnos en las decisiones que vamos a tomar, nos otorga protección, especialmente frente a la desunión, inspira en nuestro interior la fuerza de Cristo para actuar conforme a ella y

---

23   Ver Bourbeau, Lise (2011): *Las cinco heridas del alma que impiden ser uno mismo*, Editorial OB STARE.

ser un ejemplo para los demás, mantiene nuestra salud y cura nuestras enfermedades, si las tenemos, nos activa el don de apreciar, fomenta nuestra humildad eliminando nuestro orgullo, nos ayuda a recobrar la energía en casos de agotamiento, acelera nuestro proceso de redención y nos ayuda a eliminar las turbulencias psicológicas y nos proporciona la conexión con Binah, donde la muerte no tiene acceso a nosotros.

SEGUNDA SECUENCIA DE NOMBRES

La siguiente secuencia de Nombres de Dios nos lleva de nuevo al vientre materno, a construir a nuestro alrededor la bolsa de líquido amniótico que entonces nos rodeaba en el vientre de nuestra madre y a sentir no sólo la protección sino también el placer de flotar en el líquido amniótico y de ser nutridos en el vientre materno sin esfuerzo alguno por nuestra parte, lo cual se logra a través de la meditación de los siguientes Nombres de Dios en el orden exacto expuesto: 47 (Asaliah), 68 (Jabuiah), 43 (Vevaliah) y 2 (Ieliel). Observemos que se repiten el primer y el último nombre de la secuencia anterior, pero los otros dos aportan como veréis un componente distinto de activación.

Esta combinación activa simultáneamente en nosotros la elevación hasta la Divinidad, el conocimiento de la verdad en los procesos externos e internos, la comprensión de la mecánica cósmica, activa la transformación interna, ayuda resolver los conflictos entre el alma y el cuerpo, disuelve los bloqueos, nos inspira para estar en contacto con la naturaleza, nos despierta la felicidad, nos ayuda a expresar nuestra sexualidad de la forma más elevada, a despertar en nosotros al Dios que habita en nuestro interior, promueve en nosotros la liberación, incluso de las dependencias, nos fortalece incluso si nos tambaleamos, nos ayuda a comprender que "todo es mente, que nuestro universo es mental" y que a través de nuestros pensamientos creamos la realidad, nos permite abrir nuestro corazón al espíritu y, en consecuencia, a Dios, que en el caso de estar abierto nos fortalece y nos nutre, pero que en caso contrario nos produce miedo e incluso pánico y hasta destruirnos, libera a nuestra alma de las fuerzas negativas, activa nuestra fecundidad en todos los planos, nos ayuda a recobrar la energía en casos de agotamiento, acelera nuestro proceso de redención y nos ayuda a eliminar las turbulencias psicológicas y nos proporciona la conexión con Binah, donde la muerte no tiene acceso a nosotros.

TERCERA SECUENCIA DE NOMBRES

La siguiente secuencia de Nombres de Dios nos permite desear más para poder luego dar más a los demás meditando con la combinación de los siguientes Nombres de Dios 30 (Omael), 34 (Lehajiah), 55 (Mebahiah), 13 (Iezalel) y 14 (Mebahel) siguiendo dicho orden exacto. Esta combinación nos dota de paciencia en los avatares y miserias de la vida, activa la construcción de puentes hacia mundos superiores, nos ayuda a restaurar el orden perturbado con la enfermedad, concede cosechas abundantes, provee de ideas luminosas para resolver los problemas más difíciles, ayuda a obtener fortuna, ayuda a concluir lo comenzado, permite pasar del mundo de la carencia al mundo de la abundancia, nos conecta con la sabiduría secreta, a mantenernos dentro de la ética y ayuda a quienes quieren regenerarse, nos despierta ser bienhechores de la humanidad y nos ayuda para convertir los pensamientos en acciones, nos proporciona la habilidad para la ejecución de cualquier tarea, nos protege contra el error, la ignorancia y la mentira, extrae de nosotros la capacidad de crear el cielo en la tierra, nos libera de la opresión, nos ayuda a reconquistar lo injustamente perdido y nos ofrece soluciones para alcanzar la paz.

CUARTA SECUENCIA DE NOMBRES

Esta secuencia de Nombres de Dios nos transforma en antena parabólica para captar energía cósmica. Para ello meditar los Nombres de Dios en el siguiente orden: 41 (Hehahel), 36 (Menadel), 62 (Iahhel) y 26 (Haaiah) manteniéndolos. Esta combinación nos dota de fe para que arraigue en nuestra naturaleza humana, protección contra los impulsos que llevan a renegar de Dios, nos ayuda para establecer nuestra propia conexión con la Luz y así afianzar nuestra autoestima, nos provee de protección contra los calumniadores, nos permite la liberación de los hábitos viciosos que nos oprimen, así como liberación de los miedos, nos procura evidencia interna de la verdad, ayuda si queremos retirarnos del mundo para filosofar, nos dota de buen entendimiento entre cónyuges, procura la tranquilidad y la soledad tras haber cumplido las obligaciones mundanas, protege contra el escándalo, el lujo y el divorcio, nos ayuda a ser buenos padres, así como el don de ser maestros para nuestros hijos, concede contemplación de las cosas divinas, protección contra las conspiraciones y traiciones y contribuye a establecer orden a partir del caos.

¿Quiénes son los Ángeles?

Quizá lo primero que convenga es saber qué significa esta palabra, pues en el significado de las voces se halla respuesta a la esencia de lo que se trata. En castellano esta voz proviene del griego *angelos* en cuya lengua significa 'nuncio, mensajero' y dado que el griego fue la principal lengua empleada en la liturgia por las primeras comunidades cristianas adquiere el significado restringido de 'mensajero de Dios'. Etimológicamente la voz está vinculada al hebreo *malakh* que significa 'cara oculta o mensajero de Dios', porque fue a partir de esta lengua de donde surgió el concepto que el cristianismo primitivo recoge. Ahora bien, esta voz, Ángel, según Eckard Strohm se compone de las palabras de la antigua lengua atlante: *ang* = vida, igual que el símbolo egipcio *ankh*, 'llave de la vida' y *el* = 'luz de Dios', por lo que su significado profundo es 'Luz viviente de Dios' o 'Luz de Dios, que prodiga vida', así que son mensajeros de Dios que prodigan vida[24].

Para San Gregorio Magno el nombre Ángel hace referencia a su oficio, no a su naturaleza.

San Agustín de Hipona decía más claramente:

"Los Ángeles son espíritus, pero no por ser espíritus son Ángeles. Cuando son enviados se denominan Ángeles, pues la palabra Ángel es nombre de oficio, no de naturaleza. Si preguntas por su oficio, se te dice que es Ángel: por lo que es, es espíritu; por lo que obra, es Ángel"[25].

En este sentido, el pueblo de Israel utilizaba distintos términos para designar a los Ángeles en función de su misión o, por decirlo de algún modo, de su especialidad. Así, los Ángeles son llamados *avadim*, cuando son 'servidores', *tzavah* cuando son 'ministros' y *kdoshim* cuando son 'huestes'.

A través de la historia se ha escrito y experimentado mucho sobre los Ángeles, no sólo en el cristianismo, pues son conocidos por

---

24 Cfr. Strohm, F.E. Eckard (2000): *Los Ángeles de Atlantis*, Barcelona, Abraxas, 1ª ed., p. 45.

25 Cfr. Hipona, Agustín de: *Enarrationes in Psalmos*, 1003 ss PL 37, cols. 1348-1349. "Angelus offici nomen est, non naturae. Quaeris nomen huis naturae, spiritus est; quaeris officium, ángelus est: ex eo quod est, spiritus est, eo quod agit, ángelus".

los musulmanes como *Barakas*, por los chinos como *Shiens*, por los hindúes como *Devas* y por los americanos nativos como el *Ave de las tribus*, por lo que como se puede ver en las distintas tradiciones espirituales de la tierra, en lo que Ken Wilber ha denominado la "filosofía perenne", la existencia de los Ángeles es reconocida universalmente por lo que la creencia en los Ángeles constituye un vínculo de unión entre todos los seres humanos.

Los Nombres de Dios son estructuras energéticas que expresan atributos divinos, por lo que el contacto con ellos supone introducir en nuestra vida la dimensión del mundo del 99%, ya que nosotros vivimos en el mundo del 1%. En tanto que atributos de Dios nos permiten acercarnos al Creador. De ellos no sólo despertamos la fuerza divina para conectarnos con el Creador, sino los diversos atributos que cada uno de estos Nombres implica que van desde la paz (Mahasiah) o la salud (p.ej. Rehael) pasando por la prosperidad (Sealiah) hasta el vencer la ira y la tristeza (Harajel). Por ello, el contacto con los Ángeles supone para nosotros el permitir que las fuerzas de la Creación se manifiesten en nuestra vida y suponen acceder a la dimensión mágica de esta, de modo que se operarán en nuestra vida los milagros[26] que devienen del contacto con ellos. Sus atributos son como su vestido, pero no como su esencia.

Con un pequeño ejemplo comparemos a Dios con el sol, fuente de toda vida, y a los Nombres de Dios y a los Ángeles como los rayos que proceden de ese sol que permiten la vida en la tierra, el planeta en el que habitamos, pero si nos acercáramos al sol demasiado nos quemaríamos —estamos a 149.597.870, 700 kilómetros de distancia de él—, sin embargo sus rayos, su luz, nos regeneran y hacen que sea posible la vida. Y la reflexión de la luz permite que la luna nos alumbre por la noche. De ahí que hablemos de ellos como fuerzas, aunque no son sino la expresión en la materia de una sola y única fuerza, la del Creador.

---

26   Al emplear aquí la palabra *milagros* me refiero a todo aquello que carece de explicación científica por el momento y que ocurre fuera de un rango de lo que llamamos normal, para la mayoría de los cuales existe una explicación que a menudo excede por ahora la comprensión de la mayoría de los seres humanos.

Medíos para invocar a los Ángeles de la cábala

Salmos y cantilación

Los salmos son un conjunto de cinco libros de poesía religiosa hebrea que forma parte del Tanaj judío y del Antiguo Testamento cristiano. Están incluidos entre los llamados libros sapienciales. Una de las principales dificultades que encontramos al interpretar los salmos proviene de las cualidades de la poesía hebrea caracterizada por su concisión y su carácter elíptico. Las ideas son fijadas con pocas palabras, dejando implícitas muchas relaciones, renunciando a establecer el nexo entre ideas para que las palabras sueltas encuentren en el oyente lo que el poeta no consignó en el texto. Se trata de una recolección de cantos usada en la liturgia que normalmente se acompañaba con un instrumento llamado salterio.

Cada uno de los Nombres de Dios está asociado a un versículo de uno de los 150 salmos, a excepción de uno (Iabamiah) que está asociado al primer versículo del Génesis. Todos ellos contienen la palabra hebrea יהוה, el Tetragrammaton, el nombre sagrado de Dios, a excepción de los Nombres de Dios nº 28 Seehiah y nº 70 Iabamiah, y en cada uno de los versículos se contienen las tres letras del Nombre de Dios que se emplea para su invocación. Estos versículos fueron recogidos por Kircher[27], si bien proceden, como él mismo señala, de una tradición rabínica anterior y han sido publicados por otros autores como p. ej Calvo[28].

Cuando se recita ese versículo concreto se invoca la fuerza del Nombre de Dios correspondiente y se puede sentir su energía. La recitación del versículo del salmo mueve la fuerza del Nombre de Dios correspondiente en nuestro interior y permite que de ese modo hagamos efectiva en nuestra vida todas las cualidades de ese Nombre.

Para acceder a una comprensión mayor de cada Nombre de Dios en primer lugar has de recitar el versículo del salmo que le corresponde, preferiblemente en hebreo, salvo en el Ángel Iabamiah, en cuyo

---

27   Cfr. Kircher, Athanasius (1653): *Oedipi Aegyptaci*, Roma, Typographia Vitalis Mascardi, pp. 275-280.

28   Ver Calvo, Boj (2007): *Cábala. Claves para descubrir los enigmas de los textos sagrados*, Madrid, Editorial LIBSA, pp. 227-258.

caso se recita un fragmento del primer capítulo del Génesis, y a continuación cantilar (es un canto sílaba a sílaba) el Nombre de Dios que quieras activar. Para ello, te recomiendo que si careces de experiencia primero hagas tres respiraciones lentas y profundas, exhala cualquier tensión, presión, preocupación o problema, inhala paz, armonía y bienestar, tras estas tres respiraciones profundas, inhala profundamente hasta tu chakra raíz, contén un momento la respiración y lentamente cantila con la exhalación sílaba a sílaba el nombre del Ángel mientras va subiendo el aire que sale por cada uno de los centros de energía hasta el chakra coronal que debe quedar abierto al final de la cantilación aprovechando el aire de la exhalación para hacerlo. Esta cantilación debe hacerse con una sola exhalación, de modo que debes ir cantando el nombre del Ángel muy despacio aprovechando todo el aire de tus pulmones. Si necesitas tomar aire para cantilar el nombre completo se interrumpe el flujo de energía para abrir tu chakra coronal y poder así percibir la energía que emana el Ángel que acabas de cantilar. Aprender a cantilar requiere cierto entrenamiento para buena parte de las personas simplemente por falta de experiencia. Con un poco de práctica es fácil de realizar y cuando tengas experiencia no necesitarás realizar las tres respiraciones iniciales que hemos propuesto para facilitar la posterior cantilación. Tras la cantilación mantente unos minutos en silencio sintiendo al Ángel al que has invocado. Tras ello puedes recitar la pequeña oración que proponemos para cada Ángel o seguir tus actividades cotidianas.

Se dice en la tradición cabalística que "las letras sin vocalización son como un cuerpo sin alma y que las letras sin cantilación son como un rey sin corona". Corona es la traducción literal de Keter, de modo que sin cantilación no podemos acceder a lo que puede percibirse de los Ángeles de la cábala en Keter, donde realmente es posible sentir la energía de estos nombres divinos en su completud.

En el apartado de cada Nombre de Dios encontrarás el versículo del salmo correspondiente en hebreo y su transliteración, así como la versión en latín y en castellano, cuya traducción se ha realizado expresamente para este libro tratando de ser lo más fiel al original.

La primera referencia de los salmos que figura en las fichas y en el curso corresponde a la *Biblia, Dios habla hoy*, Edición interconfesional, Sociedades Bíblicas Unidas, 2004.

La segunda referencia de los salmos se refiere a la Vulgata Clementina (1592), que es la misma que se puede hallar en la Vulgata (siglo IV-V) en la edición crítico textual editada por la Sociedad Bíblica Alemana que se puede encontrar en www.biblija.com.

La tercera referencia de los salmos se refiere a *La biblia hebreo-español* (1996), versión castellana conforme a la tradición judía por Moisés Katznelson, Tel-Aviv, Editorial Sinaí.

Velas: nombre en malajim y sellos

Desde la antigüedad las velas han sido utilizadas en los rituales de magia y hechicería debido al indiscutible poder del fuego para proteger y para dar vitalidad mediante la luz y el calor, lo cual ayuda a conseguir determinados fines.

No se trata de ningún juego. El uso de las velas es tan poderoso como inocente, es por eso por lo que se han usado y se usan todavía hoy en día en varias ocasiones y en rituales sociales y poderosos.

Emplearemos siempre velas blancas, ya que el blanco simboliza armonía. Podemos emplearlas de otros colores, pero en ningún caso velas negras, ya que estas son las empleadas en magia negra y el ritual que vamos a hacer es completamente contrario a ella, ya que lo que estamos pidiendo es al Ángel correspondiente de la cábala que nos traiga la Luz del Creador que necesitamos para despertar en nuestro interior las cualidades que el Ángel representa.

Los humanos cuando encendemos una vela tratamos de conseguir un propósito, deseamos a través de ellas llegar a nuestras personas queridas, tratar de solucionar algún problema personal, emocional o mental, queremos alcanzar a través de su luz el conocimiento profundo de las cosas. El resultado del empleo de las velas no está ligado a cómo se queman estas, pues lo que ponemos en marcha son estructuras energéticas divinas y, por ello, la energía que movemos es superior al aspecto que esas tengan al arder.

El *malajim* מלאכים (escríbese también *malachim*[29]) es un tipo de escritura muy antigua y escasamente conocida, que se emplea única-

---

29   La transliteración correcta de esta palabra en español es *malajim*, pero en otras lenguas como el inglés o el alemán la transliteración correcta de la palabra hebrea es *malachim*. La voz deriva del hebro מלאך *malaj* que significa 'cara oculta o mensajero de Dios'.

mente con fines sagrados y rituales, en la que cada una de las grafías se corresponde con una de las veintidós letras hebreas, si bien dichas letras son distintas en su forma de las comúnmente conocidas del alefato. El *malajim* se escribe de derecha a izquierda y en la vela debe escribirse el nombre del Ángel comenzando por donde quema la llama hacia la base de la vela y a continuación pondremos el sello[30].

El *malajim* fue publicado por primera vez por Agrippa en *Of Occult Philosophy*, libro III, en 1651[31].

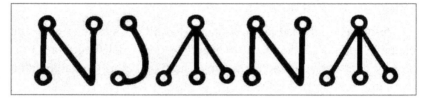

Figura 8. Escritura en malajim de Vehuiah (nº 1).

Dentro de los 72 nombres están representadas casi todas las 22 letras del alfabeto hebreo salvo la *guimel*, como ya comentamos anteriormente.

Todas las personas tienen el potencial del Creador dentro de ellos. Pero aquellos que tendrán éxito de forma real y duradera serán aquellos que hagan algo para compartir con otros, mientras que el resultado de aquellos que actúan y hacen sólo para ellos mismos puede durar únicamente el tiempo mientras la persona hace. Esta es la razón por la que cada día cuando nos despertamos, necesitamos tomar una decisión: ¿estamos aquí para ser una Luz para el mundo, o estamos aquí sólo para nosotros mismos?

Mientras que el nombre del Ángel en *malajim* es como la dirección, el sello es como el código postal, sin el cual la carta, como sabemos, no llega a destino. Cada Ángel tiene su propio sello, igual que

---

30   Dado que los sellos ocupan bastante espacio, es posible que no quepa el sello en una cara de la vela en la que ya has escrito el Nombre de Dios en *malajim*, en cuyo caso gira esta 180º y comienza a escribirlo (debes incidir en la cera de la vela para hacerlo) desde donde quema la llama de derecha a izquierda y de arriba abajo.

31   La obra fue editada previamente en latín: Agrippa, Henricus Cornelius (1533): *De occulta philosophia libri tres*, Colonia. Allí se puede encontrar también el *malajim* junto con el "alfabeto celestial" entre otros.

cada demonio tiene el suyo, pues en las reglas de la invocación no se distingue el procedimiento entre una y otra, salvo que no se emplea el *malajim* en la magia negra, sino el hebreo, ya que el *malajim* es la escritura angélica y sólo se emplea actualmente casi exclusivamente para estos fines, siendo bastante desconocido tanto su uso como el modo en el que se emplea, aunque en el pasado se usó por ejemplo en el libro que Raziel (*Sefer Ratziel Ha-malaj, El libro del arcángel Ratziel*)[32] dio a Adán y Eva cuando fueron expulsados del paraíso y les entregó el conocimiento de las facultades sanadoras de cada planta, estando escrito en hebreo y en *malajim*.

Figura 9. Página del *Sefer Ratziel Ha Malaj*.

---

32   Este libro despareció del conocimiento público hacia el S. XI a. C. Y es mencionado en *La espada de Moisés*, manuscrito del siglo XIII o XIV, reapareciendo en una edición en italiano en el siglo XV. Posteriormente se realizó una edición en hebreo atribuida a Eleazar Judah de Worms, conocido rabino (también llamado R. Eleazar ben Judah ben Kalonymus de Wurms).

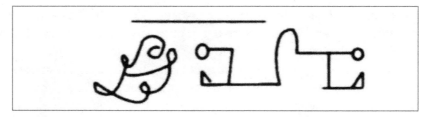

Figura 10. Sello de Vehuiah.

Si se compara estos sellos con los de otros Ángeles, observaremos que por proceder de estructuras energéticas, son más geométricos, que los de otras clases de Ángeles como se puede ver a continuación:

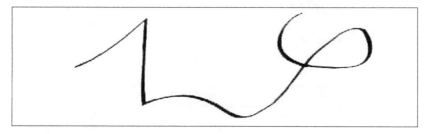

Figura 11. Sello de Aduachiel.[33]

¿Cómo ritualizar una vela? Toma un bolígrafo de punta gruesa u otro objeto punzante y empieza a escribir incidiendo sobre la cera, desde el lado en que quema la vela, el nombre del Ángel en *malajim* en dirección a la base de la vela, esto es, de derecha a izquierda y a continuación escribe el sello del Ángel, que es ese dibujo que encontrarás junto a cada Ángel. Tómate tu tiempo y haz esto desde el silencio y la tranquilidad, desde el respeto a ti mismo y a la energía que vas a activar para que te ayude a elevar tu consciencia y active lo mejor de ti mismo.

1º Dibujar marcando en la vela el nombre del Ángel en *malajim* que se escribe siempre de derecha a izquierda.

---

[33] A este Ángel se le invoca para obtener justicia (Cfr. Strohm, F. E. Eckard (2000): *Los Ángeles de Atlantis*, Barcelona, Abraxas, 1ª ed., pp. 147 y 189).

2º Dibujar marcando la vela en el espacio que queda a continuación el sello del Ángel. Si no cupiese, gira la vela 180º y dibuja marcando en la vela el sello del Ángel, siempre de derecha a izquierda.

3º Es opcional rellenar con dorado[34] las incisiones que has hecho al dibujar el nombre en *malajim* y el sello del Ángel. La invocación al Ángel va a funcionar igualmente, tanto si lo haces como si no lo haces.

4º Siempre utilizar velas blancas. El tamaño de la vela y su grosor puede ser el que queramos, aunque es más práctico que sean gruesas.

5º Nunca encender dos velas al mismo tiempo, salvo las excepciones que comentamos. Pondrías en marcha dos energías y su mezcla produce el efecto de "más es menos".

6º La misma vela puede servir para varios días. Enciéndela y apágala tantas veces como desees.

7º Si quieres y forma parte de tus costumbres y creencias, antes de encender la vela puedes hacer una cruz con el mudra de bendición en la zona de la mecha.

8º Es preferible encender la vela con una cerilla. Se recomienda no apagar la vela soplando, sino con un apagavelas o bien dando dos palmadas sobre la vela.

9º Una vez hayas encendido la vela decir a continuación el salmo en hebreo preferentemente y si te resulta muy difícil, hazlo en latín y luego cantilar el nombre del Ángel.

10º Oración (la oración la puedes modificar según lo que necesites). Orar, para pedir o agradecer, es hablarle al Ángel desde tu corazón y entregarlo a la voluntad de Dios.

11º Puedes encender una vela con el Ángel más adecuado para ayudar a alguien (aún sin permiso), siempre con intención de amor y con entrega a la voluntad de Dios.

---

34   Existen rotuladores dorados que te pueden servir para este fin. También puedes emplear pintura de la marca "La Pajarita" para rellenar la incisión que has hecho previamente. La decoración de la vela no le otorga mayor "fuerza".

VEHUIAH

Sello de Vehuiah   Nombre de Vehuiah

Figura 12. Ejemplo de cómo realizar una vela: vela de Vehuiah.

Ten en cuenta que un estudio de Ángeles se realiza siempre con el permiso de la persona y el trabajo de las velas según su estudio conviene que lo haga la propia persona.

Al encender la vela se activará la energía del Ángel que has ritualizado anteriormente y te ayudará de maneras muy diferentes dependiendo de tu propio tipo de percepción y tu grado de consciencia.

Oraciones e invocaciones

Mientras que la oración tiene una forma estructurada, la invocación consiste simplemente en decir el nombre del Ángel correspondiente para que acuda en nuestra ayuda porque nos damos cuenta de que en nuestra vida no están integradas en la materia las funciones que cada Ángel tiene. Aunque es una forma muy simple, es muy eficaz. La oración es una petición a cada Ángel para que nos ayude en aquellos aspectos en los que el Ángel es especialista.

Existen bastantes clases de oraciones como las del libro de Kashiel (2006): *Guía de respuestas de los 72 Ángeles de la cábala. Diccionario de conceptos y plegarias a los Ángeles*, ed. Arkano Books o las de Kabaleb y Soleika Llop (1998): *Los Ángeles al alcance de todos*, ed. Arkano Books.

Para este libro se han redactado específicamente oraciones acordes a los aspectos fundamentales de cada Ángel. Estas oraciones son una propuesta abierta que cada persona puede modificar, manteniendo, eso sí, las especificaciones del Ángel correspondiente, ya que cada persona es única y especial y cada circunstancia vital es diferente de las vividas anteriormente y nuestro panorama, tanto en lo circunstancial como en lo que se refiere a la elevación de la consciencia, se va transformando a lo largo del tiempo, por lo que la oración es una guía y no una fórmula fija e inmutable, si bien debemos recordar siempre que cada Ángel lo único que hace es ayudarnos a despertar el potencial que late en nuestro interior para que se manifieste en la materia, no nos da nada que no tengamos ya en nuestro interior, aunque sea sólo potencialmente.

Aquí tienes un ejemplo de oración o petición a Ierathel para que te ayude a extraer de ti tu mejor versión de ti mismo:

Oh Ierathel, protégeme contra los difamadores y malvados, confúndelos y líbrame de ellos. Hazme amante de la justicia, la paz, las ciencias y las artes. Permíteme ahondar en los contenidos del Árbol de la Vida, para que sepa ver mi sombra y mi luz y esté protegido de mí mismo y de hacer las cosas de forma contraria al orden natural. Ayúdame a creer en mí mismo y a emplear la determinación para que pueda ser completamente libre de cualquier limitación.

El Ángel del programa de vida personal y su cálculo

A través del estudio personalizado, se averigua cuál es el Ángel personal que actúa, te ayuda y guía en tu vida actual, que te habla del programa de vida de tu vida presente.

Cada Ángel de los 72 actúa en un nivel de conciencia (desde lo más denso, que sería lo físico, a lo más sutil, que sería el espíritu). Es decir, desde la materia al espíritu y cuando actuamos a nivel espiritual transformamos el plano material, siempre nos iremos moviendo en estos procesos o niveles de conciencia, para poder aprender y resolver continuamente. Hemos de recordar que en cada nuevo nivel de consciencia que queremos subir para ascender, necesitamos descender para luego poder ascender, porque cada vez que descendemos, ascendemos. Cada nivel conquistado de consciencia es un nivel conquistado para siempre.

El Ángel personal es el programa de vida que nuestra alma ha escogido realizar en esta vida, es lo que nuestra misma alma se ha propuesto.

Este poema ilustra muy bien esto:

LA VIDA QUE YO MISMO ESCOGÍ

Antes de nacer a la vida en esta tierra,
me fue mostrado cómo la viviría.
Ahí estaba la preocupación, ahí estaba la aflicción,
ahí estaba la miseria y la carga del sufrimiento,
ahí estaba el vicio que me atraparía,
ahí se encontraba el espejismo que me aprisionaría,
ahí se hallaban los arranques de ira
en los cuales guardaría rencor,
ahí se hallaba también el odio y la arrogancia,
el orgullo y la vergüenza.
Sin embargo, también se encontraban ahí
las alegrías de aquellos días,
aquellos días llenos de luz y bellos sueños,
donde ya no existen lamentaciones ni tormentos
y por doquier fluye la fuente de los dones,
donde el Amor concede las bendiciones del desapego
a aquellos que todavía están atados a los ropajes terrenos,
donde los humanos han superado la agonía de ser hombres
y piensan como elegidos del espíritu más elevado.
Me fue mostrado el mal y el bien,
me fue mostrada la plenitud de mis carencias,
me fueron mostradas las heridas por las que sangro,
me fue mostrada la ayuda de los Ángeles.
Y mientras contemplaba mi vida futura,
oí un ser que realizaba la pregunta
de si desearía vivir todo esto,
puesto que la hora de tomar una decisión había llegado.

Y yo consideré una vez más todo lo malo.
"Esta es la vida que quiero vivir",
respondí con toda firmeza y voz decidida
y acepté en mí, tranquilo, mi nuevo destino.
Así es como nací en este mundo,
así es como entré en esta nueva vida.
No me quejo si a menudo no me gusta,
puesto que esa fue mi decisión antes de haber nacido.

Hermann Hesse[35]

---

35   Das Leben, das ich selbst gewählt
Ehe ich in dieses Erdenleben kam
Ward mir gezeigt, wie ich es leben würde
Da war die Kümmernis, da war der Gram,
Da war das Elend und die Leidensbürde
Da war das Laster, das mich packen sollte,
Da war der Irrtum, der gefangen nahm.
Da war der schnelle Zorn, in dem ich grollte,
Da waren Haß und Hochmut, Stolz und Scham
Doch da waren auch die Freuden jener Tage,
Die voller Licht und schöner Träume sind,
Wo Klage nicht mehr ist und nicht mehr Plage,
Und überall der Quell der Gaben rinnt.
Wo Liebe dem, der noch im Erdenkleid gebunden,
Die Seligkeit des Losgelösten schenkt,
Wo sich der Mensch der Menschenpein entwunden.
als Auserwählter hoher Geister denkt.
Mir ward gezeigt das Schlechte und das Gute,
Mir ward gezeigt die Fülle meiner Mängel.
Mir ward gezeigt die Wunde draus ich blute,
Mir ward gezeigt die Helfertat der Engel.
Und als ich so mein künftig Leben schaute,
Da hört ein Wesen ich die Frage tun,
Ob ich dies zu leben mich getraute,
Denn der Entscheidung Stunde schlüge nun.
Und ich ermaß noch einmal alles Schlimme —
»Dies ist das Leben, das ich leben will!« —
Gab ich zur Antwort mit entschloßner Stimme.
So wars als ich ins neue Leben trat
Und nahm auf mich mein neues Schicksal still.
So ward ich geboren in diese Welt.
Ich klage nicht, wenns oft mir nicht gefällt,
Denn ungeboren hab ich es bejaht.

En el programa de vida, el Ángel personal cambia en cada nueva vida que el alma ha decido encarnar.

En el Apéndice I se pueden encontrar las regencias de los Ángeles. En el Apéndice II cómo consultar una carta astrológica natal para poder extraer cuál es el Ángel que nos corresponde. Siguiendo las instrucciones de esta tabla I deberás buscar qué signo rige el sol y a cuántos grados está. El signo y los grados te indicarán cuál es tu Ángel personal en el Apéndice I, de modo que si tu Sol está a 11,45° de Aries te corresponderá como Ángel personal Sitael (número 3). Busca entonces este Ángel en el libro, que te explicará con detalle el tipo de ayuda de esta estructura energética.

La regencia de los Ángeles personales dura cinco grados del zodiaco o un quinario zodiacal y, por lo tanto, cambia cada cinco grados. Los 72 Ángeles están repartidos a lo largo del año y cada año aproximadamente el 21 de marzo (exactamente a 0° de Aries) vuelve a iniciarse la secuencia de los 72 Nombres.

La segunda regencia de los Ángeles se inicia a 0° de Aries (aproximadamente cada 21 de marzo) y cada grado del zodiaco va cambiando al siguiente de los 72 Nombres de Dios, de modo que entre el 0° de Aries y el 12° de Géminis transcurren los 72 Ángeles y ahí vuelve a empezar la cuenta de los 72 Ángeles/Nombres de Dios, de modo que la siguiente será del 12° de Géminis al 24° de Leo, la tercera es del 24° de Leo al 6° de Escorpio, la cuarta del 6° de Escorpio al 18° de Capricornio y la quinta, y última, del 18° de Capricornio al 30° de Piscis, recorriendo de este modo los 360° del zodiaco en ciclo de un grado zodiacal por Ángel hasta completarse el ciclo completo de estos cinco veces[36].

La tercera regencia de los Ángeles se inicia a las 00:00 horas contadas desde la salida del sol del lugar en el que te hallas. Cada Ángel rige un ciclo de 20 minutos comenzando por Vehuiah contando desde la hora de la salida del sol, de modo que Vehuiah rige de las 00:00 a

---

[36] Existen bastantes libros, empezando por el de Lenain (Lazare) (1823): *La science cabalistique ou l'art de connaitre les bons génies*, Paris, Hector et Henri Durville Éditeurs., que han convertido los grados zodiacales en días del año, con la consiguiente distorsión grave que esto supone, porque cualquiera que sepa un poco de astrología, sabe que los 0° de Aries no siempre se corresponde con el 21 de marzo, aunque frecuentemente coinciden.

las 00:20 contando desde la salida del sol y Ieliel de las 00:20 a las 00:40 y así sucesivamente.

En cada uno de los Ángeles del Apéndice I, así como en la propia explicación de cada uno de los Ángeles al final de la explicación cabalística, se encontrarán las referencias O, E, C, B, que se corresponden a los conceptos de O= Oros, E= Espadas, C= Copas y B= Bastos, que guardan relación con los cuatro mundos y con los cuatro niveles de percepción que veremos a continuación.

También se hallarán las iniciales n y d, que corresponden respectivamente a n=nocturno y d=diurno. Se puede observar que los Ángeles impares son todos nocturnos y que los Ángeles pares son todos diurnos. Este concepto se refiere a que los nocturnos, que son impares, hacen referencia más a un proceso interior, que se manifiesta hacia dentro y se expresa en la relación que nosotros tenemos con nosotros mismos, mientras que los diurnos, que son pares, hacen referencia a un proceso que opera hacia el exterior, que se manifiesta hacia afuera, fundamentalmente en nuestras relaciones con los demás y con todo lo creado.

Igualmente, en la última columna se hallarán los números 2 a 10 que indica el número de la esfera a la que está vinculado el Ángel y que se halla relacionado con su ámbito de acción en el *Olam Ha-Assiyah* (o Mundo de la Acción).

Veamos en primer lugar los cuatro mundos de la cábala, de abajo hacia arriba:

Olam Ha-Assiyah, עולם העשיה, **Mundo de la Acción**. Sentido Simple o literal. Palo de Oros en el tarot. Elemento Tierra. Nivel Físico o material. En contacto directo con el Mundo Social Exterior, el más alejado subjetivamente del Creador[37]. Puede relacionarse, por una parte, con la sefirá Maljut, y por otra, a través de la escala de Jacob, con un Árbol de la Vida cuyo Keter es el Tiferet del Mundo de la Formación y el Maljut del Mundo de la Creación, estando su Maljut en contacto con el mundo diabólico de las Klipot o Cáscaras, pero separado radicalmente de él.

---

37   Aunque en realidad nada está ni separado ni alejado del Creador. Dichas clasificaciones son una convención cabalística que refleja nuestro deseo humano de comprensión a través de la clasificación, que es siempre, aunque no lo queramos, divisoria.

Olam Ha-Yetzirah, עוֹלָם הַיְצִירָה , **Mundo de la Formación**. Sentido Alusivo. Palo de Espadas en el tarot. Elemento Agua. Nivel Astral o emocional. Más cerca del Mundo Social Exterior que del Mundo Energético Interior. Puede relacionarse, por una parte, con la tríada formada por las sefirot Netzaj, Hod y Yesod (Tríada del Temple de Ánimo), y por otra, mediante la escala de Jacob, con un Árbol de la Vida cuyo Maljut es el Tiferet del Mundo de la Acción, y cuyo Keter es el Maljut del Mundo de la Emanación y el Tiferet del Mundo de la Creación.

Olam Ha-Briah, עוֹלָם הַבְּרִיָה , **Mundo de la Creación**. Sentido Exegético o interpretativo. Palo de Copas en el tarot. Elemento Aire. Nivel Mental. Más cerca del Mundo Energético Interior que del Mundo Social Exterior. Puede relacionarse, por una parte, con la tríada formada por las sefirot Jesed, Guevurah y Tiferet (Tríada de la Ética), y por otra, a través de la escala de Jacob, con un Árbol de la Vida cuyo Maljut es el Keter del Mundo de la Acción y cuyo Keter es el Tiferet del Mundo de la Emanación.

Olam Ha-Atzilut, עוֹלָם הָאֲצִילוּת, **Mundo de la Emanación**. Sentido Secreto. Palo de Bastos en el tarot. Elemento Fuego. Espíritu. Mundo Energético Interior. El más cercano al Creador. Puede relacionarse, por una parte, con la tríada formada por Keter, Jokmah y Binah (Tríada de las Raíces, llamada también el Gran Rostro), y por otra cuyo Maljut es el Tiferet del Mundo de la Creación y el Keter del Mundo de la Formación, y cuyo Tiferet está en contacto con el *Ayin Sof*, lo inmanifestado.

No existe completa concordancia entre los cabalistas sobre si a *Olam Ha-Yetzirah* le corresponde Aire o Agua y en consecuencia igual sucede con *Olam Ha-Briah*.

Estos cuatro mundos se corresponden con cuatro niveles de percepción. Así observamos que la lectura de un texto o la observación de un hecho pueden hacerse en cuatro niveles diferentes. Los estudiantes de la cábala memorizan estos cuatro niveles mediante las letras que componen la palabra *pardés* פרדס que significa **paraíso**. Las cuatro letras hebreas que forman esta palabra son, a su vez, las iniciales de otras cuatro palabras que definen a cada uno de los niveles:

pshat, פשט **simple**. Entiéndase este nivel como la lectura literal de un texto carente de cualquier clase de interpretación. Lo meramente aparente de lo que leo. Este nivel se relaciona con los oros.

remez, רמז, **alusivo**. Es la evocación de alguien o algo no mencionados por medio de una referencia cultural, histórica, mitológica, etc. Es la explicación que cada uno damos de un texto, acontecimiento, etc. Es la pista, la sombra de lo que se dice. El huevo alude a la gallina y cualquier otro animal que los ponga. Pero el huevo nos alude a todas las recetas culinarias elaboradas en cuya base fundamental esté: tortilla, huevo frito, duro, escalfado, revuelto, etc. También es alusivo de los órganos sexuales: testículos y ovarios. Este nivel se relaciona con las espadas.

derash, דרש, **exegético** o **interpretativo** (porque también tiene el significado). Es tanto explicación como la interpretación del texto así como todas las explicaciones e interpretaciones que cada uno ha hecho sobre el propio texto.

sod, סוד, **secreto**, lo oculto, los misterios. Más allá de estos tres niveles anteriores se halla uno superior a estos que aporta sabiduría. En la cábala alude a **jokmah nistará** (חכמה נסתרה), la **Sabiduría secreta** u oculta. Este adjetivo femenino, נסתרה, tiene la misma raíz que אסתר (*Esther*), cuyo libro es el único de la Biblia que no menciona a Dios ni una sola vez, y, sin embargo, se considera en el judaísmo el más sagrado después de los cinco de la Torá o Pentateuco.

La ausencia del último nivel de interpretación deja la palabra פרדם (*pardés*) en פרד (*perad*), que significa **separar**, **dividir**: ahí aparece el principio separativo, lo **diabólico**, palabra procedente del griego, δια-βολή, *diabolé*, con el mismo significado. Y eso explicaría perfectamente todos los fenómenos de intolerancia religiosa, inquisiciones y guerras santas incluidas.

Existe un quinto nivel más profundo conocido como el **secreto del secreto**.

Cada uno de estos niveles de percepción como cada uno de los cuatro mundos que les corresponden tienen su correspondencia con cuatro niveles de consciencia que se alcanzan en el Árbol de la Vida, a saber Maljut—Yesod—Tiferet—Keter, que requerirían una larga explicación.

Respecto a los cuatro mundos, estos podrían definirse, siguiendo a Adriana Wortman[38] de la siguiente manera:

---

38   Cfr. Wortman, Adriana (2013): *Astrología, kabbalah y transformación*, Ed. Sincronía.

Olam Ha-Assiyah (Mundo de la Acción) es el plano físico, material. En el hombre es el cuerpo físico desde el bebé recién nacido, que incluye hábitos, compulsiones y el mundo de sensaciones y emociones resultantes. Con un ejemplo, aquí está la casa real y concreta, sus materiales, medidas, distribución, decoración, localización, limpieza, la energía o atmósfera, las comodidades y confort, etc.

Olam Ha-Yetzirah (Mundo de la Formación): Es el plano de la mente concreta a lo más abstracto. Incluye tendencias, patrones mentales o formas de pensamiento, fantasías, todo el mundo que llamamos psicológico, análisis, racionalización; la mente lógico matemática y la mente abstracta o creativa. Siguiendo el ejemplo anterior: es la formación de los detalles, aumento de tamaño e impulso vital en el embrión en el vientre de su madre; en la casa es la delineación de planos, diseño de la decoración, el cálculo de los presupuestos y su aplicación para comprar materiales.

Olam Ha-Briah (Mundo de la Creación)[39]: Corresponde a las llamadas facultades mentales superiores, que permiten la ideación filosófica, la comprensión de símbolos y arquetipos, la comprensión holística de pasado – presente – futuro, la visión histórica y evolutiva y la inspiración genial. En el ejemplo previo es el embrión y su desarrollo y los primeros órganos; aquí se decide el estilo de vivienda, se evalúan las posibilidades, se concibe el proyecto. Pero sobre todo, es la idea creativa de la casa, sin la cual todo lo demás no puede existir.

Olam Ha-Atzilut (Mundo de la Emanación). Corresponde a lo que sentimos o identificamos como paz, nirvana o plenitud total. Aquí se vive el conocimiento global de los valores, ideales y principios universales, que en momentos extáticos puede definirse como el estado de *Shamadi*, Ser Uno. En el ejemplo aquí tenemos el óvulo fecundado con toda la información genética; en la casa, aquí se experimenta el refugio o la matriz. Se conoce el descanso, la protección, la seguridad y la contención que busca realizarse a través de la Creación de una casa, que luego en los otros mundos se especificará en algo concreto.

Por su parte, recordemos los cinco niveles ascendentes del alma, según el *Séfer Ha-Bahir*:

---

39   Olam Ha-Briah es el mundo de la Creación, puesto que la palabra בריה tiene la misma raíz que las dos primeras palabras del Génesis, בראשית ברא, **En el principio creó...**

Primer nivel, נפש (*nefesh*), el **alma vegetativa**. Podría establecerse una correspondencia con la *sefirá* Maljut y el elemento Tierra; en ella arraigan los vegetales, y de ella se alimentan. Se puede hablar también aquí del alma animal y sobre todo se refiere al entendimiento del mundo. נפש (*nefesh*) proviene de la palabra (*nash*) נש que significa respirar sin ser consciente de la respiración.

Segundo nivel, רוח (*rúaj*), el **aliento vital**. Se relaciona, evidentemente, con el elemento Aire, representado en el Árbol de la Vida por la Tríada del Temple de Ánimo (Netzaj-Hod-Yesod). Para el *Zóhar* es el reino de las emociones. רוח (rúaj) significa 'aliento' y también 'espíritu' y eres consciente del tuyo y del de los demás.

Tercer nivel, רוח (*jayá*), la **chispa de vida**. Es elemento Fuego; pero el fuego necesita oxígenos para la combustión, elemento que también forma, con el hidrógeno, el Agua. Se trata, por tanto, de una combinación de Fuego-Aire-Agua, representados respectivamente en la Tríada de la Ética por las sefirot Guevura-Tiferet-Jesed, tal como recoge también el *Pardés Rimonim* (El huerto de las granadas) de Moshé ben Jakob Cordovero (Ramak), dado que רוח (*jayá*) proviene de חי (jai) que significa 'viviente' y es también un Nombre de Dios[40].

Cuarto nivel, נשמה (*neshamá*), el **alma propiamente dicha**. Superada la barrera que forma el Velo del Templo, a nivel de Tiferet, este nivel es un intermedio entre la Unidad y la multiplicidad. En el Árbol de la Vida correspondería a la zona intermedia entre la Tríada de la Ética y el Abismo. Se trata del entendimiento suprarracional y de la conexión suprarracional del alma con Dios[41].

Quinto nivel, יחידה (*yejidá*), el **principio espiritual** o la chispa divina. La correspondencia es claramente con el Gran Rostro o Tríada de las Raíces, Keter-Jokmah-Binah.

Tres de dichos niveles dan pie para diferentes tipos de espiritualidad: *nefesh* origina el nivel más bajo, נפשיות (*nefshiut*), que se traduce como *simpatía, empatía, amabilidad*; *rúaj* origina la que llama-

---

40   Buena parte de los cabalistas consideran que el nombre del tercer nivel está en cuarto lugar y que el del cuarto está en el tercero.

41   En la mayoría de las clasificaciones de los niveles del alma, los niveles tercero y cuarto se hallan intercambiados. Se ha optado por esta clasificación atendiendo a la etimología y significado de las palabras que designan ambos niveles.

mos *espiritualidad de 2º nivel*, רוחניות (*rujaniyut*); y de **yejidá** deriva
יחידות (*yejidut*), palabra que se traduce como *soledad, intimidad*, y es
la verdadera espiritualidad. Observemos la palabra רוחניות: contiene
dos letras vav, וו, y una sola iod י. La letra ו simboliza al hombre, al ser
humano, por lo que al haber dos en la palabra se refiere a un colectivo,
nos habla de una espiritualidad que se comparte con otros seres humanos y es, por tanto, una espiritualidad colectiva. Una sola iod י, a su
vez, simbolizaría al Dios externo (*trascendente*, diría algún teólogo de
fina palabra), pero sólo a Él: ajeno por tanto al hombre, mientras que
יחידות (*yejidut*), que contiene una sola vav ו y dos iods יי nos hablaría
del hombre solo ante Dios, ya que יי es el nombre divino asociado a
Jokmah, la 2ª *sefirá*, estas יי juntas forman el nombre divino que se refiere a la doble polaridad masculina y femenina (completa, por tanto),
y también al Dios tanto externo como interno (*trascendente* e *inmanente*, que diría nuestro teólogo) y que representa los ojos de Dios y es
que en este nivel espiritual el hombre está solo ante los ojos de Dios,
reconoce al Dios Interno o del Ser que habita en su interior y, por tanto,
no es una espiritualidad practicada en compañía, sino en soledad.

El efecto de nuestro Ángel personal

En primer lugar, actúa y manifiesta su ayuda a través del cuerpo físico que es el vehículo para así plasmar y realizar las acciones necesarias de cada persona en la materia. El Ángel actúa en primera instancia sobre la energía más densa que es nuestro cuerpo físico. Invocar o trabajar con este Ángel es de ayuda también en casos de enfermedades, traumas, maltratos o shoks en nuestro físico, este Ángel te puede ayudar a que haya un equilibrio y armonía de tu cuerpo contigo.

Es ilimitada la explicación de cómo la fuerza o energía de los Ángeles son capaces de actuar en la materia, sólo tú y con tu experiencia podrás ponerle algunas palabras.

Los Ángeles actúan y se manifiestan en cuanto tú les pides ayuda.

El Ángel personal trabaja en primera instancia con el nivel más bajo del alma según la cábala: *nefesh*. Este nivel de consciencia del alma se corresponde al nivel del alma animal o vegetativa. Aquí la persona no sólo debe aceptar su vehículo físico tal cual es en todos sus aspectos y cuidarlo, sino que para trascenderlo debe superar la confusión entre ser y tener, pues esta le lleva a creer que es lo que posee, sea dinero o cualquier otra cosa que un ser humano piense que puede ser poseída, al extremo de creer que podemos poseer a otro ser humano o tratarlo como tal. La persona puede llegar al extremo de, al tener una visión exclusivamente material, negar la propia existencia de su alma, puesto que la percepción sólo corresponde a los sentidos (olfato, oído, tacto, gusto, vista, así como la existencia de otros como equilibrio, ritmo, etc. pertenecientes a este nivel). Nos habla en este punto de nuestra relación con el mundo de la materia que en este nivel se percibe de forma densa y no como un campo unificado de relaciones energéticas de todo cuanto existe. En este punto nuestro Ángel personal está actuando sobre nuestra alma animal, el *nefesh*.

Posteriormente, el Ángel personal actúa en un nivel de conciencia más sutil que el nivel del alma animal, el *nefesh*. Aquí el Ángel te puede ayudar a reconocer los pensamientos o la percepción de tus emociones y poderlos encauzar de una forma sana y consciente para comprender lo que ocurre. La ayuda es siempre el mismo hilo conductor, es el llevar a cabo todo a la materia, es decir a nuestra vida en un estado presente: el aquí y ahora. Aquí debes recordar la conexión existente entre las emociones y la mente, intrínsecamente relacionadas entre sí, como hemos visto en la figura 7. Este Ángel te ayudará en los niveles del alma correspondientes a *rúaj* y *jaiá* (para otros cabalistas *neshamá)*, que tiene correspondencia con los niveles de consciencia correspondientes a Yesod y Tiferet. Aquí son importantes nuestras relaciones con los demás, que son para nosotros una fuente inestimable de aprendizaje, el equilibrio de nuestra autoestima (tanto la baja autoestima como la sobrestima constituyen un desequilibrio del *ego*[42] -en el sentido de 'personalidad'-), la liberación de las máscaras o personajes que nos hemos construido por diversas razones y que en el proceso de elevación de la consciencia debemos desprendernos de ellas para

---

42   La *sefirá* del Yesod 'fundamento' es la que representa el *ego*. La cábala nos propone trascender el *ego*, en ningún caso eliminarlo, al contrario de lo que propugnan las filosofías orientales. Se trata, por tanto, de tener un *ego* fuerte y equilibrado para poder trascenderlo. Por ello, ha de trascenderse hasta el propio nombre, con todo lo que tener un nombre conlleva, y todas las historias asociadas a ese nombre con las que nos identificamos, creyendo con ello que esa es nuestra verdadera esencia, cuando no lo es, sino un cúmulo de experiencias a través de las cuales nos hemos propuesto realizar nuestros aprendizajes en esta vida.

mostrarnos realmente auténticos, tal cual somos, sin querer salir los más guapos, los más rubios y los más altos en la foto y en este punto es necesario deshacernos de nuestros apegos y comprender que no somos lo que hacemos, sino una expresión de lo que estamos siendo según nuestro nivel de consciencia. Una de las muestras más claras de que tenemos serios problemas en este nivel es discutir con los demás.

Este Ángel personal también te ayuda en el nivel del yo[43], que es donde residen las relaciones con uno mismo y con la esencia de uno mismo en el sentido orteguiano de *ipsidad*[44], es decir, lo que tú eres que te hace distinto del otro, ya que cada uno es único y especial, porque nuestra alma lo es, pero esta es una distinción por la vía positiva. Aquí es preciso comprender que nuestros dones, talentos y las cualidades y habilidades desarrolladas en esta u otras vidas no son nuestra esencia, sino que son herramientas de nuestra alma para poder desarrollar nuestro *tikún*, porque nuestra esencia no puede ser nombrada, porque al hacerlo, deja de ser nuestra verdadera esencia y nosotros nos convertimos a nosotros mismos en un objeto, dejando de ser sujeto, ya que como indica el *Tao te King*: "El Tao que puede ser nombrado, no es el verdadero Tao". Nuestra esencia sólo puede ser sentida o percibida. Y en tanto que somos una gota individualizada del mar primordial, no somos distintos de ese océano de la vida universal, sólo que nos experimentamos como separados de él en nuestra vida terrenal.

Aquí debes recordar y reconocer que tus aptitudes, tus cualidades y tus habilidades no es quien tú eres, sólo son elementos que te ayudan (instrumentos) meramente para poder desarrollar el propósito tanto de tu vida presente como de tu *tikún*.

El Ángel personal, superado este nivel, es una estructura a nivel de conciencia mucho más sutil que los niveles de *nefesh, ruaj* y *jaiá* (para otros cabalistas *neshamá*).

---

43   Corresponde a la esfera de Tiferet en el Árbol de la Vida.

44   *Ipsidad* es un neologismo acuñado por Ortega y Gasset, derivado de *ipse* y como este pronombre de identidad adversativo latino indica, se empleaba para referirse a lo que es propio y exclusivo de uno y que lo diferencia de los demás cuya traducción podría ser 'el mismo (y no otro)', la definición sería en relación con uno mismo y en positivo, por ejemplo "soy generosa", mientras que *ídem*, pronombre de identidad latino y equivalente al castellano 'el mismo' era una definición de uno mismo por oposición a los demás, por ejemplo, "no soy tacaño". De *idem* deriva el castellano *identidad*, pero este término no refleja realmente lo que el yo tiferético supone, ya que el castellano no distingue la definición de uno mismo por la vía positiva de la vía negativa.

Todos sabemos que lo único que nos hace ser únicos y especiales es nuestra alma. Pero sólo una porción de nuestra alma está con nosotros encarnada en la materia (es decir, nuestra alma en su totalidad no está íntegra con nosotros), ya que el resto de nuestra alma mora con el Padre o energía Creadora, si bien hay un cordón que une esta porción del alma que está con nosotros, y que es pequeña comparada con el resto del alma que mora con Dios o energía Creadora, y a través de este cordón de unión que siempre está activo es como interactúan ambas partes y a mayor es nuestro nivel de consciencia mejor se manifiesta en la materia esta comunión que contribuye a la unión de nuestra alma con nuestra alma encarnada. Es aquí donde se manifiesta esta energía, por lo tanto, su acción se vuelve extremadamente sutil, ya que el nivel de consciencia también lo es y a mayor nivel de consciencia, más sutiles son los aprendizajes. Sólo después de la unión del alma consigo misma en la experiencia de la materia, lo que implica la integración de la luz y de la sombra y todos los procesos de aprendizaje realizados en distintas vidas por nuestra alma y la integración con el Infinito, nivel que corresponde a *neshamá*, estará el alma preparada para unirse y disolverse con el Creador, nivel que corresponde a *yejidá*, pero como dicen los cabalistas esta unión es temporal en la vida terrenal y su consejo es "corre y regresa".

En cada uno de estos estadios del alma que reflejan el proceso del despertar y de la elevación de la consciencia es posible que pasemos por la "noche oscura del alma" en cualquiera de sus aspectos[45], especialmente superado el nivel de Yesod o el *ego,* pero para los distintos momentos de este proceso encontrarás varios Ángeles dedicados a ayudarte, además de tu propio Ángel personal.

Pero previamente se debe haber realizado un trabajo con el Ángel personal y con el proyecto de trabajo que presentamos. Este es el punto para armonizar e integrar en la materia los procesos de aprendizaje (que es aquello que vienes a aprender en esta vida junto a los aprendizajes realizados en vidas anteriores) junto con tus dones, talentos, cualidades y habilidades (que es aquello que ya sabes hacer o vas a desarrollar hasta el campo de posibilidad infinita), el cual ha escogido el alma para cumplirlo en este retorno a la vida de ahora y que te prepara para el

---

45   Véanse, por ejemplo, los aspectos de la noche oscura del alma desde el punto de vista emocional (representado por el sendero 13), desde el punto de vista devocional (sendero 14) o desde el punto de vista mental (sendero 15).

cumplimiento de tu propio *tikún*, que es el propósito de tu alma para el conjunto de las reencarnaciones, ya que el Ángel personal y los Ángeles de la propuesta de trabajo nos llevan desde el despertar a la elevación de nuestro nivel de consciencia de forma progresiva desde el Ángel personal y los Ángeles que en forma ascendente nos llevan por la escala de Jacob. Y hay que tener en cuenta que cada vez que trabajamos para elevar nuestro nivel de consciencia descendemos para arreglar aquello que aún no hemos solucionado para poder ascender a un nuevo nivel y transcendiéndolo desde el nivel más bajo hasta alcanzar el más alto.

El propósito es que mediante el trabajo con el Ángel personal y los Ángeles que recorren la escala de Jacob alcancemos nuestro *tikún* (תיקון), el cual implica la unificación para la persona, porque todos lo encaminan al cumplimiento del propósito que el alma tiene para el conjunto de sus reencarnaciones. *Tikún* significa 'corrección' y es nuestra contribución personal para rescatar a la *Shejiná* (la presencia femenina divina en la tierra, la divina princesa), que está exiliada y secuestrada por el dragón de la ignorancia. Nuestra gran pelea no es entre el bien y el mal, es entre la ignorancia y el conocimiento. Nuestro trabajo consiste en sacar de la ignorancia una parcela de la vida, llevarla al conocimiento y legar dicho conocimiento a generaciones futuras, bien sea escribiendo un libro, bien sea enseñando o ambas cosas a la vez. Este trabajo supone simultáneamente crecer en consciencia hasta alcanzar el estado de la consciencia mesiánica. Y cabe recordar que los niveles conquistados de consciencia son niveles conquistados para siempre. Lo que cada uno de nosotros ha venido a hacer es siempre lo que mejor se le da hacer, lo que más le gusta y lo que más le divierte, es siempre algo que te hace feliz (la felicidad es el resultado y la expresión de la realización, no constituye, por tanto, un objetivo), te aporta plenitud interior y satisfacción que te hacen sentirte en tu salsa, que estás en tu elemento, tal como expone Ken Robinson[46]. Tu *tikún* es la misión sagrada que todo ser trae para realizar al venir al mundo. El tema de la reencarnación con propósito fue desarrollado por Isaac Luria, si bien se halla prefigurado en el *Zóhar*, y ha sido continuado, en parte, por Jaime Villarrubia[47].

---

46 Vid. Robinson, Ken y Aronica, Lou (2009): *El Elemento*, Grijalbo.

47 Vid. Villarrubia, Jaime; Haut, Carmen y Millera, Dulce María (2010): *Sefer Ha-Neshamah. Manual de cábala práctica. El Programa de Vida y la investigación del Tikún*, Barcelona, Escuelas de Misterios.

Antes de ser creada nuestra alma, Dios nos preguntó de qué modo queríamos contribuir a la Creación, de qué problema nos queríamos encargar y en función de nuestra respuesta, nos dio los dones y talentos necesarios para la tarea que nosotros mismos escogimos. A partir de ellos hemos desarrollado en la materia las cualidades y habilidades para poder realizar el cumplimiento de nuestro *tikún*, tarea que puede requerir muchas reencarnaciones, pero todas ellas tienen este propósito hasta que alcancemos su finalización.

No es el rechazo a nuestra propia sombra el que nos impide cumplir el *tikún*, sino el rechazo a nuestra propia luz tal como expone Marianne Williamson:

"No es el estar confrontados a nuestra mediocridad o a nuestra insuficiencia lo que más tememos. Por el contrario, nuestro temor más profundo es medir toda la extensión de nuestro poder.

Es nuestra luz la que nos da miedo, y no nuestra oscuridad.

Nos preguntamos: ¿Quién soy yo para mostrarme tan hábil, tan lleno de talento y tan brillante?

¿Y quiénes seríamos nosotros para no mostrarnos así? Somos hijos de Dios.

No serviremos al mundo haciéndonos más pequeños de lo que somos. No hay ningún mérito en disminuirse a sí mismo para que otros se sientan seguros. Estamos aquí para brillar con todo nuestro esplendor, como lo hacen los niños. Hemos nacido para manifestar a pleno día la Gloria de Dios que está en nosotros. Y esta gloria no reside únicamente en algunos de nosotros, sino en todos y cada uno.

Cuando dejamos que nuestra propia luz resplandezca, sin saberlo damos permiso a los demás para hacer lo mismo.

Cuando nos liberamos de nuestro propio miedo, nuestra presencia libera automáticamente a los demás"[48].

---

[48] Este poema fue incluido por Nelson Mandela en el discurso de investidura (1994) como Presidente de la República de Sudáfrica, razón por la que con frecuencia es atribuido a él. El poema procede de la obra *A return to love*.
"Our deepest fear is not that we are inadequate,
Our deepest fear is that we are powerful beyond measure,
It is our light, not our darkness that most frightens us,
We ask ourselves, Who am I to be brilliant, gorgeous, talent, fabulous? Actually, who are you not to be?

Nuestro mayor miedo es, pues, a mostrar toda nuestra luz. Y como la tríada de los miedos (Guevurah-Tiferet-Hod) es opuesta a la tríada de los deseos (Jesed-Tiferet-Netzaj), todo miedo esconde un deseo oculto y todo deseo esconde un miedo que nos impide cumplir el deseo, de modo que son una aparente pescadilla que se muerde la cola, pero ambas tríadas tienen una curiosa cualidad: cumplido el deseo, este se acaba y trascendido o conculcado el miedo, este desaparece. Al estar ambas tríadas a la altura de Tiferet y del Velo del Templo, realmente constituyen la clave para poder pasar de la multiplicidad a la Unidad. Todo deseo responde en el fondo a un anhelo más profundo, y sobre todo legítimo, el de reconstruir la unidad, esa Unidad Perdida que se traduce en la cábala en el exilio de la *Shejiná*, pero al no conocer la raíz de este anhelo se emprende el camino tomando una dirección equivocada. Y como dice Lawrence J. Peter: "El que no sabe a dónde va, acabará yendo a otra parte".

Necesitamos dirección, que es la que nos marca el rumbo correcto para el cumplimiento de nuestro *tikún*. Los marinos saben con precisión que la desviación de un solo grado en un trayecto les llevará quién sabe si a encallar y que, por supuesto, no los conducirá a puerto seguro, ya que uno puede acabar en cualquier parte. Al igual que un marinero utiliza el timón para mantener el control de la dirección correcta, del mismo modo que el volante de un coche le sirve al conductor del vehículo para mantenerse dentro de los márgenes del camino y los instrumentos y las cartas de navegación van señalándole si se desvía de la ruta prevista. Pero recordemos que el mapa no es el territorio, es una orientación sobre él, pero el territorio lo recorres tú con tus pasos en el camino de la vida. Los Ángeles nos van a ayudar no sólo a mantener la correcta dirección y el control, sino que nos va a permitir caminar hacia una mayor consciencia. La cuestión esencial es comprender que no importa tanto lo que vaya sucediendo en el ca-

---

You are a child of God.
You playing small does not serve the world.
There is nothing enlightened about shrinking so that other people won't feel insecure around you.
We are all meant to shine, as children do.
We were born to make manifest the glory of God that is within us.
It's not just in some of us; it's in everyone.
Ans as we let our own light shine, we unconsciously give other people permission to do the same.
As we are liberated from our own fear, our presence automatically liberates others".

mino, sino cómo afrontamos lo que nos sucede, cómo aprovechamos las distintas oportunidades de aprendizaje que la vida nos presenta y como nuestra actitud nos permite ser, o no, dueños de nuestro destino, el mismo que nuestra alma escogió antes de venir al mundo y si nos aplicamos a nuestra misión con entrega a la voluntad del Creador, equilibrando así nuestro propio *ego*, a menudo tan traicionero. Los Ángeles de la cábala son aquí de gran ayuda, porque con ellos tenemos una visión más clara de la relación entre nuestro programa de vida y nuestro *tikún*. También nos ayudan cuando realizamos nuestro giro hacia la unificación y posteriormente en nuestro giro hacia la expansión.

Cuando has trabajado previamente con el Ángel personal y, en escala ascendente, con los Ángeles de la cábala y has encaminado tu rumbo hacia la unificación, la siguiente meta es la alineación y conexión de cada una de las partes en las que has estado fragmentado, a fin de que se reconcilien tu sombra y tu luz. Al dejar atrás las máscaras del *ego* y sus desequilibrios, te puedes conectar de forma profunda con tu Dios Interno, o del Ser, para que seas uno contigo mismo y poder así estar conectado, cada vez de forma más estrecha, tanto con tu parte del alma encarnada como con la parte que mora junto al Creador.

Un ejemplo sería como si se tratara de una cuerda, de la cual cada uno de estos cuerpos estuviera colgado uno detrás de otro y esta cuerda está pasando entre un cuerpo y otro, en este paso entre cuerpo y cuerpo podemos encontrarnos con nudos, que estos vendrían a ser nuestros obstáculos o bloqueos que dificultan la comunicación entre un cuerpo y otro. Pero podemos conseguir deshacer o desbloquear estos nudos con la ayuda de este Ángel y así ir creciendo con una mayor conciencia, o sea "el darse cuenta".

Antes de emprender nuestra expansión es preciso alcanzar la claridad en la dirección y en la unificación durante bastante tiempo y sólo cuando realmente nos sintamos preparados, porque sintamos una fuerte unificación, sólo entonces estaremos en condiciones de continuar en nuestro progreso hacia la expansión mediante el Ángel personal y los Ángeles de la cábala que recorren la escalera de Jacob. Esto es así, porque cuando nos dirigimos hacia nuestra expansión se produce un giro en nuestro caminar, no se trata de un nuevo camino, sino más bien de que para dirigirnos a nuestro objetivo hay una mayor afinación en el grado que este se produce, ya que la expansión nos permite, como su propia palabra indica, una propagación de nuestro *tikún*, del trabajo que hemos venido a hacer, y es como la carcasa de una palmera de fuegos artificiales lanzada al cielo que realmente alcanza su pleno desarrollo cuando estalla en el cielo y se expande en sus 360º.

Hay personas muy conscientes que, siguiendo los dictados de su corazón, saben cuándo les conviene trabajar con un Ángel u otro. Aquí no hay una regla fija y debe ser nuestro corazón —que no nuestra mente— el que nos dicte cuánto tiempo dedicamos a cada Ángel y hay personas que perciben o se dan cuenta que necesitan trabajar durante quince días o un mes un determinado Ángel antes de que sientan que es el momento de trabajar con el siguiente.

La expansión siempre se mueve y se activa desde nuestro corazón y es muy importante sentir cuándo es el momento de utilizar un Ángel u otro, pues uno ha de ser muy consciente de la energía de cada Ángel y siempre se ha de haber trabajado previamente los anteriores y esto guarda una estrecha relación con nuestro Ángel personal y su ubicación dentro de la escala de Jacob.

Un ejemplo para comprender el uso y la fuerza de estos Ángeles sería como si lanzáramos una piedra en un lago, el impacto de esta piedra en el agua produce unas ondas expansivas en todas direcciones, en todo su alrededor, lo que nos indica que si trabajáramos este Ángel por precipitación antes del momento adecuado, lo que se produciría sería el "caos". Sin embargo, si realmente somos conscientes y prudentes con el trabajo y el uso de la energía de los Ángeles, llegaremos al éxito del cumplimiento de nuestro *tikún* sin sobresaltos.

La expansión del *tikún* de cada persona tiene que brotar de su centro previamente unificado, debe brotar desde nuestro corazón, y desde allí nace y se manifiesta conscientemente la energía más poderosa de cada uno, el amor, que todo lo construye.

Por lo tanto, la expansión que cada uno tenga que realizar será desde la apertura del corazón, pues un corazón encerrado en sí mismo, temeroso de mostrarse vulnerable y abrirse al mundo[49], no será capaz

---

49   Véase Brown, Brené (2013): *El poder de ser vulnerable. ¿Qué te atreverías a hacer si el miedo no te paralizara?,* Barcelona, Urano.

de la entrega amorosa e incondicional a su *tikún*, ya que sólo en un corazón abierto, los sentimientos están conectados con el alma y fluyen las acciones alineadas con nuestra mente y nuestras vísceras. Sólo entonces, cuando tus pensamientos, tus palabras, tus sentimientos y tus acciones sean uno y en la misma dirección, sabrás que ha llegado el momento de la expansión y es muy importante no mostrarse ni sentirse ansioso de cuándo esto se va a producir. El camino de elevación de la consciencia se realiza paso a paso, no a grandes zancadas, y se trata de disfrutar de cada paso del camino viviendo en el presente y con la alegría del gozo de lo que está siendo, aunque sea el aprendizaje más duro y difícil.

Nuestra meta final es alcanzar la consciencia mesiánica, aquella a la que todos estamos destinados. ¿Y qué es la consciencia mesiánica? ¿Cuáles son sus manifestaciones? ¿Cómo se expresa?

La palabra **mesías** (משיח) se descompone mediante temurás en tres frases. La primera es una pregunta: מי חש (*mi jas*), *¿quién sufrió?*; la segunda es una respuesta a la pregunta anterior: שם חי (*shem jai*), *nombre de la vida*, sufría todo aquel que temía morir; la tercera es la solución al sufrimiento y al temor: יש מח (*iesh moáj*), la *realidad en el cerebro*, fuera errores, conciencia clara y sin distorsión alguna. El Mesías es, ante todo, un estado de conciencia liberado de errores y condicionamientos, conciencia universal y sin particularismos de ninguna clase, ni por nacionalidad, ni por religión, ni por raza, sexo o clase social.

Por otra parte, el valor numérico de משיח (*mashiáj*) es 358, con el que encontramos otras palabras o expresiones sumamente significativas: הגשים (*higshín*), **realizar**, **materializar**, la consciencia del estado mesiánico no es de un idealismo inmaterial, al contrario, es activa en el plano material, como expresión de todos los niveles; השמחה (*hasmajá*), **alegría**, **regocijo**, pues la conciencia mesiánica es sobre todo alegre y bullanguera; חקרן (*jakrán*), **investigador**, **filósofo**, es una conciencia despierta, sabia y abierta a lo desconocido; חשן (*josén*), **pectoral del Sumo Sacerdote judío**, lo que indica que este estado de conciencia permitirá comunicar con planos superiores y que nos prefigura lo que es la figura del Cristo, voz de origen griego que significa lo mismo que la voz hebrea mesías; ישמח (*yisaméaj*), **se alegrará**, la alegría no es sólo en el presente, también para el futuro; y נחש (*nijash*), **augurar**, **predecir**, la conciencia mesiánica lleva aparejada la posibilidad de sondear en el futuro y descubrir sus claves. Realmente, los aspectos citados no son separables unos de otros, forman una unidad indisoluble, si no se manifiestan todos al mismo tiempo, no se ha alcanzado la consciencia mesiánica.

Éste debe ser tu objetivo primordial en la vida. Y si tienes necesidad de desconectar de vez en cuando de tu trabajo, es señal de que ese no es precisamente tu trabajo.

El "Mapa de Ángeles" nos permite aproximarnos de forma gráfica a las relaciones existentes con nuestro Programa de Vida (Ángel personal). Para ello, situaremos "geográficamente" el Ángel personal en la plantilla del mapa de Ángeles. Puesto que cada uno de los Ángeles de la cábala se relaciona con una carta del tarot, y estas a su vez con las esferas del Árbol de la Vida, podemos saber de inmediato en qué ámbito se desenvuelve el Programa de Vida. Para ello situaremos el Ángel personal y en el lugar correspondiente a las cartas del tarot de cada Ángel: puede ponerse alguna indicación cuando se trate de cartas nocturnas, para indicar tal circunstancia.

Debemos recordar que los Ángeles nocturnos nos hablan de aspectos interiores y los diurnos de aspectos exteriores.

¿Y cómo utilizar el Ángel personal en combinación con los Ángeles de la escala de Jacob? Dado que el Ángel personal aporta siempre centralidad, es aconsejable comenzar el trabajo con el Ángel personal, que nos aportará estar en nuestro centro y desde ahí comenzar en orden sucesivo (de abajo a arriba: de Maljut del Mundo de la Acción, *Olam Ha-Assiyah*, avanzando hacia arriba de forma gradual) paso a paso recorriendo la escala de Jacob. Es posible que al iniciar la secuencia de la escala de Jacob, el Ángel con el que estés trabajando te remueva mucho, en cuyo caso puedes encender una segunda vela para la cual tienes tres opciones: la de tu Ángel personal, la del Ángel número 9 Haziel o la del Ángel número 12 Hahaiah, el primero te ayudará a volver a tu centro y el segundo y el tercero te ayudarán a integrar la energía del Ángel con el que estés trabajando. No se recomienda utilizar otros Ángeles aparte de los tres ya mencionados.

Una propuesta de trabajo personal

Anteriormente hemos visto los mundos y su correspondencia, también la escala de Jacob y la relación de esta con los mundos y las esferas, al ver los Ángeles de la cábala hemos visto que cada uno corresponde a una esfera (de la 2ª a 10ª) y a un mundo concreto, el Mundo de la Acción (*Olam Ha-Assiah*). Posteriormente, hemos visto los distintos niveles de consciencia y hemos observado cómo nuestra forma de ascenso más acertada es a través del pilar central o pilar del equilibrio.

Existe un sistema de trabajo eficaz al 100% que es emplear de forma progresiva la asignación a las esferas de los Ángeles de la cábala en el *Olam Ha-Assiah* (Mundo de la Acción), donde nosotros vivimos, y usar desde la esfera de Maljut del Mundo de la Acción (*Olam Ha-Assiah*) empleando las esferas en orden inverso (de abajo hacia arriba) avanzando por *Olam Ha-Yetzirah* (Mundo de la Formación) hacia *Olam Ha-Briah* (Mundo de la Creación) para alcanzar el estadio más alto o *Olam Ha-Atzilut* (o Mundo de la Emanación) siempre en cada mundo desde la esfera más baja a la más alta. Hay que conservar el orden que vamos a ver, sin saltarse ningún Ángel de la cábala. Se puede trabajar en cada uno de estos peldaños de la escalera de Jacob con las herramientas que hemos aprendido: meditación, salmo y cantilación, oración y velas.

¿Cuándo cambiaremos de un Ángel a otro? Aquí mi recomendación es ir paso a paso y sentir, percibir o saber cuál es el momento adecuado para el cambio. En mi opinión, el tiempo no debe ser inferior a una semana, pero a veces es necesario un tiempo mucho mayor. Durante todo este tiempo conviene ser constante en nuestra práctica. Pero puede resultar adecuado descansar entre un Ángel y el siguiente. Se trata de un proceso y, por lo tanto, como en todo proceso nos tomamos descansos para recuperar nuestras fuerzas. En realidad vamos a recorrer a través de este orden específico todo el camino del despertar y de la elevación de la consciencia hasta la consciencia mesiánica. ¿Y quién no quiere llegar a la consciencia mesiánica?

Hemos explicado previamente qué es la consciencia mesiánica, de modo que sólo queda recordar que descubras lo que mejor se te da, lo que más te gusta y lo que más te divierte y que te ayudes del trabajo con los Nombres de Dios para alcanzarla.

Veamos ahora cuál es la secuencia de trabajo. Siguiendo esta secuencia vas a encontrar con seguridad cuál es la corrección que viniste a aportar al mundo, tu *tikún*.

Olam Ha-Assiyah (**Mundo de la Acción**)

10ª Maljut	10On	11 Lauviah
	10Od	12 Hahaiah
9ª Yesod	9On	9 Haziel
	9Od	10 Aladiah
8ª Hod	8On	7 Ajaiah
	8Od	8 Kahetel
7ª Netzaj	7On	59 Harajel
	7Od	60 Mitzrael
6ª Tiferet	6On	57 Nemamiah
	6Od	58 Ieialael
5ª Guevurah	5On	55 Mebahiah
	5Od	56 Poiel
4ª Jesed	4On	35 Javakiah
	4Od	36 Menadel
3ª Binah	3On	33 Iejuiah
	3Od	34 Lehajiah
2ª Jokmah	2On	31 Lekabel
	2Od	32 Vasariah

Olam Ha-Yetzirah (**Mundo de la Formación**)

10ª Maljut	10En	65 Damabiah
	10Ed	66 Manakel

9ª Yesod	9En	63 Anauel
	9Ed	64 Mejiel
8ª Hod	8En	61 Umabel
	8Ed	62 Iah-hel
7ª Netzaj	7En	41 Hehahel
	7Ed	42 Mikael
6ª Tiferet	6En	39 Rehael
	6Ed	40 Ieiazel
5ª Guevurah	5En	37 Aniel
	5Ed	38 Jaamiah
4ª Jesed	4En	17 Lauviah
	4Ed	18 Kaliel
3ª Binah	3En	15 Hariel
	3Ed	16 Hakamiah
2ª Jokmah	2En	13 Iezalel
	2Ed	14 Mebahel

Olam Ha-Briah (**Mundo de la Creación**)

10ª Maljut	10Cn	47 Asaliah
	10Cd	48 Mihael
9ª Yesod	9Cn	45 Sealiah
	9Cd	46 Ariel
8ª Hod	8Cn	43 Vevaliah
	8Cd	44 Ielahiah
7ª Netzaj	7Cn	23 Melahel
	7Cd	24 Jahuiah

6ª Tiferet	6Cn	21 Neljael
	6Cd	22 Ieiaiel
5ª Guevurah	5Cn	19 Leuviah
	5Cd	20 Pahaliah
4ª Jesed	4Cn	71 Haiaiel
	4Cd	72 Mumiah
3ª Binah	3Cn	69 Rohel
	3Cd	70 Iabamiah
2ª Jokmah	2Cn	67 Ei'ael
	2Cd	68 Jabuiah

Olam Ha-Atzilut (Mundo de la Emanación)

10ª Maljut	10Bn	29 Reiiel
	10Bd	30 Omael
9ª Yesod	9Bn	27 Ierathel
	9Bd	28 Seehiah
8ª Hod	8Bn	25 NithHaiah
	8Bd	26 Haaiah
7ª Netzaj	7Bn	5 Mahasiah
	7Bd	6 Lelahel
6ª Tiferet	6Bn	3 Sitael
	6Bd	4 Elemiah
5ª Guevurah	5Bn	1 Vehuiah
	5Bd	2 Ieliel
4ª Jesed	4Bn	53 Nanael
	4Bd	54 Nithael

3ª Binah	3Bn	51 Hajasiah
	3Bd	52 Imamiah
2ª Jokmah	2Bn	49 Vehuel
	2Bd	50 Daniel

Vamos a compaginar este orden con nuestro Ángel personal. En el apéndice I se puede ver que estos se corresponden con los distintos grados del zodiaco y se puede ver en el apéndice II cómo se calcula.

Ventanas de oportunidad

Podemos trabajar con los Ángeles o los Nombres de Dios en cualquier momento, ya que estas estructuras energéticas están siempre a nuestra disposición, por lo tanto, siempre tenemos oportunidad de conectarnos con ellos en cualquier circunstancia de nuestra vida: la ventana está siempre abierta y la oportunidad es la que la vida nos brinda para crecer. Es más, en nuestro interior mora la potencialidad de cada uno de ellos que puede haberse, o no, convertido en expresión en nuestra vida. Es cierto que las cualidades de uno de ellos (el Ángel personal) se expresan con más facilidad y fuerza. En todo nuestro trabajo con los Ángeles de la cábala lo que hacemos es invocar la fuerza que ya está en nosotros para que se exprese, es decir, nos educamos (de E- DUCERE sacar o conducir de dentro, evidentemente hacia afuera, lo que ya está, para que se exprese con toda su plenitud). Evidentemente, esto lo podemos hacer en cualquier instante y no existen momentos más propicios que otros, ya que podemos hacerlo siempre que queramos. Eso sí, respetando el orden que los Ángeles ocupan en la escala de Jacob.

Las velas las encendemos siempre que queramos y las apagamos cuando hayamos terminado de trabajar con el Ángel y no es necesario consumirlas por completo, pues podemos apagarlas y encenderlas de nuevo cuando lo necesitemos.

Estudio y significado de los 72 Nombres de Dios

1 Vehu-iah

Ángel n.º 1[50], וְהוּיָה, Vehuiah. Valor numérico del Ángel es 32; mientras que el del Nombre de Dios es 17, el mismo que tiene la palabra טוֹב (*tov*, bueno)[51] y sus letras coinciden con el nombre del Ángel número 49 Vehuel, pero perteneciente a diferente esfera, por lo que en esta esfera es la protección contra los enemigos. Contiene en su interior el Tetragrama יהוה, y la letra sobrante es la ו (vav), que simboliza tanto *unión* como *hombre*. El valor numérico remite a לב (*leb*), *corazón*, así como a los 32 senderos de la Sabiduría, esto es al Árbol de la Vida. Otros significados de esta palabra son *centro*, *mente* y *conciencia*. Además, con el mismo valor numérico aparecen הזך (*hezij*), *purificar*; חזיז (*jaziz*), con los significados de *relámpago*, y también *telegrama*; y כבוד (*kavod*), *gloria*, que en el judaísmo se refiere a la gloria de Dios. Resumiendo, el nombre significaría un **mensaje que llega como un relámpago para purificar el corazón, la mente y la conciencia y permitir que se manifieste la gloria de Dios en el hombre**. Regencias: **K**: Aries 0º a 5º. **M**: Aries 0º a 1º; Géminis 12º a 13º; Leo 24º a 25; Escorpio 6º a 7º; Capricornio 18º a 19º. **S**: 00:00h-00:20h. Tarot: 5Bn. Tríada de los Miedos.

Vocalización: Abulafia: Va/He/Va; Moshé Cordovero: Véhu; Agrippa: Vehu-iah[52].

---

50   El orden numeral de los Nombres de Dios utilizado aquí es el orden en que los Nombres de Dios se forman según los versículos de Éxodo 14: 19-21. Se ha empleado este orden numeral dado que hay algunos Nombres de Dios que coinciden en su vocalización, así Lauviah (números 11 y 17) o son muy similares en su vocalización como Leuviah (número 19) y para facilitar localizarlos. El número de orden de la escalera de Jacob es completamente diferente y cuando lo expusimos anteriormente empleamos este orden numeral para favorecer su localización.

51   No es extraño que en los Nombres de Dios se halle repetido והו de valor numérico 17 y equivalente en guematría a טוב (*tov*, bueno) ya que al final del tercer día de la Creación se expresa dos veces: "Y vio Dios que era bueno" (Génesis 1: 9-13).

52   Se expresan en las vocalizaciones en primer lugar la del Nombre de Dios según Abulafia en *VeZot LiYehuda*, la de Moshé Cordovero (citado por Madirolas Isasa, Eduardo (2014): *La cábala de la Merkavá. Una vía universal de iluminación y liberación*, ed. Disponible en Internet en www.lacabaladelaluz.com, pp. 149-173) y por último la de Agrippa

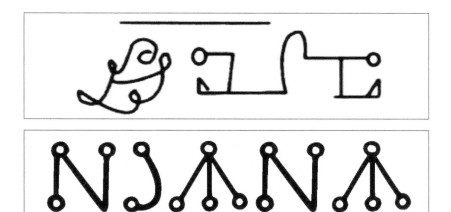

Atributo: Dios por encima de todas las cosas.

Este Ángel se invoca para pedir ayuda cuando tenemos que enfrentarnos a situaciones difíciles. Su ayuda será esencial cuando necesitemos superar algo que nos resulta muy complicado o dar solución a un gran problema. También nos ayudará a despertar nuestro espíritu a las maravillas de Dios. Es excelente para meditaciones del despertar del espíritu. Las personas nacidas bajo la influencia de este Ángel serán muy emprendedoras y contarán con una poderosa ayuda para no desviarse del camino o reencontrarlo. Esa voluntad lleva a conseguir cualquier cosa que se desee o pretenda, pero sobre todo a ser creativos, alejándose de la rutina.

Otra de sus cualidades es su constante necesidad de renovación, ya que sienten necesidad de tener una vida activa, pero hay que tener cuidado con esta esencia pues si bien digerida o asentada en el influenciado puede darle todo, mal encajada puede llevar el riesgo de perderlo o también de arrasar con todo.

Lo que otorga:

- Disponer de una poderosa voluntad ejecutora y transformadora.
- Ser el número uno, el protagonista de una hazaña singular. Vencer en algo singular y difícil.

---

del nombre de Ángel de la cábala según figura en Agrippa, Henricus Cornelius (1533): *De occulta philosophia libri tres*, Colonia, p. CCLVIII.

- Sagacidad para descubrir los engaños. Lucidez para consigo mismo.
- Liberarnos de la cólera y la turbulencia.
- Para obtener la iluminación divina.
- Posibilita el retorno a la raíz de nuestro ser, porque borra los errores de nuestro pasado, ya que nos pone en el inicio, el reloj lo pone a cero. Nos conecta con la Creación y nos vuelve a poner en el *Gan Eden* (*Jardín del Edén*) antes de la caída.
- Nos ayuda a hacer *Teshuvá* (*arrepentimiento*).

Aprendizaje: Utilizar las muy abundantes energías con las que uno cuenta para ayudar a los hombres a vislumbrar el camino de la vida. Superar la individualidad, la cólera y la ira.

SALMO PARA INVOCARLO

Para invocar su fuerza y poder, primero reza el salmo, después cantila su nombre y por último realiza la petición concreta que quieres hacerle.

"Y tú Eterno eres escudo para mí, mi gloria y que eleva mi cabeza".

"Et tu, Domine, susceptor meus et gloria mea et exaltans caput meum".

וְאַתָּה יְהוָה, מָגֵן בַּעֲדִי; כְּבוֹדִי, וּמֵרִים רֹאשִׁי, Salmo 3, versículo 4 (3, vs. 4)

"Veatah Adonai[53] maguen baadi kevodi umerim roshi".

---

[53] Todos los salmos dicen literalmente *Yhwh*, el tetragrama, que hemos transliterado por *Adonai* que significa literalmente 'Mi Señor' y que es la forma utilizada para la pronunciación de los textos sagrados. La forma *Yhwh* es la empleada por todos los versículos de los salmos empleados en todos los Nombres de Dios, a excepción de Iabamiah al que le corresponde el primer versículo de Génesis y al que le corresponde la forma *Elohim*. En la lengua hablada y en la conversación común los hebreos para referirse a Dios utilizan *Ha-Shem*, que significa literalmente 'El Nombre', ya que el Nombre de Dios es el nombre por excelencia, y evitan la forma *Adonai* reservada a los contextos litúrgicos o en los que se pronuncian textos sagrados tales como los salmos. Igualmente, en todos los versículos de los salmos y en el primero del Génisis que corresponde a cada uno de los Nombres de Dios aparecen las tres letras del Nombre de Dios al que corresponde el salmo. Dado que en hebreo no existen letras mayúsculas hemos empleado un cuerpo de letra de mayor tamaño tanto para indicar la presencia del tetragrama como la del Nombre de Dios al que está asociado el versículo del salmo.

Oración

Oh Vehuiah posibilítame el retorno a la raíz de mi ser, ilumíname para que sea yo mismo y uno con la Creación y el Creador, dame la fuerza para vencer situaciones singulares y difíciles, sagacidad para descubrir los engaños, líbrame de la cólera y la turbulencia y permíteme deshacer la cadena de las causas y los efectos.

2 Ieli-el

Ángel n.º 2, ילאל, Ieliel. V. n., 81. Prescindiendo de las dos letras finales, comunes a 40 de los Ángeles, dos de las restantes evocan el Nombre de Dios יה, que representa los ojos del Creador. Al ser la tercera de ellas la lamed, ל, que simboliza *corazón* y *movimiento*, el nombre aludiría a la necesidad de tener en el corazón la mirada de **Dios**, pues **Él** es **Quien** lo hace mover. Y, cuando el corazón está en Dios, Dios está en el corazón, por lo que no es extraño que se produzca la *revelación*, חזיון (*hizaión*), de valor 81, como el nombre del Ángel. Por eso, dicho nombre podría muy bien interpretarse como la ***revelación de la mirada de Dios que mueve el corazón***. Por tener su misma guematria, este Ángel está relacionado con el del número 58, ייאל, Ieialael. El v.n. de este Nombre de Dios es 50, por lo que nos conecta con las 50 puertas para llegar a Binah y se corresponde con el día de Shavuot. Regencias: **K**: Aries 5º a 10º. **M**: Aries 1º a 2º; Géminis 12º a º3º; Leo 25º a 26º ; Escorpio 7º a 8º; Capricornio 19º a 20º. **S**: 00:20h-00:40h. Tarot: 5Bd. Tríada de la Ética.

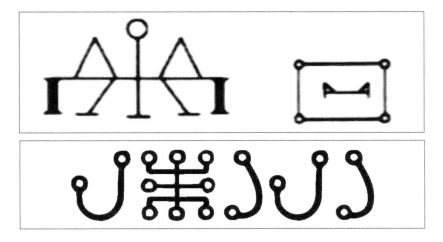

Vocalización: Abulafia: Yo/La/Yo; Moshé Cordovero: Yeli; Agrippa: Jeli-el.

Atributo: Dios firme.

El Nombre de Dios Ieliel alude a considerar nuestro cuerpo como templo de Cristo, a tratarlo con el respeto que la presencia de Dios en él supone, ya que Dios habita en nuestro interior y nuestro cuerpo es el vehículo para que Dios se manifieste en nosotros y en el mundo. En la medida que cuidamos nuestro cuerpo, cuidamos nuestro vehículo físico y le damos espacio a nuestra alma para que pueda expresarse en toda su plenitud.

Este Ángel se invoca para pedir ayuda cuando tenemos que enfrentarnos a individuos con malas intenciones. Además sus poderes se extienden también a la estabilidad y armonía en cualquier hogar, relación, negocio, trabajo. Trae paz a este mundo. Nos amparará en cualquier momento que lo necesitemos. Es el paradigma de amor desinteresado por los demás siendo siempre una luz guía para otros. Buen mediador y apaciguador siempre bajo las premisas antes mencionadas. Aquellos que entran en contacto con esta realidad ya no desean salir de ella.

Las relaciones amorosas vienen provistas de estabilidad y fidelidad.

También aporta a los seres humanos influenciados por él un espíritu juguetón y maneras agradables, ajenas a conflictos y positivas incluso en lo relacionado con el sexo, a éste lo verán como algo creador; es por ello que podrán ser grandes patriarcas o creadores de una gran familia.

Lo que otorga:

- Fecundidad.

- Restablecimiento de la paz entre esposos. Fidelidad conyugal.

- Fidelidad a lo superior, a los gobernantes y reyes.

- Calma las sediciones populares.

- Abandono del celibato.

- Recobrar la energía cuando estamos agotados.

- Acelera el proceso de redención y ayuda a eliminar las turbulencias psicológicas.

- Nos conecta con el feto en el vientre de la madre, protegidos de cualquier agresión por un escudo protector (meditando junto a los números 47, 48, 63 y 2, en dicho orden)

- Conecta con las 50 puertas para llegar a Binah[54].

Aprendizaje: Emplear el pensamiento para vencer situaciones emocionales que subyugan y nos ayuda a vencer los apegos y vicios materiales.

SALMO PARA INVOCARLO

Para invocar su fuerza y poder, primero reza el salmo o salmos elegidos, después cantila su nombre y por último realiza la petición concreta que quieres hacerle.

" Y tú Eterno no te alejes fortaleza mía, apresúrate para mi ayuda".

"Tu autem Domine ne elongaveris auxilium tuum a me; ad defensionem meam conspicere".

"וְאַתָּה יְהוָה, אַל-תִּרְחָק; אֱיָלוּתִי, לְעֶזְרָתִי חוּשָׁה", Salmo 22, versículo 20 (21 vs. 20).

"Veatah Adonai al-tirjak eialuti leezrati jushah".

Oración

Oh Ieliel, permite que me abra a la revelación de la Mirada de Dios, que mueva mi corazón para que de ese modo alcance la armonía y la estabilidad en mi vida y llegue al amor desinteresado a los demás para que siempre pueda ser una guía para los otros. Otórgame fidelidad conyugal y restablecimiento de la armonía y el equilibrio en el hogar y en mi vida. Ayúdame a utilizar el pensamiento para superar situaciones emocionales que dominan y a vencer los apegos y los vicios materiales.

---

54   ¿Qué ocurre en *Shavuot*? Que nos situamos en las 50 puertas para llegar a Binah y en ese mundo no hay muerte, quiere decir que Asrael, el Ángel de la muerte, no tiene acceso. Aquel que medita con este nombre excluye al Ángel de la muerte de su trayectoria de vida.

3 Sita-el

Ángel n.º 3, סיטאל, Sitael. V. n., 110. Las tres primeras letras del nombre forman la palabra סיט (*sit*), *palmo*, medida de longitud equivalente a la distancia entre las puntas de los dedos pulgar y meñique en una mano extendida. Por tanto, se refiere este nombre a lo inmediato, a lo que está al alcance de la mano. Dentro del nombre encontramos también טס (*tas*), *bandeja*, y טל (*tal*), *rocío*. Por su parte, de las muchas palabras con valor 110 seleccionamos דוק (*duk*), *reflexionar, examinar, profundizar*. ¿Podría, pues, aceptarse como significado del nombre de este Ángel *el que examina o investiga el rocío recogido en la bandeja*? Recordemos que el rocío ayuda a mantener la vida, aún en las zonas más áridas. Sería, pues, una fuerza que profundizaría en el misterio del mantenimiento de la vida. El v.n. del Nombre de Dios es 79 que es el valor de Boaz y Iajín, nombre de las dos columnas del Templo de Jerusalén y también de סיט (*sit*), *palmo*, lo que se recoge en la bandeja, el rocío, es sustancial para la vida, como es el sostén de las dos columnas para el templo. Regencias: **K**: Aries 10º a 15º. **M**: Aries 2º a 3º; Géminis 14º a 15º Leo 26º a 27º Escorpio 8º a 9º, Capricornio 20º a 21º. **S**: 00:40h-01:00h. Tarot: 6Bn. Triada de la Innovación.

Vocalización: Abulafia: Sa/Yo/Te; Moshé Cordovero: Seyat; Agrippa: Sayote-el.

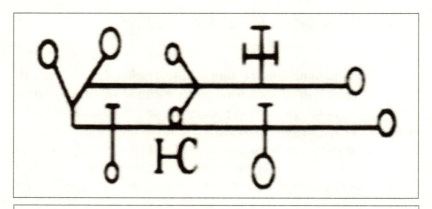

Atributo: Dios, esperanza de todas las criaturas.

Este Ángel se invoca para pedir protección, ya que puede defendernos de cualquier cosa, incluso de nosotros mismos. Es la mejor defensa de Dios. Nos otorga esperanza en el futuro y la tranquilidad de que todo irá bien. Su cálida vibración nos hace sentir más seguros ante la vida y fuertes para confrontar cualquier situación.

Bueno contra las adversidades y para establecer la armonía, sobre todo en aquello que construyamos, ante situaciones en que se pierde la dirección y el sentido de la vida. Portador de nobleza y magnanimidad hecho que se constata en todo aquello que construye la persona que porta esta esencia.

Otras de sus características son armonía interna y conocimiento de que el espíritu habita la materia. Ideales para grandes empleos, responsabilidades en política o sociedad en general y dependiendo de su carta natal podrán ser protagonistas en estos asuntos o asesores fundamentales para otros.

Estos individuos son amantes de la verdad, personas de palabra y todo ello lo harán gustosamente, necesario a todas luces para las grandes construcciones que deberán realizar.

Lo que otorga:

- Acceso a empleos superiores con responsabilidad ejecutiva.

- Poner fin a las adversidades.

- Protección contra las armas y las fuerzas del mal.

- Para ser fiel a la palabra dada y no rehuir los compromisos.

- Protección contras las tendencias hipócritas, contra la ingratitud y el perjurio.

- El poder para obrar milagros, que se halla ligado a que se adquieran buenas cualidades humanas (*midot*).

Aprendizaje: Diluir los enfrentamientos y las tormentas causadas por el odio humano. Fidelidad a lo esencial, evitando caer en apoyar una tendencia en detrimento de otra.

SALMO PARA INVOCARLO

Para invocar su fuerza y poder, primero reza el salmo o salmos elegidos, después cantila su nombre y por último realiza la petición concreta que quieres hacerle.

"Diré al Eterno mi refugio y mi fortaleza, mi Dios en quien confío".

"Dixit Domino susceptor meus et tu refugium meum: Deus meus sperabo in eum".

"אֹמַר--לַיהוָה, מַחְסִי וּמְצוּדָתִי; אֱלֹהַי, אֶבְטַח-בּוֹ", Salmo 91, versículo 2 (90 vs. 2)

"Omar leAdonai majsi umtzudati elohai evtaj-bo".

Oración

Oh Sitael, protégeme de cualquier adversidad, incluso de mí mismo, de las armas de las fuerzas del mal, haz que sea fiel a la palabra dada y que cumpla mis compromisos, líbrame de la hipocresía, de la ingratitud y del perjurio, haz posible en mi vida los milagros y despierta en mí la apertura para acoger toda energía que venga del Cielo.

4 Elem-iah

Ángel n.º 4, עלמיה, Elemiah. V. n., 155. En el nombre del Ángel, además de la terminación del nombre divino יה, reconocemos las palabras מי (*mi*), ¿*quién*?, y על (*al*), *encima, arriba*, por lo que el significado sería *¿Quién por encima de Dios?* Y la respuesta vendría dada por la guematria, que proporciona אדני מלך (*Adonai Melej*), un Nombre de **Dios**: nadie está por encima de Él, sino Él mismo. El v.n. del Nombre de Dios es 140, el mismo valor que tiene פני (*panaí*) *vaciedad, vacuidad* también *mi faz*, tal como aparece al final del primer mandamiento[55], que nos habla de una divinidad sin tiempo y sin espacio, es decir eterno, por encima de lo cual nadie puede estar. Regencias: **K**: Aries 15º a 20º. **M**: Aries 3º a 4º; Géminis 15º a 16º; Leo 27º a 28º; Escorpio 9º a 10º; Capricornio 21º a 22º. **S**: 01:00h-01:20h. Tarot: 6Bd. Tríada de la Mística.

---

55   Para el significado secreto del decálogo véase Villarrubia, Jaime (2008): *Tzalaj. Los Diez Mandamientos a la luz de la cábala. Propuestas para una clave interpretativa*, Málaga, Miraguano Ediciones.

Vocalización: Abulafia: A/La/Me; Moshé Cordovero: Alam; Agrippa: Elem-jah.

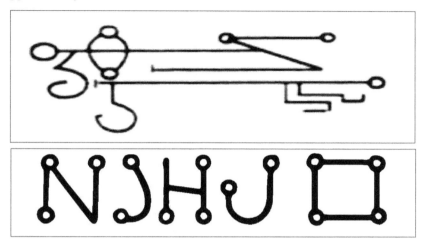

Atributo: Dios oculto.

Este Ángel se invoca para pedir ayuda para superar los sufrimientos emocionales y espirituales. Esto significa que nos puede aliviar el dolor procedente de nuestros errores, de un amor no correspondido, de un trauma psicológico, etc... Además, destapa a las personas de mala fe que puedan estar influyendo en nuestra vida.

Nos concede capacidad para construir en la tierra un mundo de naturaleza divina además de una buena capacitación para rectificar sobre la marcha. Presencia vigorosa del "yo espiritual" y esencial para la tranquilidad del alma. Existe el peligro de que los deseos choquen con las obligaciones y es en este momento cuando este Ángel será útil a su portador.

Evita la traición y los traidores, tanto si éstos son de naturaleza interna como externa. Dota de buena capacidad para los descubrimientos útiles. Estos individuos serán industriosos, emprendedores y amantes de los viajes.

Lo que otorga:

- Evitar las crisis de una empresa y tener éxito en la profesión.

- Protege en los viajes. Evitar los accidentes.

- Tranquilidad de espíritu para las personas atormentadas.
- El conocimiento de los traidores.
- Evitar contratiempos y obstáculos en las empresas.
- Dispersa pensamientos negativos, obsesivos o repetitivos. Transforma los pensamientos negativos en pensamientos positivos.
- Nos conecta con nuestro cerebro derecho[56].

Aprendizaje: Usar adecuadamente el poder social, así como dominar la naturaleza ambiciosa.

SALMO PARA INVOCARLO

Para invocar su fuerza y poder, primero reza el salmo o salmos elegidos, después cantila su nombre y por último realiza la petición concreta que quieres hacerle.

"Vuelve Eterno libra mi alma, sálvame por tu misericordia".

"Convertere Domine, et eripe animam meam; salvum me fac propter misericordiam tuam".

"שׁוּבָה יְהוָה, חַלְּצָה נַפְשִׁי; הוֹשִׁיעֵנִי, לְמַעַן חַסְדֶּךָ", Salmo 6, versículo 4 (6, vs. 5)

"Shuvah Adonai jaletzah nafshi hoshieni lemaan jasdeja".

Oración

Oh Elemiah, dispersa mis pensamientos negativos, obsesivos o repetitivos, dame éxito en mi profesión, protégeme en los viajes y evítame cualquier accidente, dame tranquilidad de espíritu cuando esté atormentado, evítame los contratiempos y obstáculos empresariales y permite que reconozca que no hay nadie por encima de Dios.

---

56 Nuestro cerebro derecho gobierna nuestra creatividad (música, pintura, etc.) y también nos conecta con la cábala o con la lectura de la Torah, ya que conecta con el alma de las cosas, mientras que la envoltura de las cosas o la racionalidad está gobernada por nuestro cerebro izquierdo, de donde provienen nuestros pensamientos negativos. La respuesta de este Nombre nos llegará, por tanto, a través de símbolos.

5 Mahas-iah

Ángel n.º 5, מהשיה, Mahasiah. V. n., 360. Al contener la palabra שם (*shem*), *nombre*, el significado de este Ángel sería **el Nombre de Dios**. Pero se trata de un nombre que aparece con todo su poder, ya que la guematria nos remite al Sefer Yetzirah, que en su fragmento 1, 6 habla de la *aparición del rayo*, מראה הבזק (*marah ha-bazak*) y su consecuencia, los *truenos*, רעמים (*raamím*), con toda su *fuerza*, ערץ (*eretz*). El color *carmesí*, שני (*shaní*), con el mismo valor numérico, indica la actuación preferente de este Ángel en relación con la esfera de **Binah**, en el nivel de **Atzilut**. Como el Nombre divino regente de esta esfera es el Tetragrama, יהוה, todo ello evoca la aparición de **Dios** en el monte **Sinaí** y la entrega a **Moisés** de las Tablas de la Ley. El v.n. del Nombre de Dios es 345 que es tres veces el valor de חזק (*jazak, fuerza,* v.n. 115), ya que para la curación es necesaria la fuerza en los tres niveles del alma: Nefesh, Ruaj y Neshamá y esto hace que el enfermo quiera curarse ya que posee el mismo valor numérico que la palabra *Ha-Shem* y la palabra *Moshé*[57]. Regencias: **K**: Aries 20º a 25º. **M**: Aries 4º a 5º; Géminis 16º a 17º; Leo 28º a 29º; Escorpio 10º a 11º; Capricornio 22º a 23º. Tarot: 7Bn. Tríada del Impulso.

Vocalización: Abulafia: Me/He/Shi; Moshé Cordovero: Mehash; Agrippa: Mahas-jah.

---

[57] **"Yo Soy El Que Soy"** (אהיה אשר אהיה, *ehié asher ehié*) posee la misma temurá numérica que Moisés (en hebreo משה, *moshé*). El primero es que el nombre que Yahvé se da tiene un valor numérico de 543; por su parte, el nombre de Moisés tiene un valor de 345. Son como dos números que se ponen uno frente a otro; o mejor aún, un número que se contempla a sí mismo en un espejo: la cifra 5 de Dios está a su izquierda, la cifra 3 a su derecha, mientras que en Moisés ocurre lo contrario (algunos cabalistas llaman a esto una *temurá* numérica). Para el pueblo hebreo, incluso actualmente, es inconcebible considerar que la esencia del ser humano es la misma que la de la Divinidad. Pero si meditamos **a fondo** sobre lo que es el **yo**, necesitaremos despojarlo de todos sus atributos: **yo no soy** mis recuerdos, ni mis pensamientos, ni mis experiencias, ni mi propio nombre, ni mis emociones... no soy nada de eso, porque **yo, el sujeto**, soy aparte de todo eso que son **mis objetos**, aunque sean objetos interiores, pero que no son **yo**, no son **el sujeto**. El pasaje bíblico plantea, por tanto, una cuestión fundamental: **verdaderamente, esencialmente, despojado de todo lo que no soy yo, ¿quién soy yo, entonces?** Y, cuando quito todo lo que no soy yo, descubro que **soy vacío, un vacío idéntico al de la Divinidad**. **¿Dónde está, pues, la separación entre el vacío que soy yo y el vacío que es Dios?** (Ver Safran, Alexandre (1989): *La cábala*, Barcelona, Ed. Martínez Roca, colección La Otra Ciencia).

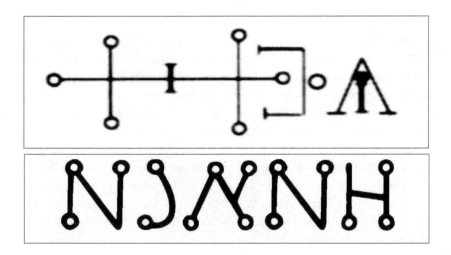

Atributo: Dios salvador.

A este Ángel se le solicita paz y relaciones armoniosas. De modo que podemos pedirle ayuda cuando hemos discutido con alguna persona o ser querido y deseamos que se restablezca la paz y el buen ambiente. La paz se expande a cualquier aspecto que lo solicites (amor, trabajo, familia, amistad, nación, etc.). A mayor nivel su poder se amplía también al desarrollo espiritual. Permite transformar sobre la marcha antes de que los errores puedan afectar a cualquier materialización en nuestra vida. Ayuda a rectificar el camino o la acción cuando aún el nuevo cambio es posible. Se le solicita alcanzar una convivencia pacífica con todos, algo necesario para alguien que vive con desasosiego, siempre en un mar de luchas con todos y consigo mismo.

Por ello Mahasiah será idóneo para limar nuestro carácter. Domina las altas ciencias, la filosofía oculta, la teología y las artes liberales. Los individuos nacidos con esta influencia aprenderán con facilidad aquello que se propongan. El aprendizaje nos explica que proponerse es desear y si el deseo es espiritual la realización es inmediata.

Anhelar ese conocimiento y verdad trascendente es conseguir que Mahasiah abra los ojos y el entendimiento a la persona. Estas estarán incluso capacitadas para saber interpretar cualquier señal en la vida e interpretar su mensaje.

Las personas influenciadas por este Ángel suelen ser de aspecto físico agradable. También se evidencia el gusto por los placeres, pero será como en todo y para todos en la vida que los placeres elegidos para gozar sean honestos y no de naturaleza indigna. Este Ángel es ideal para recuperar la salud originada en problemas espirituales, ya que cuando se trata de salud física que tiene su origen en problemas mentales es más adecuado invocar a Rehael.

Lo que otorga:

- Vivir en paz con todo el mundo.

- Capacidad para conocer las altas ciencias, la filosofía oculta, la teología.

- Aprender todo cuanto se desea con facilidad. (Exámenes y oposiciones).

- Para mejorar el carácter y alcanzar una mayor belleza física.

- Para combatir las malas cualidades de cuerpo y de alma.

- Capacidad de rectificar.

- Curación de cualquiera de los aspectos de nuestra vida, ya que hace que el enfermo quiera curarse.

- Refuerza el sistema inmunitario de nuestra alma para no captar ningún virus espiritual, creando un campo protector.

Aprendizaje: Saldar las deudas pendientes que nos unen a los compañeros de camino en el pasado.

SALMO PARA INVOCARLO

Para invocar su fuerza y poder, primero reza el salmo o salmos elegidos, después cantila su nombre y por último realiza la petición concreta que quieres hacerle.

"Busqué al Eterno Él me respondió, y me libró de todos mis temores".

"Exquisivi Dominum, et exaudivit me; et ex omnibus tribulationibus meis eripuit me".

"דָּרַשְׁתִּי אֶת-יְהוָה וְעָנָנִי; וּמִכָּל-מְגוּרוֹתַי הִצִּילָנִי" Salmo 34, versículo 5 (33, vs. 5)

"Darashti et Adonai veanani umikol-megurotai hitzilani".

Oración

Oh Mahasiah, permite que descubra a Dios con toda su fuerza, otórgame paz y relaciones armoniosas, permíteme conocer las altas ciencias, la filosofía oculta y la teología, concédeme que pueda aprender con facilidad y que supere con éxito mis exámenes y oposiciones, mejora mi carácter y ábreme a la belleza física, ayúdame a combatir mis malas cualidades y activa en mí el poder de curación de cualquier aspecto desordenado de mi vida.

6 Lelah-el

Ángel n.º 6, ללהאל, Lelahel. V. n., 96. El nombre incluye הל (*hel*), *luz, claridad*; y como la letra lamed, ל, significa tanto *movimiento* como *corazón*, el conjunto daría el significado de **movimiento de la luz de Dios en el corazón**. La guematria confirma plenamente este significado, puesto que, además del Nombre de **Dios** אל אדני (*El Adonai*), contiene las palabras יומם (*iomam*), *la luz del día*; חג המולד (*jag ha-molad*), *fiesta de Navidad*; y סוד יהוה (*sod Adonai*), *el secreto del Eterno*, según lo recoge el salmo 25: 14. Debemos recordar que el nombre divino es la inversión de las letras del הלל (*halel*) oración que se recita en ciertos días judíos como *Rosh jodesh* y de fiestas (*Yom tov*). Aunque cada una de las letras hebreas es un amplificador del pensamiento, ללה es como el amplificador del amplificador. El v.n. del Nombre de Dios es 65 el mismo que אדני (*Adonai*) *Mi Señor* y que הלל (*halel*) *alabar, ensalzar* de la misma raíz que הל (*hel*), *luz, claridad* incluida en la raíz del nombre divino, así como también היכל (*hejal*) que además de *mansión, palacio* tiene el significado de *Sancta Sanctorum del Templo*, corazón de éste y en el que está presente el mismo Dios, voces todas ellas en concordancia con el significado del Ángel. Regencias: **K**: Aries 25º a 30º. **M**: Aries 5º a 6º; Géminis 17º a 18º; Leo 29º a 30º; Escorpio 11º a 12º; Capricornio 23º a 24º. **S**: 01:40h-02:00h. Tarot: 7Bd. Tríada de la Memoria.

Vocalización: Abulafia: La/La/He; Moshé Cordovero: Lelah; Agrippa: Lelah-el.

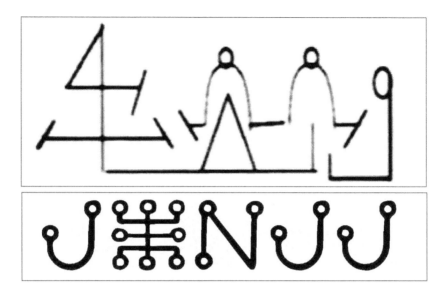

Atributo: El Dios digno de ser glorificado.

Este Ángel se invoca para pedir la curación de alguna enfermedad. De este modo, podemos pedirle la sanación de cualquier tipo de enfermedad, ya sea física, emocional, psicológica, mental o espiritual. Cada una de esas palabras lleva a la siguiente. La Luz nos hará comprender y ambas cosas nos permitirán tener la conciencia de quienes somos realmente que es la que es capaz incluso de curar enfermedades. Esta luz también podrá reportar al influenciado: amor, porque una enorme claridad interior les hará amar a los demás y comprenderlos; renombre, porque la vida les pondrá donde se merecen por su luminosidad; conocimiento de las ciencias, las artes, ya que la posesión de esa luz no sólo le capacitan para entender, también para darle forma, expresarlo con gracia; fortuna, como consecuencia clara de lo anterior. A la persona nacida bajo esta influencia le gusta que se hable de ella misma, adquirirá la celebridad por su talento y acciones.

Lo que otorga:

- Curación de las enfermedades.

- Iluminación espiritual.

- Renombre y fortuna en el mundo de las artes y las ciencias.

- Conseguir el amor de una persona afortunada.

- Protección contra la tentación de adquirir la fortuna por medios ilícitos.

- Acceder a través de los sueños a otras dimensiones de la realidad.

- Nos provee de iluminación profética. Es un amplificador para conectar con las energías del cielo en cualquier circunstancia y momento.

Aprendizaje: Controlar la ambición desmesurada.

SALMO PARA INVOCARLO

Para invocar su fuerza y poder, primero reza el salmo o salmos elegidos, después cantila su nombre y por último realiza la petición concreta que quieres hacerle.

"Sea tu misericordia Eterno sobre nosotros, como te hemos esperado".

"Psallite, Domino, qui habitat in Sion; annunciate inter gentes studia eius."

"זַמְּרוּ--לַיהוָה, יֹשֵׁב צִיּוֹן; הַגִּידוּ בָעַמִּים, עֲלִילוֹתָיו", Salmo 9:12

"Zameru leAdonai iosev Tzion haggidu vaamim alilotav".

Oración

Oh Lelahel, abre mi corazón a la luz de Dios para que a través de la claridad pueda amar y comprender y permite que esta claridad me otorgue salud y renombre, así como conocimiento de las ciencias y las artes, concédeme celebridad a través de mi talento y mis acciones, permíteme conseguir el amor de una persona afortunada, protégeme de la tentación de adquirir fortuna por medios ilícitos y a través de la luz líbrame de los ensueños y concédeme soñar de manera veraz.

7 Aja-iah

Ángel n.º 7, אבאיה, Ajaiah. V. n., 37. Observamos en este nombre el cáliz, ב, entre dos signos de infinito, אא, lo que, en sentido simbólico, nos remitiría al Centro Crístico del Árbol, **Tiferet** (el cáliz, el

Grial), como **Hijo**, entre el **Padre Cósmico (Jokmah)** y la **Madre Cósmica (Binah)**. Se trata de una concepción luminosa, en la que se funden el fuego y el aire, puesto que la guematria proporciona tanto להב (*lahab*), *llama*, como הבל (*hebel*), *aliento*. Y el resultado es (con el mismo valor), יחדה (*yejidah*), el *alma* en su sentido más elevado, el *principium individuationis*, tal como la designó **Jung**. Pero como esta última palabra significa también *unidad*, tendríamos en conjunto un sentido que aludiría a las **Bodas místicas entre el Anima y el Animus**. El v.n. 22 de este nombre divino אבא es el mismo que el de las 22 letras del alefato, por lo que nos proporciona una especial conexión con él y con los 22 senderos subjetivos de sabiduría, aquí habla de los senderos en el jardín del corazón y su integración. Regencias: **K**: Tauro 0° a 5°. **M**: Aries 6° a 7°; Géminis 18° a 19°; Virgo 0° a 1°; Escorpio 12° a 13°; Capricornio 24° a 25°. **S**: 02:00h-02:20h. Tarot: 8On. Tríada de la Intuición.

Vocalización: Abulafia: Aa/Ja/He; Moshé Cordovero: Ajai; Agrippa: Acha-jah.

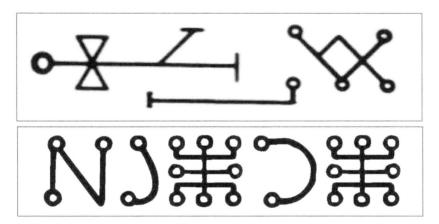

Atributo: Dios bondadoso y paciente.

Este Ángel se invoca para pedir paciencia y buen hacer. De este modo nos puede ayudar a realizar bien nuestro trabajo, a entender mejor a las personas, a tener más paciencia. Además es el Ángel que nos revela los misterios de la naturaleza, permitiéndonos ponernos en contacto directo con las energías de la Madre Tierra y los elementos. Si se solicita la ayuda de este Ángel, se logrará captar a través de la intuición grandes pero sencillas verdades que esconden los secretos de la vida, la naturaleza y el cosmos.

Lo que otorga:

- Paciencia para soportar las calamidades de la vida.

- El descubrimiento de los secretos de la naturaleza.

- Descubrir el sentido de la vida cuando se ha perdido la fe en todo.

- La capacidad de innovar y de ver lo que está más allá de los hechos probados.

- Para combatir la pereza, la negligencia y la despreocupación.

- Lograr la bendición de Dios y alejar los malos espíritus.

- Crear orden a partir del caos volviendo a nuestro aspecto espiritual perfecto.

- Nos conecta con las 22 letras del alefato, por lo que establecerá orden en nuestra vida.

Aprendizaje: Integrar el orden y la cohesión interna en nuestra vida.

SALMO PARA INVOCARLO

Para invocar su fuerza y poder, primero reza el salmo o salmos elegidos, después cantila su nombre y por último realiza la petición concreta que quieres hacerle.

"Misericorde y estimado Eterno, lento en ira y grande en misericordia".

"Miserator et misericors Dominus, longanimis et multum misericors."

"רַחוּם וְחַנּוּן יְהוָה; אֶרֶךְ אַפַּיִם וְרַב-חָסֶד", Salmo 103, versículo 8 (102 vs. 8)

"Rajum vejanun Adonai erej apaim verav-jased".

Oración

Oh Ajaiah, dame paciencia para soportar las calamidades de la vida, descúbreme los secretos de la naturaleza, descúbreme el sentido de la vida cuando haya perdido la fe en todo, ayúdame a combatir la pereza, la negligencia y la despreocupación, dame capacidad para innovar, protégeme de las fuerzas oscuras y crea orden en mi vida cuando haya caos y esté fragmentado.

8 Kahet-el

Ángel n.º 8, כהתאל, Kahetel. V. n., 456. Contiene en su interior la palabra תכול (*tajol*), el color *azul*, de su mismo valor numérico, el cual, además, proporciona תאימה (*teimah*), *armonía*. El nombre, pues, podría leerse como **Armonía azul de Dios**. El v.n. del Nombre de Dios es 42 . Regencias: **K**: Tauro 5° a 10°. **M**: Aries 7° a 8°; Géminis 19° a 20°; Virgo 1° a 2°; Escorpio 13° a 14° Capricornio 25° a 26°. **S**: 02:20h-02:40h. Tarot: 8Od. Tríada de la Inserción en el Mundo.

Vocalización: Abulafia: Ka/He/Ta; Moshé Cordovero: Kehat; Agrippa: Cahet-el.

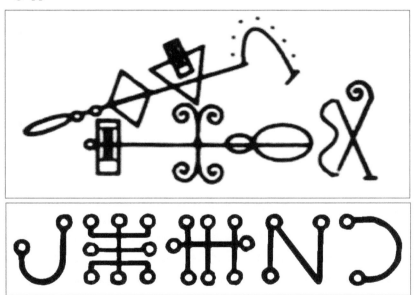

Atributo: El Dios adorable.

Este Ángel se invoca para pedir protección incluso contra los malos espíritus y bienes materiales. Así, a este Ángel le podemos pedir que nos traiga todo lo que necesitamos a nivel material como un trabajo, dinero, una casa. Además, si necesitamos sentirnos protegidos, también será nuestro escudo divino. La Bendición de Dios viene a través de que Kahetel mediante su esencia pone en disposición al individuo para ser ese personaje productivo y agradecido al cielo. Una esencia de Kahetel bien aprovechada dará a un individuo sencillo, pero poderoso en espíritu y que contará con todo el apoyo celestial. Sencillo, porque siempre se considerará al servicio de Dios, y poderoso, porque Dios le bendecirá constantemente. Además no sólo serán productivos en sí mismos, serán fuente de producción y fecundidad para quienes les contacten. Las que alcanzan también a las producciones agrícolas, buenas cosechas. Y es por eso que la persona influenciada por Kahetel amará el trabajo, la agricultura, el campo en general y tendrá mucha actividad en los negocios. Kahetel ayuda a erradicar o ahuyentar las malas inclinaciones. Por último decir que Kahetel aporta a sus influenciados la inspiración necesaria para convertirlos en hombres agradecidos a Dios. Ellos siempre tendrán un pensamiento de agradecimiento por lo obtenido. Este nombre está vinculado con Mashiaj.

Lo que otorga:

- La bendición de Dios y echar fuera a los malos espíritus.

- Abundantes cosechas agrícolas y éxito en las labores campesinas.

- Inspiración para elevarse hacia Dios y descubrirlo.

- Amor por el trabajo.

- Ayuda contra las suertes, encantamientos y sortilegios de los enemigos.

- Desactivar la energía negativa y del estrés. Destruye cualquier negatividad en el mundo.

- Anula decretos.

- Constituye un escudo protector.

Aprendizaje: Superar la vanidad y la servidumbre de la abundancia.

SALMO PARA INVOCARLO

Para invocar su fuerza y poder, primero reza el salmo o salmos elegidos, después cantila su nombre y por último realiza la petición concreta que quieres hacerle.

"Venid postrémonos y adoremos, arrodillados delante del Eterno nuestro creador".

"Venite, adoremus, et procidamus, et ploremus ante Dominum, qui fecit nos".

"בֹּאוּ, נִשְׁתַּחֲוֶה וְנִכְרָעָה; נִבְרְכָה, לִפְנֵי-יְהוָה עֹשֵׂנוּ", Salmo 95, versículo 6 (94, vs. 6)

"Bou nishtajaveh venijraah nivrejah lifne-Adonai osenu".

Oración

Oh Kahetel, otórgame la bendición de Dios y la capacidad de expulsar los malos espíritus así como protección contra los encantamientos y sortilegios de los enemigos, dame inspiración para elevarme a Dios y descubrirlo, concédeme cosechas abundantes y éxito en las labores agrícolas y otórgame amor al trabajo.

9 Hazi-el

Ángel n.º 9, הזיאל, Haziel. V. n., 53. El nombre contiene הזיל (*hizil*), *derramar*, *verter*, y הל (*hel*), *luz*, *claridad*. Por su parte, con el mismo valor numérico citamos זכוך (*zikuj*), *limpio*, *puro*, *diáfano*, por lo que este nombre podría leerse como ***El que derrama la luz diáfana***. El v.n. del Nombre de Dios הזי es 22, por lo que como en el nº7 nos remite de nuevo al alefato y los 22 senderos de sabiduría subjetiva del Árbol de la Vida y cómo la energía de la luz desciende desde el *Ain Sof* hasta ellos. Regencias: **K**: Tauro 10º a 15º. **M**: Aries 8º a 9º; Géminis 20º a 21º; Virgo 2º a 3º; Escorpio 14º a 15º; Capricornio 26º a 27º. **S**: 02:40h-03:00h. Tarot: 9On. Tríada de la Lógica.

Vocalización: Abulafia: He/Za/Yo; Moshé Cordovero: Hazay; Agrippa: Hazi-el.

Atributo: El Dios de la misericordia.

Este Ángel se invoca para pedir la misericordia y gracia divina. Esto significa que cuando nos encontramos en una situación complicada puede ayudarnos a salir de ella. Resguarda a los sinceros y puros de corazón y ayuda a los inocentes a triunfar en la vida. Permite que las promesas sinceras se hagan realidad y nos ayuda a mantener en armonía nuestra vida. Además, se le pide ayuda también para reconciliaciones.

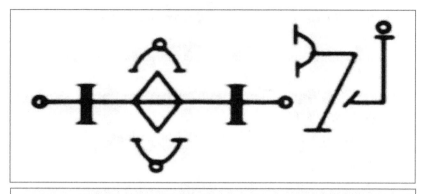

La Misericordia de Dios es aquella que permite a su influenciado despojarse del rencor y dar paso a la inocencia. Esa misericordia que Haziel aporta al individuo le permitirá vaciar su karma, atenderá sus peticiones siempre que sean hechas con el fin de comenzar una nueva vida, corrigiendo los errores que llevaron a una situación dañina. A través de la misericordia es como se pondrá fin a esa condición. Los influenciados por Haziel son individuos que van de buena fe, son sinceros y siempre están dispuestos a la reconciliación. Haziel sirve para obtener el favor de los grandes. La misericordia abrirá el camino para conocer a los que poseen los grandes medios.

Lo que otorga:

- La Misericordia de Dios. Perdón de los errores.

- Amistad y favores de personas con grandeza.

- La ejecución de una promesa que nos ha sido hecha.

- La reconciliación con los que hemos ofendido o nos han ofendido.

- Protección contra el odio y el engaño.

- Permite intervenir en el mundo de los Ángeles, atrayendo influencias positivas y eliminando las negativas.

Aprendizaje: Lograr la humildad.

SALMOS PARA INVOCARLO

Para invocar su fuerza y poder, primero reza el salmo o salmos elegidos, después cantila su nombre y por último realiza la petición concreta que quieres hacerle.

"Acuérdate Eterno compasivo, y tu misericordia perpetua".

"Reminiscere miserationum tuarum, Domine, et misericordiarum tuarum quae a saeculo sunt".

"זְכֹר־רַחֲמֶיךָ יְהוָה, וַחֲסָדֶיךָ: כִּי מֵעוֹלָם הֵמָּה", Salmo 25, versículo 6 (24 vs. 6)

"Zejor-rajameja Adonai vajasadeja ki meolam hemah".

Oración

Oh Haziel, permite que la misericordia de Dios se derrame sobre mí, que sea capaz de perdonar mis culpas, ayúdame a ejecutar las promesas realizadas, reconcíliame con los que he ofendido o me han ofendido, protégeme contra el odio y el engaño, concédeme la amistad y los favores de personas con grandeza y procúrame el contacto con los Ángeles.

10 Alad-iah

Ángel n.º 10, אלדיה, Aladiah. V. n., 50. Observamos que este nombre contiene a su vez dos de los divinos, el correspondiente a la terminación יה, y el formado por las dos primeras letras, אל (*El*). La letra que los une es la dalet, ד, que significa *puerta*. Pero como estos nombres son los correspondientes a las sefirot 2.ª y 4.ª, respectivamente, es claro que la puerta que los une es ***El Puente que El Pontífice tiende a través del Abismo***, hecho de risas y de espíritu lúdico. El v.n. del Nombre de Dios es 35. Regencias: **K**: Tauro 15º a 20º. **M**: Aries 9º a 10º; Géminis 21º a 22º; Virgo 3º a 4º; Escorpio 15º a 16º; Capricornio 27º a 28º. **S**: 03:00h-03:20h. Tarot: 9Od. Tríada del Impulso.

Vocalización: Abulafia:A/La/Da; Moshé Cordovero: Alad; Agrippa: Alad-jah.

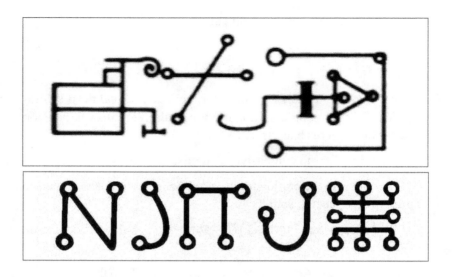

Atributo: El Dios clemente.

Cuando se habla de gracia divina se hace de aquella que es capaz de perdonar y absolver de forma total y sin necesidad de arrepentimiento por nuestra parte. Es por ello que los influenciados por este Ángel podrán también hacerlo consigo mismo y los demás. Puede resguardarnos de la ira o la rabia. Se invoca para pedir la curación de cualquier enfermedad que esté anclada en la culpa. Como una gota de lluvia que cae sobre una hoja sedienta, Aladiah nutre y refresca a quienes están agobiados por padecimientos del cuerpo o del alma. Las personas influenciadas por Aladiah gozarán de buena salud, serán afortunadas en sus empresas y frecuentarán lo mejor de la sociedad. Protege a aquellos que necesitan reinsertarse, pudiendo progresar en aquello que emprendan, desdramatizando su existencia y no incurriendo en los mismos errores anteriores. Restablecer la armonía no es complicado cuando se establece un nexo de confianza con sus poderes.

Lo que otorga:

- Curación de enfermedades; regeneración ética.

- Inspiración para llevar una empresa a un resultado feliz.

- El perdón de las malas acciones que hayamos podido cometer.

- Contacto con personas influyentes.

- Defensa contra la negligencia y el descuido en lo que se refiere a la salud y a los negocios.

- Protección contra el mal de ojo.

Aprendizaje: Ser justo y moderado.

SALMO PARA INVOCARLO

Para invocar su fuerza y poder, primero reza el salmo o salmos elegidos, después cantila su nombre y por último realiza la petición concreta que quieres hacerle.

"Sea tu misericordia Eterno sobre nosotros, como te hemos esperado".

"Fiat misericordia tua, Domine, super nos, quemadmodum speravimus in te".

"יְהִי־חַסְדְּךָ יְהוָה עָלֵינוּ: כַּאֲשֶׁר, יִחַלְנוּ לָךְ", Salmo 33, versículo 22 (32 vs. 22)

"Iehi-jasdeja Adonai alenu kaasher ijalnu laj".

Oración

Oh Aladiah, permite mi regeneración moral, inspírame para llevar mis empresas a feliz resultado, protégeme contra la negligencia y el descuido tanto en la salud como en los negocios, oriéntame en el contacto con personas influyentes, concédeme el perdón por las malas acciones que haya cometido y cuídame contra el mal de ojo, la envidia y las malas intenciones de otros.

11 Lauv-iah

Ángel n.º 11, לאויה, Lauviah. V. n., 52. Este Ángel y el número 17 tienen el mismo nombre, por lo que ambos comportan las mismas características. Dentro de este nombre aparece la partícula לֹא (*lo*), que significa *no*. Como dicha partícula es la inversión del nombre divino אל (*el*), y la letra central es la vav (ו), que representa al hombre, el conjunto podría leerse **No el hombre, sino Dios**. La guematria nos lleva a בֵּן (*ben*), *hijo*, y confirma que el hombre, en tanto que hombre, que ser individual, no es **Dios**; pero es hijo de Dios, puesto que Él lo creó, y este Ángel tiene como misión recordárselo: ése es el contenido de su mensaje. El v.n. del Nombre de Dios es 37. Regencias: **K**: Tauro 20° a 25°. **M**: Aries 10° a 11°; Géminis 22° a 23°; Virgo 4° a 5°; Escorpio 16° a 17°; Caricornio 28° a 29°. **S**: 03:20h-03:40h. Tarot: 10On. Tríada de las Raíces.

Vocalización: Abulafia: La/A/Va; Moshé Cordovero: Lav; Agrippa: Lavi-jah.

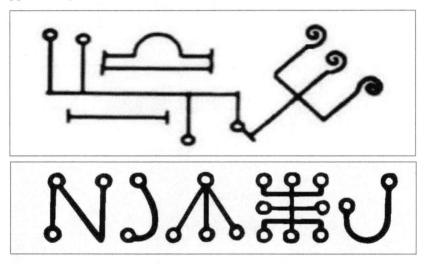

Atributo: El Dios ensalzado y alabado.

Este Ángel se invoca para pedir ayuda para conseguir la victoria, y también el desarrollo de nuestras cualidades interiores, ya que este nombre significa "No el hombre, sino Dios". Esto implica que en cualquier situación en la que necesitemos triunfar, tendremos toda su ayuda. Además, si deseas conocer cuál es tu naturaleza y cumplir tu misión de vida, también le puedes pedir ayuda para que te enseñe el camino. Este Ángel permitirá salir victorioso de cuantas luchas se libren en la vida. Esta esencia bien asumida da esa victoria porque aporta al individuo amor por la Creación y sabiduría. Estará dotado de un gran poder espiritual. Si logramos el aprendizaje de su esencia aporta poder ser sabio como el rey Salomón. De cualquier forma influye sobre los grandes personajes, los sabios y aquellos que triunfan por su talento. Las energías de Lauviah deben ser bien asimiladas, en caso contrario serán insertadas al contrario obteniendo así personas orgullosas, ambiciosas, celosas y calumniadoras. Por encima de todo las personas dominadas por este Ángel deben ansiar la victoria pero siempre buscando justicia y utilizando adecuadamente esa sabiduría resultante del amor exaltado por lo divino y el altruismo.

Lo que otorga:

- Sabiduría.
- Obtención del poder.
- Protección contra las tempestades, las naturales y las éticas.
- Consecución de la celebridad, gracias al talento.
- Protección contra el orgullo, la ambición desmesurada, los celos y las calumnias.
- Disipar los vestigios del mal, especialmente los derivados de la intuición. Romper el orgullo.

Aprendizaje: Ser sabio y vencer el orgullo y los celos.

SALMO PARA INVOCARLO

Para invocar su fuerza y poder, primero reza el salmo o salmos elegidos, después cantila su nombre y por último realiza la petición concreta que quieres hacerle.

"Viva el Eterno bendita sea mi roca y exaltado sea el Dios mi salvador".

"Vivit Dominus, et benedictus Deus meus, et exultator Deus salutis meae".

"חַי-יְהוָה, וּבָרוּךְ צוּרִי; וְיָרוּם, אֱלֹהֵי יִשְׁעִי", Salmo 18, versículo 47 (17 vs. 47)

"Jai-Adonai uvaruj tzuri veiarum elohe ishi".

Oración

Oh Lauviah, concédeme sabiduría, protégeme contra las tempestades tanto naturales como morales, permíteme alcanzar la celebridad gracias a mi talento, cuídame de la ambición desmesurada, el orgullo, los celos y las calumnias y disipa los vestigios del mal.

12 Haha-iah

Ángel n.º 12, הההעיה, Hah'aiah. V. n., 95. La letra central del nombre es la ayin (ע), que representa el ojo, por lo que este Ángel está relacionado con la visión. Por su parte, las dos primeras letras son dos he (הה), que indican apertura, en este caso doble. El mensaje que transmitiría sería, por tanto, *Abre bien los dos ojos y verás a Dios*. ¿Cómo? La guematria nos responde, puesto que 95 es también el valor numérico de מלכה (*maljah*), un título que se da a la **Shejiná**, la Presencia Divina en la tierra: abre bien los ojos, y verás a **Dios** en todas las cosas. El valor numérico es, por lo demás, el mismo que el del Ángel n.º 50, con el que comparte, por tanto, determinadas características. El v.n. del Nombre de Dios es 80, igual que el de la letra *peh*, por lo que para poder abrir los ojos y ver a Dios según el notarikon de esta letra no cabe otra cosa que practicar la humildad y es necesario contemplar la materia desde una perspectiva más elevada que la de la simple materia, sino como depositaria de energía divina e interconectada con todo cuanto existe tal como explica ya la física cuántica hasta el punto que ni siquiera el objeto está separado del observador, por cuanto aquel influye sobre este como demuestra la paradoja del observador de Heisenberg. Regencias: **K**: Tauro 25° a 30°. **M**: Aries 11° a 12°; Géminis 23° a 24°; Virgo 5° a 6°; Escorpio 17° a 18°; Capricornio 29° a 30°. **S**: 03:40h-04:00h. Tarot: 10Od. Tríada de la Ascética.

Vocalización: Abulafia: He/He/A; Moshé Cordovero: Haha; Agrippa: Haha-jah.

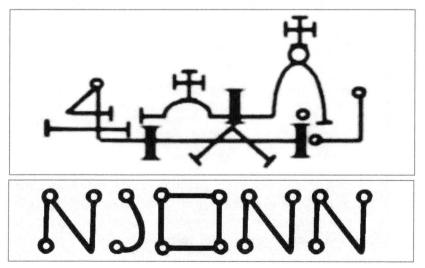

Atributo: El Dios refugio.

Este Ángel se invoca para pedir ayuda contra las adversidades y dificultades. Esto significa que si ruegas su ayuda atraerás la energía de la lucha para superar cualquier dificultad que estés atravesando. Te dará auxilio, fuerzas y guía. Es además un Ángel de revelaciones, lo que significa que puede ayudarte a tener visiones de futuro o mostrarte cualquier sabiduría profunda y oculta que quieras conocer. Los influenciados por este Ángel están especialmente protegidos contra malas tendencias, hasta tal punto es poderosa la esencia, que quien la porta puede convertirse en refugio de otros. También domina sobre los sueños y revela los misterios ocultos. A través de los sueños que la persona reciba de Hahaiah verá y comprenderá y no necesitará a nadie que se los interprete, ya que ellos mismos podrán hacerlo. Los individuos con esta influencia serán sabios, espirituales, discretos, tendrán maneras dulces, agradables en su aspecto y amables. Esto se hará indudable una vez descubierta esa esencia en sí mismos, una vez descubierta la verdadera naturaleza de sus sueños y cuando sean interpretados estos.

Lo que otorga:

- Facultad de poder interpretar los sueños propios y ajenos.
- Protección contra la adversidad.
- Revelación de los misterios, en la propia vida y en la ajena.
- Discreción en la sociedad sobre lo que estamos haciendo.
- Protección contra los abusos de confianza, las mentiras y las indiscreciones.
- Percibir la presencia divina en la tierra, que el espíritu habita la materia.
- Inspira y genera el amor incondicional.

Aprendizaje: Ser el mediador de la paz y la armonía.

SALMO PARA INVOCARLO

Para invocar su fuerza y poder, primero reza el salmo o salmos elegidos, después cantila su nombre y por último realiza la petición concreta que quieres hacerle.

"¿Por qué Eterno te mantienes tan lejos, y te ocultas en tiempos de apuro?".

"Ut quid, Domine, recessisti longe; despicis in opportunitatibus, in tribulatione?"

"לָמָה יְהוָה, תַּעֲמֹד בְּרָחוֹק; תַּעְלִים, לְעִתּוֹת בַּצָּרָה", Salmo 10, versículo 1 (9, vs. 22)

"Lamah Adonai taamod berajok taalim leitot batzarah".

Oración

Oh Hahaiah, ayúdame a abrir bien los dos ojos y permíteme ver a Dios en todo su esplendor en toda la Creación. Dame el amor incondicional que ver a Dios en todos los seres proporciona. Permíteme acceder a la sabiduría profunda y a las visiones de futuro para que pueda orientar mi vida bien sea a través de los sueños, bien sea directamente. Dame la sabiduría y la discreción que tu fuerza aporta. Asísteme en todas las adversidades y dificultades, especialmente de los abusos de confianza, de las mentiras y de las indiscreciones, porque sé que puedes proporcionarme el auxilio, la fuerza y la guía que necesito en ellas. Protégeme contra las malas tendencias que me impiden cumplir la voluntad divina para que yo pueda ser un refugio de otros.

13 Iezal-el

Ángel n.º 13, יזלאל, Iezalel. V. n., 78. Este valor numérico es compartido por tres Ángeles, caso único que se da en la relación. En efecto, también tienen la misma guematria los números 14 y 30, y los tres tienen la terminación אל. Por tanto, se trata de energías relacionadas con la 4.ª sefirá, **Jesed**. Las tres primeras letras, por su parte, forman la palabra זיל (*zil*), que significa tanto *barato* como *llovizna*. La lluvia que cae del cielo es naturalmente barata, no nos cuesta nada. Y contribuye a todo aquello cuyo valor es 78, empezando por el *pan*, לחם (*lejem*), y continuando por alimentos menos materiales, como el regocijo, בוע (*búa*, *regocijarse*), los sueños, חלם (*jalam*, *soñar*, *ensoñar*), o la *compasión*, חמל (*jemel*). Pero también está dispuesto a actuar cuando por el desvío del camino llega la *enfermedad*, מחל (*majal*), y a usar, si es necesario, el *bisturí*, אזמל (*izmel*). Tiene también, por último, relación con la hospitalidad, ya que, además del pan, aparecen con valor 78 la *sal*, מלח (*melaj*) y el refugio, החסה (*hejesah, refugiar*, y también *proteger*). Baste añadir que el 78 también se refiere al tarot, que tiene 78 cartas. El v.n. del Nombre de Dios es 47. Regencias: **K**: Géminis 0° a 5°. **M**: Aries 12 a 13°; Géminis 24° a 25°; Virgo 6° a 7°; Escorpio 18° a 19°; Acuario 0° a 1°. **S**: 04:00h-04:20h. Tarot: 2En. Tríada de la Innovación.

Vocalización: Abulafia: Yo/Za/La; Moshé Cordovero: Yezal; Agrippa: Jezal-el.

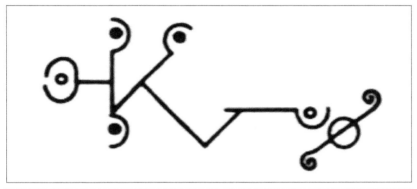

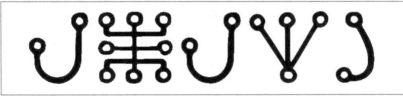

Atributo: El Dios transfigurado por encima de todas las cosas.

Este Ángel se invoca para pedir la felicidad en el amor y la amistad. Esto significa que es uno de los Ángeles ideales para pedir la reconciliación en amistad, amor, familia, compañeros de trabajo. Ayuda, además, a encontrar buenas amistades y a disfrutar de las mejores relaciones humanas. Alivia las penas a los que se sienten solos y facilita la socialización a quienes son demasiado tímidos o no son capaces de conocer gente. Fidelidad sobre todo al amor, el amor como la principal sabiduría. Iezalel será aquel que convierta a sus influenciados en las personas nuevas que renovarán al mundo sustituyendo lo desfasado. Una vez reconocida esta esencia por la persona ya no se alejará de ese camino trascendental, aun entre dificultades. Esa fidelidad y, por tanto, ese concepto del amor siempre les marcará el rumbo. Iezalel domina la amistad, la reconciliación y la fidelidad conyugal. Iezalel se encarga también de unir a personas con el mismo concepto, afines, sea cual sea la distancia. Personas que puedan crear lazos y unir sus fuerzas. La persona bajo la influencia de Iezalel tendrá facilidad para el aprendizaje de todo, se distinguirá por su memoria y habilidad. La memoria puede incluso alcanzar las experiencias de vidas pasadas, experiencias que esa persona sabrá utilizar en la actual.

Lo que otorga:

- Fidelidad conyugal y reconciliación entre esposos.

- Feliz memoria.

- Habilidad en la ejecución de cualquier tarea.

- Para conseguir favores de los superiores.

- Protección contra el error, la ignorancia y la mentira.

- Capacidad de crear el cielo en la tierra.

- Pedir descendencia y tener varones.

- Permite desear más para luego poder dar más a la gente meditándolo en combinación con los Nombres de Dios 30, 34, 55, 13 y 14, siguiendo dicho orden.

Aprendizaje: Ser el reconciliador.

SALMO PARA INVOCARLO

Para invocar su fuerza y poder, primero reza el salmo o salmos elegidos, después cantila su nombre y por último realiza la petición concreta que quieres hacerle.

"Clamad con júbilo al Eterno toda la tierra, con gozo y júbilo y canto vuestra alegría".

"Jubilate Deo, omnis terra; cantate, et exultate, et psalite."

"הָרִיעוּ לַיהוָה, כָּל־הָאָרֶץ; פִּצְחוּ וְרַנְּנוּ וְזַמֵּרוּ", Salmo 98, versículo 4 (97, vs. 4)

"Hariu leAdonai kol-haaretz pitzu veranenu vezameru".

Oración

Oh Iezalel, concédeme la felicidad en el amor y en la amistad y que sea capaz de reconciliarme en la amistad, la pareja, la familia y los compañeros de trabajo, permíteme convertirme en una persona nueva para que sea capaz de renovar el mundo, otórgame fidelidad para que no me aleje de mi camino trascendental y que el amor sea lo único que marque mi rumbo, concédeme habilidad en la ejecución de cualquier tarea, protégeme contra el error, la ignorancia y la mentira, condúceme al favor de los superiores y procúrame lograr mi propia liberación y recuperación internas a través de la transformación personal.

14 Mebah-el

Ángel n.º 14, מבהאל, Mebahel. V. n., 78. En este nombre aparece la pregunta מה (*mah*), ¿*qué?*, y la partícula -ב, que colocada ante una palabra significa *en*. Por tanto, la pregunta que hace es: *¿Qué hay en Dios?* Y la respuesta son todos los contenidos del número 78, que hemos visto en el Ángel n.º 13, al cual nos remitimos. El v.n. del Nombre de Dios es 47 como en el nº 13. Regencias: **K**: Géminis 5º a 10º. **M**: Aries 13º a 14º; Géminis 25º a 26º; Virgo 7º a 8º; Escorpio 19º a 20º; Acuario 1º a 2º. **S**: 04:20h-04:40h. Tarot: 2Ed. Tríada de la Innovación.

Vocalización: Abulafia: Me/Be/He; Moshé Cordovero: Maba; Agrippa: Mebah-el.

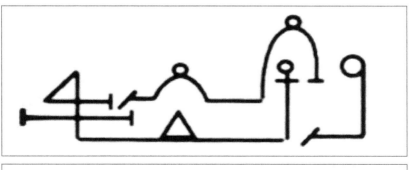

Atributo: El Dios sustentador.

A este Ángel se recurre para pedir protección y justicia. Esto significa que es útil para impedir que nos suceda algo desagradable. Además, si mantenemos algún trámite con la justicia, para que interceda en cualquier proceso judicial de manera que se juzgue lo más equilibrado y armonioso posible. Su justicia es aplicable a cualquier momento y situación de la vida en que la necesitemos. Verdad, libertad y justicia son tres esencias de una misma naturaleza que se generan una a la otra, ya que cada una emana de la anterior. La cábala afirma que la verdad pertenece al Mundo de las Emanaciones, la libertad al Mundo de las Creaciones y la justicia al Mundo en Formación. La verdad nos hará libres porque nos libera de los sometimientos, y es ese verse libre de sometimientos lo que permitirá ser justos y hacer justicia. Este Ángel protege contra las usurpaciones, la calumnia, falsos testimonios y pleitos. Libera a los oprimidos, protege la inocencia, reconquista lo injustamente perdido y hace que se reconozca la verdad. La persona nacida bajo esta influencia amará la jurisprudencia y se distinguirá en la abogacía.

Lo que otorga:

- Justicia; imparcialidad benevolente de un tribunal.
- Liberación de oprimidos y prisioneros.
- Amor y celebridad en el ejercicio de la Jurisprudencia.
- Protección contra la calumnia, falsos testimonios y los pleitos.
- Reconquista de lo injustamente perdido.
- Soluciones para alcanzar la paz.
- Permite desear más para luego poder dar más a la gente meditándolo en combinación con los Nombres de Dios 30, 34, 55, 13 y 14, siguiendo dicho orden.

Aprendizaje: Aplicar justicia.

SALMO PARA INVOCARLO

Para invocar su fuerza y poder, primero reza el salmo o salmos elegidos, después cantila su nombre y por último realiza la petición concreta que quieres hacerle.

"Y será el Eterno refugio al humilde, refugio para el tiempo de angustia".

"Et factus est Dominus refugium pauperi; adjutor in opportunitatibus, in tribulatione".

"וִיהִי יְהוָה מִשְׂגָּב לַדָּךְ; מִשְׂגָּב, לְעִתּוֹת בַּצָּרָה", Salmo 9, versículo 9 (9, vs. 10)

"Wihi Adonai misgav laddaj misgav leitot batzarah".

Oración

Oh Mebahel, concédeme protección y justicia, con la imparcialidad benevolente de un tribunal. Si he de verme en un proceso judicial intercede para que se juzgue lo más imparcial, equilibrado y armonioso posible. Protégeme de la calumnia, los falsos testimonios y los pleitos. Ayúdame a reconquistar lo injustamente perdido. Atrae la paz a cualquier conflicto en el que me vea envuelto o en que esté el mundo.

15 Hari-el

Ángel n.º 15, הריאל, Hariel. V. n., 246. Este nombre significa literalmente ***Naturaleza de Dios***, pues הרי (pronunciado *harei*) significa eso, *naturaleza*. Lo asombroso es que el número 246 nos lleva a los conceptos אסקפה (*askupah*), *umbral, portal*; מדבר (*midbar*), *desierto*, pero también *palabra*, y así mismo, y simbólicamente, el nombre que se daba al *atrio de los gentiles* en el **Templo de Jerusalén**; este nombre, leído *medaber*, significa tanto *portavoz* o *heraldo* como *persona, ser humano*; מראה (*mareh*), *aspecto*, palabra que con la pronunciación *marah* significa *espejo*; y פסוק (*pasuk*), expresión que significa *versículo*, y que en sentido más amplio se refiere a la ***Biblia***. La Naturaleza de **Dios** es semejante a una llamada que nos sitúa en el umbral del ***Templo***, en el que veremos nuestro propio aspecto como un espejo Suyo. Tomar conciencia de ello representa una elevación de la consciencia, pues el nombre de este Ángel también podría leerse como ***Montaña*** (o *mi* montaña) ***de Dios***. El v.n. del Nombre de Dios es 215. Regencias: **K**: Géminis 10º a 15º. **M**: Aries 14º a 15º; Géminis 26º a 27º; Virgo 8º a 9º; Escorpio 20º a 21º; Acuario 2º a 3º. **S**: 04:40h-05:00h. Tarot: 3En. Tríada de la Conservación.

Vocalización: Abulafia: He/Re/Yo; Moshé Cordovero: Heri; Agrippa: Hari-el.

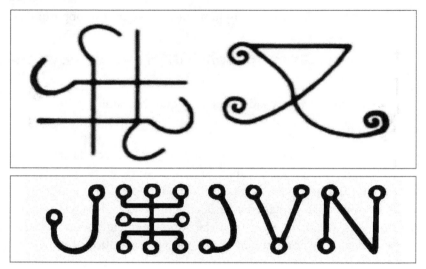

Atributo: El Dios creador.

Este Ángel se invoca para pedir refuerzo espiritual e inspiración divina. De este modo, este Ángel puede ayudarnos a despertar nuestra creatividad e imaginación. Es especialmente útil en personas dedicadas a las artes. Si necesitamos una ayuda espiritual, porque nuestra fe afloja o simplemente porque necesitamos sentir que Dios está junto a nosotros, es muy útil. Da a sus influenciados la capacidad de luchar contra todo aquello que combata la espiritualidad, contra todo aquello que impida una unión con nuestro Yo eterno o superior. También posibilita Hariel esa comunicación entre los dos seres que habitan en una misma persona. Son innovadores tanto en arte como en ciencia. Se puede entender que además de capacitación por el arte tienen un don de armonía, incluida la armonía de su vida y su entorno. Son individuos con gusto por las personas de bien, poseen sentimientos muy religiosos y llenos de pureza, incluso en sus costumbres. También son fuente de purificación para los demás.

Lo que otorga:

- Que las mentes perversas se hagan piadosas.

- Liberación de los malos hábitos.

- Inspiración en el trabajo y descubrimientos de nuevos métodos profesionales.
- Que los descreídos vuelvan a la fe.
- Protección contra las falsas creencias.
- Para elevar nuestra consciencia.
- Contemplar las cosas desde una visión más amplia.
- Aporta clarividencia a la hora de tomar decisiones al permitirnos ver el resultado de una decisión u otra. Es como un simulador de decisiones a la hora de tomar la decisión que tenemos que tomar.

Aprendizaje: Pureza mental.

SALMO PARA INVOCARLO

Para invocar su fuerza y poder, primero reza el salmo o salmos elegidos, después cantila su nombre y por último realiza la petición concreta que quieres hacerle.

"Pero el Eterno ha sido mi alta torre, y mi Dios la roca de mi refugio".

"Et factus est mihi Dominus in refugium; et Deus meus in adjutorium spei meae".

"וַיְהִי יְהוָה לִי לְמִשְׂגָּב; וֵאלֹהַי, לְצוּר מַחְסִי", Salmo 94, versículo 22 (93, vs. 22)[58]

"Vaihi Adonai li lemisgav velohai letzur maisi".

Oración

Oh Hariel, concédeme refuerzo espiritual e inspiración divina que permitan que despierte mi creatividad e imaginación, ya que Dios está junto a mí, en todo momento me acompaña. Libérame de mis malos hábitos y haz que combata contra todo aquello que impida mi unión con mi Yo Superior. Ayúdame a ser una fuente de purificación para los demás. Protégeme de las falsas creencias y si alguna vez pierdo la fe,

---

58 Según Kircher, Athanasius (1653): *Oedipi Aegyptaci*, Roma, Typographia Vitalis Mascardi, p. 276 el versículo 2 del salmo 2 es el que le corresponde a este Ángel, pero otras fuentes señalan el salmo 94: 22.

retórname a ella. Haz que las mentes perversas se vuelvan piadosas. Inspírame en el trabajo y en el descubrimiento de nuevos métodos. Y concédeme el poder de una visión y previsión claras en cada parte de mi vida y da claridad a mi intuición.

16 Hakam-iah

Ángel n.º 16, הקמיה, Hakamiah. V. n., 160. La palabra קם (*kam*), contenida en el nombre de este Ángel, significa *levantarse, despertar*, y en un sentido más alegórico, *resucitar*. Por tanto, el nombre de este Ángel es **El que despierta en Dios**. Por su parte, la guematria proporciona una palabra tan significativa como כסף (*kosef*), *deseo, anhelo, añoranza* (¿cabe forma más viva de añoranza que "ser despertado en Dios"?), palabra que, leída *kesef* significa *dinero*; y es que el dinero es realmente *vacío*, un vacío que puede llenarse de cualquier cosa susceptible de ser comprada, de ahí su potente energía. Otra palabra de suma importancia es מח בנים (*moáj benim*), *cerebelo*, el que recibe la "llamada de los cielos"; su ubicación en torno a la nuca hace que a ésta se le haya llamado "la boca de Dios". Terminamos la relación de palabras de valor 160 con, עָלָם (*eles*), *alegría, regocijo*. Así pues, ser despertado en Dios significa abrirse a un vacío lleno de poder y de alegría. El v.n. del Nombre de Dios es 145. Regencias: **K**: Géminis 15º a 20º. **M**: Aries 15º a 16º; Géminis 27º a 28º; Virgo 9º a 10º; Escorpio 21º a 22º; Acuario 3º a 4º. **S**: 05:00h-05:20h. Tarot: 3Ed. Tríada de las Raíces.

Vocalización: Abulafia: He/Ko/Me; Moshé Cordovero: Kekam; Agrippa: Hakam-jah.

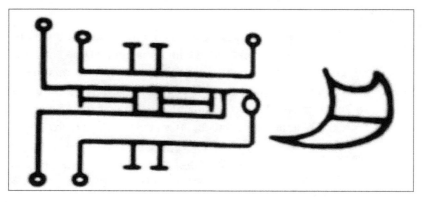

Atributo: El Dios creador del Universo.

A este Ángel se recurre para pedir defensa y coraje contra nuestros enemigos y personas malvadas. De este modo nos ayudará a enfrentarnos a todos aquellos individuos que nos quieren mal y a quienes esperan la desgracia para nosotros. Ayuda también a vencer a aquellas personas que estén actuando con mala fe en la vida. Permite ser fieles a los principios. La lealtad será siempre una esencia que nos eleve. Será una esencia útil a quien pueda verse rodeado de traidores, tanto en su exterior como interior. Es por eso que es un Ángel propio de reyes y altos dignatarios. Hakamiah nos ayudará en la lucha contra la traición. Una vez conseguido el triunfo seremos coronados en todo el esplendor. Protege contra rebeldes, la traición y facilita el favor de grandes personajes. Influencia sobre el hierro, los arsenales, sobre todo lo que guarda relación con la guerra, una guerra cuyo fin será siempre conciliador. Los influenciados por Hakamiah serán personas francas, leales, nobles, honorables y fieles a sus promesas.

Lo que otorga:

- Solicitar protección para los reyes y altos dignatarios.
- Para encontrar el favor de personas de elevada estirpe.
- Conquista de la lealtad.
- Vencer a los enemigos.
- Protege de las acechanzas de los rebeldes, sediciosos y traidores.
- Ser despertado en Dios.
- Superar la depresión.
- Elevar la suerte de la persona. Rectifica la polaridad de mala suerte en buena suerte.

Aprendizaje: Cristalizar los valores más elevados.

SALMO PARA INVOCARLO

Para invocar su fuerza y poder, primero reza el salmo o salmos elegidos, después cantila su nombre y por último realiza la petición concreta que quieres hacerle.

"Eterno Dios de mi salvación, día y noche clamo ante ti".

"Domine, Deus salutis meae, in die clamavi et nocte coram te".

"יְהוָה, אֱלֹהֵי יְשׁוּעָתִי-- יוֹם-צָעַקְתִּי בַלַּיְלָה נֶגְדֶּךָ", Salmo 88, versículo 2 (87, vs. 2)

"Adonai elohe ieshuati iom-tzaati valalah negdeja".

Oración

Oh Hakamiah, concédeme defensa y coraje contra mis enemigos y personas malvadas, protégeme de las acechanzas de los rebeldes, sediciosos y traidores, otórgame el favor de personas de elevada estirpe, dame lealtad a la esencia de mis principios. Otórgame franqueza, lealtad, nobleza, honorabilidad y fidelidad a mis promesas. Dame la fuerza emocional para permanecer en pie después de un tropiezo y para resistir cuando el camino parece insoportable.

17 Lauv-iah

Ángel n.º 17, לאויה, Lauviah. V. n., 52. Por coincidir el nombre con el del Ángel número 11, valga aquí lo dicho para éste. En todo caso, puede considerarse como un camino que se recorre por segunda vez, volver sobre los propios pasos. El v.n. del Nombre de Dios לאו es 37. Regencias: **K**: Géminis 20º a 25º. **M**: Aries 16º a º7º; Géminis 28º a 29º; Virgo 10º a 11º; Escorpio 22º a 23º; Acuario 4º a 5º. **S**: 05:20h-05:40h. Tarot: 4En. Tríada de los Deseos.

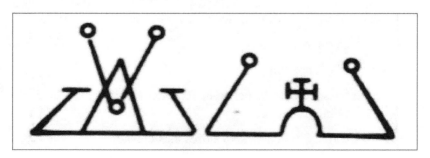

Vocalización: Abulafia: La/A/Va; Moshé Cordovero: Leú; Agrippa: Leav-jah.

Atributo: El Dios admirable.

A este Ángel se le invoca para combatir cualquier sufrimiento del espíritu, ya que muchas veces la depresión, la tristeza y algunas enfermedades tienen su origen en un conflicto espiritual. También nos ayuda contra las fuerzas negativas enviadas por otras personas. Protege nuestro espíritu de todo mal. Puede también ayudarnos a desvelar nuestro destino y revelar grandes acontecimientos a través de los sueños y visiones. Su esencia permite conocer el gran misterio del mundo que no sólo podrá contemplarse sino también podrá comprenderse al instante. Lauviah revela esa gran verdad y aquel que llega a conocerla la tendrá como cierta y para él será eterna. Es útil para las personas que luchan entre dos tendencias, una superior y otra inferior, una vez que las superiores venzan a las de abajo, podrán conciliar el sueño y obtendrán el descanso. Lauviah produce revelaciones durante los sueños. Es en ellos cuando se pueden contemplar esas visiones antes mencionadas y efectuar los descubrimientos. Esos conocimientos e ideas se encontrarán ahí al despertar. Esta esencia bien canalizada llevará al individuo a alejarse de bajas pasiones y acercarlo a la trascendencia. Es por tanto que también domina la alta ciencia y los descubrimientos. La persona bajo la influencia de este Ángel amará la música, la poesía y la filosofía, comprenderá que gracias a estas artes es capaz de aproximarse a lo verdadero.

Lo que otorga:

- Retorno de antiguos afectos; reanudación de antiguas amistades.
- Dormir bien por las noches, vencer el insomnio.
- Revelaciones oníricas.
- Inspiración para ejercitar el periodismo, la literatura, la filosofía, la poesía.

- Discernimiento de lo falso.

- Escapar de los deseos basados en el *ego*, especialmente los derivados del intelecto. Romper el orgullo.

Aprendizaje: Superación de traumas y deudas del pasado.

SALMO PARA INVOCARLO

Para invocar su fuerza y poder, primero reza el salmo o salmos elegidos, después cantila su nombre y por último realiza la petición concreta que quieres hacerle.

"Eterno Señor nuestro, qué grande es tu nombre en toda la tierra, tu majestad está puesta sobre los cielos".

"Domine, Dominus noster, quam admirabile est nomen tuum in universa terra".

"יְהוָה אֲדֹנֵינוּ -- מָה-אַדִּיר שִׁמְךָ, בְּכָל-הָאָרֶץ; אֲשֶׁר תְּנָה הוֹדְךָ, עַל-הַשָּׁמָיִם",
Salmo 8, versículo 2 (8 vs. 2)

"Adonai adonenu mah-addir shimja bekol-haaretz asher tenah hodeja al-hashamaim".

Oración

Oh Lauviah, ayúdame a combatir cualquier sufrimiento del espíritu, protege mi espíritu de todo mal y de las fuerzas negativas enviadas por otras personas, permite que venza el insomnio, concédeme revelaciones a través de los sueños, permíteme alejarme de las bajas pasiones y acércame a la trascendencia y a discernir lo falso, retórname las antiguas amistades, dame inspiración para ejercitar el periodismo, la filosofía, la literatura y la poesía y concédeme escapar de los deseos basados en mi *ego*, de las inclinaciones egoístas y de la mentalidad de "yo primero".

18 Kali-el

Ángel n.º 18, כליאל, Kaliel. V. n., 91. La palabra כל (*kol*), *todo*, unida a la iod (י) que significa *origen*, nos indica que **todo procede de Dios**. El número 91, uno de los más ricos en simbolismo cabalístico, nos lo confirma. En él encontramos, desde el soporte físico que nos sustenta, la **Madre Tierra**, אם אדמה (*em adamah*), hasta el *alimento* que nos proporciona, מאכל (*maajal*), la educación, אמן (*aman, criar, educar*, que puede leerse también *amén, así sea*) y con todo su valor tanto de ornato como de terapia, las piedras preciosas, יהלום (*iahalóm, diamante*), pasando por el propio portador del mensaje, מלאך (*malaaj, Ángel, mensajero*), el que anuncia a Dios, עבד יה (*ebed Adonai, profeta*), el que bautiza a quienes escuchan Su palabra, מטביל (*matbil, bautista, el que bautiza*), y el que, como consecuencia de ello es *ungido*, הוסך (*hosad*) y revestido con la dignidad sacerdotal, אפוד (*efod*, la capa del sumo sacerdote). El v.n. 60 del Nombre de Dios es igual al de la palabra כלי (*kelí, recipiente*), iniciales a su vez de כהן *cohen, sacerdote*), לוי (*leví, levita*) e ישראל (*Israel*) y cuyo v.n. coincide con el número de 60 guardias que tenía el rey Salomón alrededor de su cama. Regencias: **K**: Géminis 25° a 30°. **M**: Aries 17° a 18°; Géminis 29° a 30°; Virgo 11° a 12°; Escorpio 23° a 24°; Acuario 5° a 6°. **S**: 05:40h-06:00h. Tarot: 4Ed. Tríada de la Innovación.

Vocalización: Abulafia: Ka/La/Yo; Moshé Cordovero: Kili; Agrippa: Cali-el.

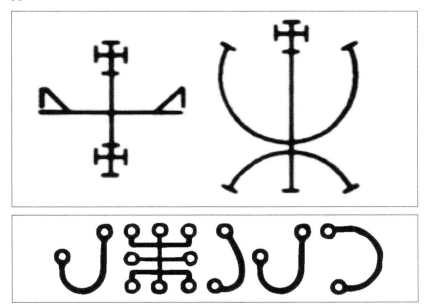

Atributo: Dios, el que atiende nuestros ruegos.

Este Ángel se invoca para encontrar ayuda en los momentos más difíciles. Hay momentos en nuestra vida en el que las adversidades nos sobrepasan y no tenemos demasiado tiempo para esperar que las cosas se solucionen. Para momentos así, igual que un botiquín de emergencia, invoca los poderes de este Ángel. Kaliel permite distinguir lo que es justo de aquello que no lo es. Da a los influenciados la capacidad de decidir en esas situaciones por sí mismos y escapar así del deseo de vencer incluso pasando por encima de esa justicia. Proporciona socorro en la adversidad; adversidad que viene por karma acumulado. En otra vida no fuimos justos. Este karma desaparece en el momento que comprendamos la verdadera esencia de Kaliel. Las personas influenciadas por Kaliel serán justas, íntegras y amarán la verdad. Se distinguirán en magistratura. A estos se les recomienda estudiar leyes, porque en ese terreno destacarán. En una carta natal en la que Urano, Júpiter o Venus se encuentren sobre los puntos de Kaliel, serán portadores de esa energía de lo justo. En el caso de la presencia del Sol en Kaliel, se puede decir que la conciencia y la voluntad están completamente influenciadas por Kaliel y su esencia.

Lo que otorga:

- Socorro ante la adversidad.

- Conocer la verdad en los pleitos, haciendo que triunfe la inocencia.

- Confusión de culpables y falsos testigos.

- Distingue a los que se dediquen a la magistratura.

- Protege de los escándalos y contra las maniobras de los hombres bajos y rastreros.

- Otorga fertilidad.

- Ayuda rápida.

Aprendizaje: Ser misericordiosamente riguroso y rigurosamente misericordioso.

SALMO PARA INVOCARLO

Para invocar su fuerza y poder, primero reza el salmo o salmos elegidos, después cantila su nombre y por último realiza la petición concreta que quieres hacerle.

"El Eterno juzgará los pueblos, júzgame Eterno conforme a mi justicia y conforme a mi integridad".

"Judica me, Domine, secundum justitiam meam, et secundum innocentiam meam super me".

"יְהוָה, יָדִין עַמִּים: שָׁפְטֵנִי יְהוָה; כְּצִדְקִי וּכְתֻמִּי עָלָי", Salmo 7, versículo 8 (7, vs. 9) La primera frase de este salmo "Dominus judicat populos" no se incluye[59].

"Adonai iadin amim shofteni Adonai ketzidki ujetumi alai".

Oración

Oh Kaliel, ayúdame en los momentos difíciles de forma rápida, concédeme distinguir lo que es justo de lo que no lo es, contribuye a que sepa decidir por mí mismo, proporcióname socorro en la adversidad, hazme justo, especialmente en los pleitos a fin de que triunfe la inocencia, secunda la confusión de los culpables y de los falsos testigos, protégeme de los escándalos y de los hombres bajos y rastreros y apórtame fertilidad.

19 Leuv-iah

Ángel n.º 19, לוויה, Leuviah. V. n., 57. Aparecen en este nombre dos letras vav (וו), que juntas forman la palabra *vav*, con el significado de *clavo* o *gozne*, lo que da una idea de sujeción y a la vez punto de apoyo para el giro de la hoja de una puerta o ventana. Por otra parte, la palabra לו (*lo*), contenida en el nombre del Ángel, significa *a él, para él, le pertenece a él*. ¿Qué le pertenece al hombre (ו)? Pues הל (*hel*), la *luz* de Dios. Por tanto, Leuviah es el encargado de servir de apoyo para que la puerta se abra y el hombre contemple la luz que le pertenece, la que emana de **Dios**. Y, tal como nos revela la guematria, según la reciba, según su grado de preparación, esa luz puede alimentarle, זן (*zan*, *alimentar*, *nutrir*) y darle *fuerza*, אן (*on*) o producirle *miedo*, *pánico* (דחילה, *dejilah*), e incluso destruirle, אבדן (*ibdán*, *destrucción*, *ruina*, *exterminio*). Esta guematria es compartida por el Ángel n.º 43,

---

59   Véase que Kircher, Athanasius (1653): *Oedipi Aegyptaci*, Roma, Typographia Vitalis Mascardi, p. 276 ofrece el Salmo 34: 24 como el correspondiente a este Ángel, pero otras fuentes como p. ej. Calvo, Boj (2007): *Cábala. Claves para descubrir los enigmas de los textos sagrados*, Madrid, Editorial LIBSA, p. 235 citan el salmo 7: 9.

por lo que se aplicará a éste lo dicho para Leuviah. El v.n. de este Nombre de Dios es 42. Regencias: **K**: Cáncer 0° a 5°. **M**: Aries 18° a 19°; Cáncer 0° a 1°; Virgo 12° a 13°; Escorpio 24° a 25°; Acuario 6° a 7°. **S**: 06:00h-06:20h. Tarot: 5Cn. Tríada de los Miedos.

Vocalización: Abulafia: La/A/Va; Moshé Cordovero: Leú; Agrippa: Levu-jah.

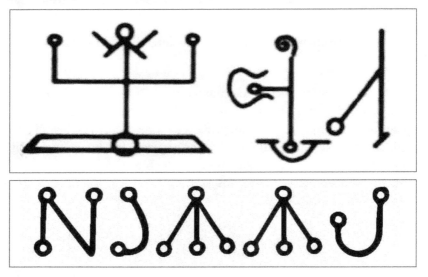

Atributo: Dios, el que escucha a los pecadores.

A este Ángel se le invoca para desarrollar cualquier tipo de capacidad mental. Así pues es muy útil para estudiantes y personas cuyo trabajo les exige un gran esfuerzo mental. Además, otra de sus propiedades es la concesión de la gracia y perdón divinos. Así, cuando creamos haber cometido un gran error podemos pedir el perdón de Dios a través de este maravilloso Ángel. Esta esencia nos habla de inteligencia aplicada para dar frutos, de una praxis más que de una especulación, esta aplicación práctica concede un perdón constante por parte de Dios, lo que podríamos decir como "vivir en su gracia". Es una característica de esta esencia la memoria, herramienta fundamental para analizar constantemente el presente por las experiencias del pasado. Así pues los individuos influidos por este Ángel serán grandes memorizadores, pueden llegar incluso a recordar vidas anteriores. Serán además personas amables y comunicativas, juguetonas, modestas y sencillas. Su modestia y sencillez también les aportan capacidad de comunicación dado que serán fáciles en el trato con los demás. Preparados para soportar adversidades con resignación y paciencia.

Lo que otorga:

- Conseguir la Gracia de Dios en el dominio de la fecundidad.

- Recuperar la memoria y recordar cosas olvidadas.

- Soportar las adversidades con resignación.

- Potencia la inteligencia y la comprensión.

- Vencer la desesperación y el desmadre moral. La alegría vence a la tristeza.

- Conectarse con la luz de Dios. Abrir nuestro corazón para recibir los mensajes que nos llegan de Dios a través de los Ángeles, ya que rompe los obstáculos para que los mensajes divinos nos lleguen.

Aprendizaje: Hacer un buen uso de la imaginación creadora.

SALMO PARA INVOCARLO

Para invocar su fuerza y poder, primero reza el salmo o salmos elegidos, después cantila su nombre y por último realiza la petición concreta que quieres hacerle.

"Pacientemente esperé al Eterno, y se inclinó a mí".

"Expectans expectavi Dominum, et intendit mihi".

"קַוֹּה קִוִּיתִי יְהוָה; וַיֵּט אֵלַי" , Salmo 40, versículo 1 (39, vs. 2)

"Kavoh kiviti Adonai vaiet elai".

Oración

Oh Leuviah, abre mi vida a la luz de Dios y que yo no quede cegado por ella, desarrolla mis capacidades mentales y que pueda aplicarlas en mi vida, otórgame memoria tanto en los asuntos de esta vida como para recordar vidas anteriores, concédeme la gracia y el perdón divinos, hazme amable y comunicativo, ayúdame a soportar las adversidades con resignación y fomenta en mí que la alegría venza a la tristeza.

20 Pahal-iah

Ángel n.º 20, פהליה, Pahaliah. V. n., 130. La letra pe (פ), con su doble significado de *boca* y de *hombre que se humilla*, aparece unida a la *luz*, הל (*hel*) de Dios, יה. Alude, por tanto, a la necesidad de humillarse ante la gloria del Creador y cantarla. La guematria nos dice cómo debe de ser esa humillación. Ante todo, debe mantenerse tanto en las circunstancias favorables (נכס, *nejes, riqueza*) como en las desfavorables (עני, *oní, pobreza*), procurando mantener siempre la ecuanimidad (עין, *iyen*, *ver*, y también *reflexionar, meditar*), y no tomarse uno a sí mismo demasiado en serio (ליץ, *litz, bromear*), llevando de modo *ligero, liviano* (קל, *kal*), tanto el hecho de poder comer (צלי, *tzalí, asado*) y *beber*, נסך (*nissej*), como si hay que *ayunar*, צם (*tzam*). Esa gloria, esa luz de **Dios**, es la que apareció ante **Moisés** en el monte **Sinaí,** סיני, y el cumplimiento del mensaje de Pahaliah lleva a la *liberación*, הצלה (*hatzalah*). ¿No está acaso escrito (Juan, 8: 32) que *"conoceréis la verdad, y la verdad os libertará"*? En esto han coincidido los místicos de muchas tradiciones: la liberación consiste en cumplir la voluntad de Dios. Es decir, en aceptar plenamente todo lo que está sucediendo, sin perjuicio de intentar poner el remedio que creamos oportuno, pero aceptando también, y con la misma serenidad, tanto el éxito como el fracaso que resulten de nuestros esfuerzos. Dado que el v.n. 115 de פהל es el mismo que el de חזק (*hazak, fuerte*) este nombre nos da la fuerza espiritual necesaria para llevar a cabo cualquier propuesta de lo que significa cumplir la voluntad de Dios. Regencias: **K**: Cáncer 5° a 10°. **M**: Aries 19° a 20°; Cáncer 1° a 2°; Virgo 13° a 14°; Escorpio 25° a 26°; Acuario 7° a 8°. **S**: 06:20h-06:40h. Tarot: 5Cd. Tríada de los Miedos.

Vocalización: Abulafia: Pe/He/La; Moshé Cordovero: Pehil; Agrippa: Pahal-iah.

Atributo: Dios redentor.

Las personas influenciadas por Pahaliah saben perfectamente distinguir qué conducta es la adecuada en todo momento. Saben cómo actuar para que todo vaya bien y lo harán por una especie de temor a contradecir a Dios. Será por tanto una persona religiosa (tener siempre en cuenta el origen de la palabra religión, re-ligare, unir lo profano con lo divino, reconectar con lo divino). Sentirán la necesidad de convencer de sus creencias, pero deben tener cuidado en no caer en el proselitismo. Ellos convencerán tan sólo con ser observados en su conducta. Serán también personas con gusto por la teología, la ética, posiblemente influidas por la castidad y piadosas. No sería de extrañar en ellos una vocación sacerdotal.

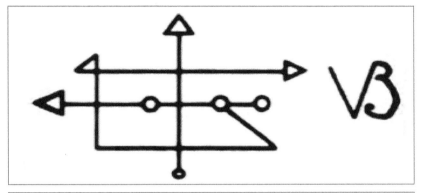

Lo que otorga:

- Descubrimiento de las leyes divinas que rigen el mundo.

- Guardar castidad.

- Despertar de una vocación religiosa.

- Argumentos para convencer a los incrédulos.

- Protección contra las tendencias al libertinaje y al error.

- Vencer las adicciones.

- Da fuerza espiritual. Aprender a recibir con objeto de compartir.

Aprendizaje: Control de las emociones y deseos.

SALMO PARA INVOCARLO

Para invocar su fuerza y poder, primero reza el salmo o salmos elegidos, después cantila su nombre y por último realiza la petición concreta que quieres hacerle.

"Y en nombre del Eterno diciendo, libra ahora Eterno mi alma".

"Domine, libera animam meam a labiis iniquis et a lingua dolosa".

"וּבְשֵׁם-יְהוָה אֶקְרָא: אָנָּה יְהוָה, מַלְּטָה נַפְשִׁי", Salmo 116, versículo 4 (116, vs. 4)[60]

"Uveshem- Adonai ekra anah Adonai maletah nafsi".

Oración

Oh Pahaliah, ayúdame a distinguir la conducta más adecuada en cada momento para que todo vaya bien, contribuye a convencer de mis creencias a otros sin caer en el proselitismo, especialmente a través de mis actos, dame argumentos para convencer a los incrédulos, concédeme el gusto por la teología y por la ética, hazme casto y piadoso, apóyame en el descubrimiento de las leyes divinas que rigen el mundo, despierta en mí la vocación religiosa y ayúdame a vencer cualquier adicción.

21 Nelja-el

Ángel n.º 21, נלבאל, Neljael. V. n., 131. Nos trae este Ángel el mensaje de permanecer alegres (צוהל, *tzohel, contento, gozoso*) mantenerse fuertes (אמץ, *amatz, ser fuerte, ser valiente*), incluso cuando las cosas adoptan su peor cara. La guematria de ambas palabras, 131 como la de Neljael, también habla de עָנָוה (*anavah*), *modestia, humildad, sumisión*, a pesar de הסוס(*hisús*), la *duda*, e incluso de **Samael,** סמאל, el Demonio. Pero en el nombre del Ángel está la palabra נכל (*najal*), *engañar.* Por eso, Neljael es el que nos somete a todo tipo de pruebas, para verificar si de verdad estamos o no creciendo. Es, en otras palabras, un Gran Tramposo que recorre los caminos del Árbol de la Vida jugando con sus luces y sus sombras. El v.n. de este Nombre de Dios es 100, el mismo que el de la letra kuf que nos habla de revelación, tradición y llave y es la inicial de cábala, ya que esta es la llave para la revelación de una tradición que es evidentemente un sistema de verificación de si estamos o no creciendo y que como método contiene

---

60   Véase Kircher, Athanasius (1653): *Oedipi Aegyptaci*, Roma, Typographia Vitalis Mascardi, p. 276 ofrece el Salmo 119: 2 como el correspondiente a este Ángel, pero otras fuentes como p. ej. Calvo, Boj (2007): *Cábala. Claves para descubrir los enigmas de los textos sagrados*, Madrid, Editorial LIBSA, p. 235 citan el salmo 116: 4.

todas las herramientas para poder hacerlo. Regencias: **K**: Cáncer 10° a 15°. **M**: Aries 20° a 21°; Cáncer 2° a 3°; Virgo 14° a 15°; Escorpio 26° a 27°; Acuario 8° a 9°. **S**: 06:40h-07:00h. Tarot: 6Cn. Tríada de la Conservación.

Vocalización: Abulafia: Nu/La/Ja; Moshé Cordovero: Nalaj; Agrippa: Nelcha-el.

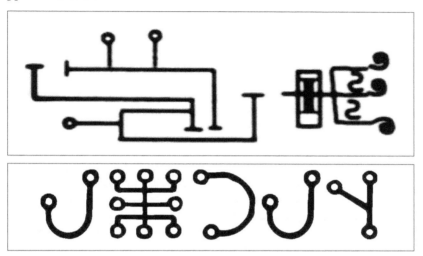

Atributo: El Dios único y exclusivo.

Las personas regidas por este Ángel tendrán la capacidad para alcanzar altos grados de conocimiento y sabiduría enormemente elevados. Esto ocurre porque el estudio de un tema le llevará a la comprensión de todos los relacionados con él. Se va abriendo de esta forma un abanico de sabiduría capaz de abarcar 360 grados. Neljael domina sobre la astronomía, matemáticas, geometría, geografía y las ciencias abstractas. Ejerce influencia sobre sabios y filósofos. Además de amantes por todo lo que signifique estudio, también lo serán de la poesía y literatura en general. Una vez adquiridos los conocimientos, las personas influidas por Neljael se embarcan en la tarea de intentar expresarlos armoniosamente. Al igual que ocurre con todos los Ángeles que aportan sabiduría éste también aportará protección contra la calumnia y los calumniadores, por ser expositores constantes de la verdad, no le faltarán los enemigos de ésta y es, por tanto, que necesitará de protección contra ellos.

Lo que otorga:

- Destruye el poder de los malos espíritus.
- Liberación de situación opresiva.
- Favorece el aprendizaje de las matemáticas y ciencias abstractas.
- Sumisión a las reglas y a las leyes.
- Preserva de la ignorancia, de los prejuicios y de los errores.
- Erradicar las plagas de cualquier índole.
- Nos permite conectar con un segundo aliento para alcanzar las metas y aguantar hasta el final. Para cuando tenemos ganas de abandonar y necesitamos el último empujón.
- Aporta la lucidez para saber cómo encaminarse para no perder tiempo.

Aprendizaje: Instruir al mundo en materia de reglas y leyes.

SALMO PARA INVOCARLO

Para invocar su fuerza y poder, primero reza el salmo o salmos elegidos, después cantila su nombre y por último realiza la petición concreta que quieres hacerle.

"Y yo en ti confié Eterno, dije Dios mío eres tú".

"Ego autem in te speravi, Domine, dixi: Deus meus es tu, in manibus tuis sortes meae".

"וַאֲנִי, עָלֶיךָ בָטַחְתִּי יְהוָה; אָמַרְתִּי, אֱלֹהַי אָתָּה", Salmo 31, versículo 15 (30, vs. 15)

"Vaanialeja vatajti Adonai amarti elohai atah".

Oración

Oh Neljael, ayúdame a mantenerme alegre y fuerte, incluso cuando las cosas adoptan su peor cara, dame la capacidad para alcanzar altos grados de conocimiento y sabiduría, así en la astronomía, las matemáticas, la geometría, la geografía y las ciencias abstractas, hazme amante del estudio, la poesía y la literatura, protégeme de la calumnia y de los calumniadores, destruye el poder de los malos espíritus en mi vida, libérame de situaciones opresivas, concédeme sumisión a las reglas y a las leyes, presérvame de la ignorancia, de los juicios y de los errores y protégeme de cualquier plaga.

22 Ieiai-el

Ángel n.º 22, ייאל, Ieiaiel. V. n., 61. Las tres letras iod (יײ) evocan los tres vértices de un triángulo, que representarían las tres fuerzas básicas: la expansiva, la aglutinante y la equilibradora. Estas tres fuerzas se encuentran representadas por los tres colores primarios, respectivamente el rojo, el azul y el amarillo. Como estos colores son los de las tres esferas de la tríada de la Ética (**Gevurah**, **Jesed** y **Tiferet**) en el nivel de **Briah** o **Mundo de la Creación**, sería de esperar que la guematria confirmase este extremo, y eso es justo lo que sucede. Con valor 61 aparece אני (*aní*), el *yo*, que, como sabemos, aparece en la tríada mencionada, y הנאה (*hanaah*), *embellecer*, acción que corresponde precisamente a la sexta sefirá, **Tiferet**, en la que aparece el Yo. Por tanto, Ieiaiel sería el encargado de asistir a la Creación de la Individualidad, y operaría fundamentalmente en torno a las tres esferas mencionadas. Al ser la guematria la misma que la del Ángel n.º 65, comparte con éste muchas de sus características. El v.n. de este Nombre de Dios es 30, igual al de la letra *lamed* que posee el mismo valor y entre cuyos significados se halla *movimiento, corazón, látigo* que es el efecto que la energía de este Nombre produce, un *movimiento que como un látigo actúa sobre el corazón* ya que la sístole y la diástole pueden alterarse en arritmia cardiaca cuando desde lo alto (la *lamed* supera el renglón de escritura, por lo que todo lo que la contiene proviene del Cielo) nos llega la energía para construcción de la individualidad del Yo y que este encuentre su identidad o *ipsidad*, como decía Ortega y Gasset. Regencias: **K**: Cáncer 15º a 20º. **M**: Aries 21º a 22º; Cáncer 3º a 4º; Virgo 15º a 16º; Escorpio 27º a 28º; Acuario 9º a 10º. **S**: 07:00h-07:20h. Tarot: 6Cd. Tríada de la Ética.

Vocalización: Abulafia: Yo/Yo/Yo; Moshé Cordovero: Yeyai; Agrippa: Jeii-el.

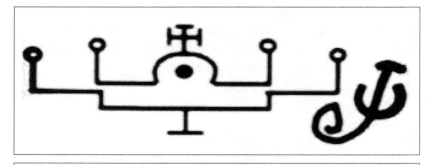

Atributo: La derecha de Dios.

Todo en estas personas apunta al éxito, a ese renombre, al liderazgo, a la fama. Son personas que tienden a centrarse en un determinado tema hasta dominarlo por completo. Aquí se tiene el riesgo de que se produzca un desequilibrio, saber todo de algo sin saber absolutamente nada del resto, llevaría a una existencia desequilibrada. También son personas capacitadas para la diplomacia y el comercio, la política, el arte y la ciencia, no como grandes científicos, sino como líderes comunicadores de esa rama. El comercio no sólo debe entenderse en su aspecto económico, también puede enfocarse como que son buenos intercambiadores de ideas, esto les hace ser productivos, tanto en lo económico como en el segundo caso en ser personas de ideas que evolucionan.

Lo que otorga:

- Otorga fortuna y renombre.

- Protege contra los naufragios, en sentido literal o figurado.

- Ayuda a los comerciantes a mantenerse en sus comercios.

- Favorece el altruismo y la filantropía.

- Protege contra aquellos que pretenden despojarnos de nuestros legítimos tesoros.

- Detener la atracción fatal de cualquier negatividad en nuestra vida. Limpiar de cualquier impureza tu alma de la vida presente o de vidas anteriores, es como un disolvente de las "manchas espirituales" adheridas al alma (Contiene las mismas tres iods que las iniciales de las dos primeras palabras y la última o penúltima que el *Birkat ha-cohanim*).

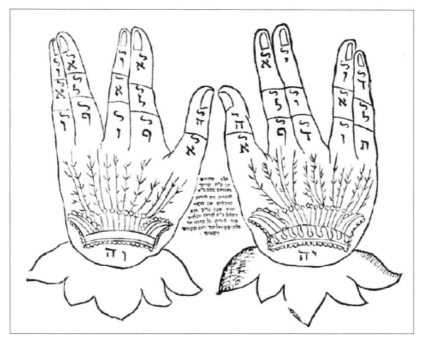

Figura 13. Imagen del Birkat ha-cohanim o bendición de los sacerdotes que recoge la posición de las manos de la oración.

Aprendizaje: Vencer el narcisismo.

SALMO PARA INVOCARLO

Para invocar su fuerza y poder, primero reza el salmo o salmos elegidos, después cantila su nombre y por último realiza la petición concreta que quieres hacerle.

"El Eterno es tu cuidador, el Eterno es tu sombra sobre tu mano derecha".

"Dominus custodit te: Dominus protectio tua super manum dexteram tuam".

"יְהוָה שֹׁמְרֶךָ; יְהוָה צִלְּךָ, עַל-יַד יְמִינֶךָ", Salmo 121, versículo 5 (120, vs. 5)

"Adonai shomereja Adonai tzileja al-iad iemineja".

Oración

Oh Ieiaiel, concédeme éxito, fortuna y renombre, protégeme contra los naufragios, reales o figurados, ayúdame a mantener mis negocios a flote, favorece en mí el altruismo y la filantropía, protégeme de aquellos que me quieren despojar de mis legítimos tesoros, resguárdame del narcisismo y protégeme de la gente negativa y destructiva.

23 Melah-el

Ángel n.º 23, מלהאל, Melahel. V. n., 106. Las tres letras raíces del nombre forman la palabra מהל, que leída *mahal* significa a la vez *mezclar* y *circuncidar*, y leída *mohal*, *savia* o *zumo*. La guematria, coincidente con la del Ángel n.º 45, proporciona las palabras בדק (*bedek*), con los significados de *grieta* o *fractura*, y de *arreglo* o *corrección*; דבק (*debek*), *pegamento*, y también con los significados de *soldadura* o *ligadura*, así como *matrimonio*; y מגלגל (*megulgal*), *reencarnación*. ¿No será Melahel el encargado de ayudarnos a reparar los desperfectos que vamos originando con nuestras torpezas a lo largo de la vida, y a crear las condiciones para una reencarnación futura un poco más amorosa e inteligente? No olvidemos que, en el judaísmo, la circuncisión tiene el carácter de renovación del pacto de **Abraham** con Dios, lo que equivale a renovar el propósito de cumplir el *tikún*. Melahel puede ser en esto un buen ayudante. El v.n. 75 del Nombre de Dios posee el mismo que el de la palabra כהן (*cohen, sacerdote*) y que la voz מלה (*milá, circuncisión* como en *Brit Milá*) en perfecta consonancia con el significado del nombre del Ángel. Regencias: **K**: Cáncer 20º a 25º. **M**: Aries 22º a 23º; Cáncer 4º a 5º; Virgo 16º a 17º; Escorpio 28º a 29º; Acuario 10º a 11º. **S**: 07:20h-07:40h. Tarot: 7Cn. Tríada de la Inserción en el Mundo.

Vocalización: Abulafia: Me/La/He; Moshé Cordovero: Melah; Agrippa: Melah-el.

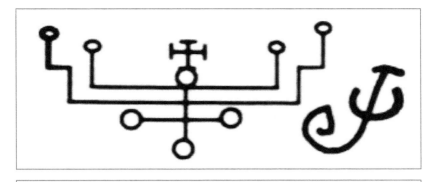

Atributo: El Dios que libra de todo mal.

A este Ángel se le invoca para pedir protección contra las armas y los robos. De este modo, será especialmente útil para personas cuyos trabajos sean de mucho riesgo, como los policías o militares. Nos ayudará a mantener nuestra casa protegida de los ladrones o nos protegerá en nuestros viajes para que no nos asalten los malhechores. Lo primero que aporta esta esencia es el conocimiento de las hierbas medicinales. Esa aptitud proporciona al individuo: un deseo intenso de curar, localización de esas plantas, aplicarlas a la curación, difundir esa ciencia. Pueden dedicarse a una, varias o todas las actividades mencionadas anteriormente, eso va según los escenarios astrológicos que ocupe el Ángel en el individuo. De Melahel son los grandes curanderos. También protege contra las armas y viajar con seguridad, porque la persona nacida bajo esta influencia será atrevida y amiga de expediciones. Domina también sobre el agua y las producciones de la tierra (plantas curativas). Conviene meditar que el agua en esoterismo tiene un significado más amplio, hablamos de sentimientos, es posible que estas personas no sólo desean curar, sino que lo hacen siempre desde lo que es verter amor. Curan porque desean hacerlo. Se distinguen por acciones honorables.

Lo que otorga:

- Protege contra las armas de fuego, contra los posibles atentados.
- Curación a través de las plantas medicinales.
- Fecundidad en los campos, propiciando la lluvia.
- Osadía para emprender operaciones arriesgadas.
- Protege contra contagios, infecciones y enfermedades.
- Compartir la sabiduría para de ese modo compartir la luz.
- Separa el bien del mal.

Aprendizaje: Comprensión de las Leyes Divinas.

SALMO PARA INVOCARLO

Para invocar su fuerza y poder, primero reza el salmo o salmos elegidos, después cantila su nombre y por último realiza la petición concreta que quieres hacerle.

"El Eterno guardará tu salida y tu entrada, desde ahora y para siempre".

"Dominus custodiat introitum tuum et exitum et ex hoc nunc et usque in saeculum."

"יְהוָה, יִשְׁמָר-צֵאתְךָ וּבוֹאֶךָ-- מֵעַתָּה, וְעַד-עוֹלָם", Salmo 121, versículo 8 (120, vs. 8)

"Adonai ishmor-tzetja uvoeja meatah vead-olam".

Oración

Oh Melahel, ayúdame a reparar los desperfectos que voy originando con mis torpezas a lo largo de la vida, protégeme de las armas y de los robos, apórtame el conocimiento de las plantas medicinales, así como un intenso deseo de curar a través de ellas, concédeme fecundidad en los campos a través de la lluvia, otórgame osadía para emprender acciones arriesgadas, resguárdame de contagios, infecciones y enfermedades y concédeme la luz para que ilumine la oscuridad.

24 Jahu-iah

Ángel n.º 24, חהויה, Jahuiah. V. n., 34. El nombre de este Ángel contiene las letras del Tetragrama יהוה, aunque en otro orden. Contiene también la letra jeth (ח), con la que se inicia el nombre. Como la inicial significa *vida* y *camino espiritual*, es claro que este Ángel nos indica una vía hacia Dios, que sin embargo permanece oculto, salvo para los que sepan leer el sentido profundo de su mensaje. La guematria nos lleva a varios conceptos que confirman lo anterior. El primero de ellos es אב אל (*el ab*), **Dios Padre**. Junto a él aparece con el mismo valor דל (*dal*), la puerta a través de la cual llegamos a él, pero para lo cual hará falta לבב (*lebab*), que significa a la vez *corazón*, *inteligencia* y *deseo*, y כוח (*kóaj*), *vigor*, *fuerza*. El v.n. de este Nombre de Dios es 19. Regencias: **K**: Cáncer 25º a 30º. **M**: Aries 23º a 24º; Cáncer 5º a 6º; Virgo 17º a 18º; Escorpio 29º a 30º; Acuario 11º a 12º. S: 07:40h-08:00h. Tarot: 7Cd. Tríada de la Inserción en el Mundo.

Vocalización: Abulafia: Je/He/Va; Moshé Cordovero: Jahú; Agrippa: Hahvi-jah.

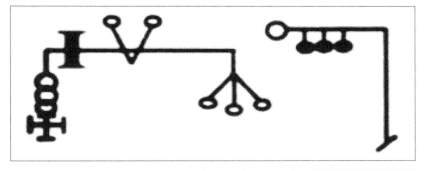

Atributo: Dios en su propia bondad.

A este Ángel se le invoca para implorar la misericordia de Dios. Lo que significa que nos ayudará en los momentos más difíciles de nuestra vida. Resulta especialmente útil en aquellos momentos en los que sintamos que todo está perdido, que la desgracia va a acabar con nosotros, que el dolor es insoportable. Es el amigo de los desvalidos y los marginados. Gracia y misericordia de Dios. Los influenciados por este Ángel pueden verse liberados gracias a esta misericordia. Obtendrán el perdón inmediato cuando sus malas acciones han sido involuntarias. Puede decirse que protege a los exiliados, prisioneros y rebeldes. Protege de la justicia de los hombres, de la venganza. Preserva de ladrones y asesinos. Ángel adecuado a personas que por un motivo u otro se ven obligadas a huir. Esta huida también puede interpretarse como huida de sí mismo, de su destino, obligaciones, etc. Las personas nacidas bajo esta influencia amarán la verdad y las ciencias exactas. Son sinceras en palabras y acciones.

Lo que otorga:

- Los exiliados y los prisioneros fugitivos obtienen la gracia de Dios.

- Los que llevan sobre sí crímenes secretos no tendrán que comparecer ante la justicia de los hombres, sino ante la justicia divina.

- Protege de los animales malignos.

- Preserva de los ladrones y asesinos.

- Preserva de la tentación de vivir por medios ilícitos.

- Preserva contra los celos.

- Protege para no caer en un cortocircuito, de esta manera nos volvemos armoniosos tanto arriba como abajo.

Aprendizaje: Reconocer en el enemigo la faz del hermano.

SALMO PARA INVOCARLO

Para invocar su fuerza y poder, primero reza el salmo o salmos elegidos, después cantila su nombre y por último realiza la petición concreta que quieres hacerle.

"He aquí el ojo del Eterno sobre los que le temen, sobre los que esperan su misericordia".

"Ecce oculi Domini super metuentes eum, et in eis qui sperant super misericordia eius".

"הִנֵּה עֵין יְהוָה, אֶל-יְרֵאָיו ; לַמְיַחֲלִים לְחַסְדּוֹ", Salmo 33, versículo 18 (32, vs. 18)[61]

"Hineh in Adonai el-iereav lamiajalim lejasdo".

Oración

Oh Jahuiah, otórgame la misericordia de Dios, especialmente en los momentos en los que estoy perdido, que la desgracia va a acabar conmigo y que el dolor es insoportable, concédeme que si he cometido un crimen no deba comparecer ante la justicia de los hombres, sino sólo ante la justicia divina, protégeme de los animales malignos, presérvame de los ladrones y asesinos, cuídame de la tentación de vivir por medios ilícitos y resguárdame de los celos.

25 NithHa-iah

Ángel n.º 25, נתהיה, NithHaiah. V. n., 470. Las letras que forman el nombre de este Ángel pueden leerse *percepción* (נ) *de la materia* (ת) *como espíritu* (ה) *de Dios* (יה). La guematria, por su parte, nos habla de נוה הקדש (*neveh ha-kodesh*), la **Tierra Prometida**, y de בלב ונפש (*be-leb va-nefesh*), *en cuerpo y alma*. Nos confirma la idea judaica de que el mundo físico es una buena cosa. El v.n. de este Nombre de Dios es 455. Regencias: **K**: Leo 0° a 5°. **M**: Aries 24° a 25°; Cáncer 6° a 7°; Virgo 18° a 19°; Sagitario 0° a 1°; Acuario 12° a 13°. **S**: 08:00h-08:20h. Tarot: 8Bn. Tríada de la Intuición.

Vocalización: Abulafia: Nu/Ta/He; Moshé Cordovero: Neta; Agrippa: Nitha-jah.

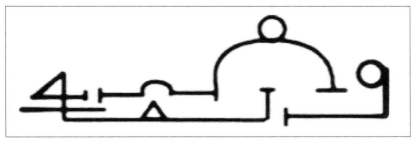

---

61   Véase Kircher, Athanasius (1653): *Oedipi Aegyptaci*, Roma, Typographia Vitalis Mascardi, p. 277 ofrece el Salmo 35: 5 como el correspondiente a este Ángel, pero otras fuentes como p. ej. Calvo, Boj (2007): *Cábala. Claves para descubrir los enigmas de los textos sagrados*, Madrid, Editorial LIBSA, p. 237 citan el salmo 33: 18.

Atributo: Dios, que confiere sabiduría.

La persona influenciada por este Ángel podrá acceder a esa sabiduría que permite contemplar y conocer los misterios ocultos. En ellos se puede encontrar la ciencia del universo. Dependiendo de los grados de presencia del Ángel en la carta del individuo, éste podrá ir desde ser una persona que porta ese germen de sabiduría, que sabe exponerlo para que la sociedad lo aproveche hasta ser un individuo angelical. NithHaiah actúa durante el sueño, haciendo sus revelaciones durante el mismo. Influencia a hombres sabios, amantes de la paz y que buscan la soledad, la verdad y practican la magia de los sabios, aquella que permite acelerar los procesos naturales.

Lo que otorga:

- Sabiduría y el descubrimiento de los misterios ocultos.
- Revelaciones en sueños, sueños premonitorios.
- Operaciones mágicas, exorcismos y desembrujamientos.
- Contemplación de Dios.
- Protege contra los magos negros, brujas y demonios.
- Propicia decir lo que piensas sin riesgos.
- Genera continuidad en la felicidad, el placer, proyectos, etc. ya que se conecta con el alma y en ella se mantienen los placeres.

Aprendizaje: Buen uso del poder espiritual.

SALMO PARA INVOCARLO

Para invocar su fuerza y poder, primero reza el salmo o salmos elegidos, después cantila su nombre y por último realiza la petición concreta que quieres hacerle.

"Te alabaré Eterno con todo mi corazón, contaré toda tu maravilla".

"Confitebor tibi, Domine, in toto corde meo; narrabo omnia mirabilia tua".

"אוֹדֶה יְהוָה, בְּכָל-לִבִּי; אֲסַפְּרָה, כָּל-נִפְלְאוֹתֶיךָ", Salmo 9, versículo 2 (9, vs. 2)

"Odeh Adonai bekol-libi asaperah kol-nifleoteja".

Oración

Oh NithHaiah, ayúdame a percibir la materia como espíritu de Dios, permíteme acceder a la sabiduría que ayuda a contemplar y conocer los misterios ocultos, hazme amante de la paz, concédeme revelaciones en sueños, otórgame la contemplación de Dios, protégeme de los magos negros, brujas y demonios, concédeme habilidad en las artes mágicas, exorcismos y desembrujamientos y contribuye a que diga siempre lo que pienso.

26 Haa-iah

Ángel n.º 26, האאיה, Haaiah. V. n., 22. Dos letras alef juntas (אא) evocan a una yunta de bueyes, y por tanto un trabajo que se hace en el campo, bien tirar de un arado, o bien arrastrar una carreta. La he inicial sería entonces el boyero, por lo que el Ángel sería el *Boyero de Dios*. ¿No se estará refiriendo a *Arcturus*, la estrella de la constelación del *Boyero*? La guematria parece confirmarlo, pues con valor 22 aparece יחד (*iajad*), *juntos, al unísono*, tal como van los bueyes unidos por el yugo. En realidad, el número 22 proporciona todo un catálogo de palabras relacionadas con la asociación, con la unión: זוג, que leída *zavug* significa *atado, apareado*, y *zivug, casamiento, cópula* y también *pareja*; חח (*joáj*), que además de *zarza* o *espino* (¡ciertamente podemos quedarnos enganchados en él!) significa también *corchete* o *gancho*; y la primera de las palabras citadas, que con la pronunciación *yijed* tiene el significado de *unificar, unir*. Por otra parte observamos que 22 son las letras del alefato hebreo, y que también este número es el valor de אגוזה (*agozah*), *nogal*, árbol que por sus frutos se ha asociado desde antiguo a la cábala, ya que, una vez despojada la nuez de su cáscara, aparece con una forma que recuerda poderosamente a los dos hemisferios cerebrales. ¡Esta es, precisamente, la tarea de Haaiah, ayudar al funcionamiento unificado de ambos hemisferios cerebrales! Completa la información el número del Ángel, 26, que, como sabemos es el del Tetragrama יהוה. El v.n. de este Nombre de Dios האא es 7, el mismo que el de la letra *zayin*, cuyo significado *espada, saeta, centro*, ya que efectivamente la apertura ה al doble infinito אא es como la saeta clavada en el centro de la diana (¡Hemos acertado¡), pues nuestro tránsito de lo finito a lo infinito doble אא implica una apertura que de no darse nos impediría la correcta función unificada de ambos hemisferios cerebrales y que la coordinación de Binah y Jokmah no pudieran dar lugar a Daat, el conocimiento interior, sin el cual superar nuestra finitud para alcanzar el infinito no es posible. Regencias: **K**: Leo 5º a 10º. **M**: Aries 25º a 26º; Cáncer 7º a 8º; Virgo 19º a 20º; Sagitario 1º a 2º; Acuario 13º a 14º. **S**: 08:20h-08:40h. Tarot: 8Bd. Tríada de la Intuición.

Vocalización: Abulafia: He/A/A; Moshé Cordovero: Haia; Agrippa: Haa-jah.

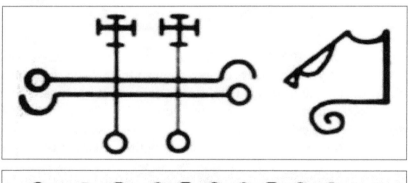

Atributo: Dios secreto.

A este Ángel se le invoca para ganar juicios y causas pendientes. Y también ofrece su ayuda a gente que trabaje con la información. De este modo permite sacar a la luz la verdad y que la información no sea engañosa. Ideal para políticos, periodistas, jueces, profesores, padres que quieren saber sobre sus hijos, detectives, adivinos. Es el Ángel de los grandes conductores de la sociedad. Estos serán los auténticos políticos que actuarán por el orden y la justicia. Su idea política va acorde con sus sentimientos y pensamiento verdadero. Dependiendo de la presencia del Ángel en su carta natal encontraremos en esa persona a aquella que va desde la mera vocación política hasta el político de grandes actuaciones en las que éstas van siempre marcadas de justicia y honestidad. Haaiah proporciona el descubrimiento de lo divino y la verdad mediante el razonamiento. Estos individuos buscarán siempre un sistema que sea reflejo de esos descubrimientos.

Lo que otorga:

- Ganar un proceso legal.

- Protección en la búsqueda de la verdad.

- Contemplación de las cosas divinas.

- Éxito en la política y la diplomacia.

- Protege contra las conspiraciones y traiciones.

- Establecer orden a partir del caos.

- Nos transforma en antena parabólica para captar la energía cósmica (meditar en el siguiente orden Nombres de Dios 41, 36, 62 y 26).

Aprendizaje: Aportar equilibrio y armonía en tiempo de conflictos.

SALMO PARA INVOCARLO

Para invocar su fuerza y poder, primero reza el salmo o salmos elegidos, después cantila su nombre y por último realiza la petición concreta que quieres hacerle.

"Llamé con todo mi corazón brumoso Eterno, legítimo tu mandato".

"Clamavi in toto corde meo: exaudi me, Domine; justificationes tuas requiram".

"קָרָאתִי בְכָל-לֵב, עֲנֵנִי יְהוָה; חֻקֶּיךָ אֶצֹּרָה", Salmo 119, versículo 145 (118, vs. 145).

"Karati vekol-lev aneni Adonai jukeja etzorah".

Oración

Oh Haaiah, ayúdame a que mis hemisferios cerebrales funcionen unificadamente, contribuye a que gane los procesos legales en los que me vea envuelto, protégeme en la búsqueda de la verdad, concédeme la contemplación de las cosas divinas, dame éxito en la política y en la diplomacia, resguárdame de las conspiraciones y las traiciones y permíteme establecer el orden a partir del caos.

27 Ierath-el

Ángel n.º 27, ירתאל, Ierathel. V. n., 641. Tras el Ángel de valor numérico más bajo, sigue el del más alto, que apenas si aporta la palabra מאשש (*meushash*), *firme, consolidado*. Si, por otra parte, tenemos en cuenta que en el nombre del Ángel se esconde תר (*tar*), *explorar, investigar*, pero también *espiar*, reconoceremos que su misión es similar a la de los exploradores que **Moisés** envió al llegar frente a la tierra de **Canaán**, tras los 40 años de travesía del desierto. En otras palabras, se trataría de la exploración de los contenidos del Árbol y su consolidación, es decir, su puesta *negro sobre blanco* para hacerlos comprensibles y asimilables por el Yo. El v.n. de este Nombre de Dios es 610. Regencias: **K**: Leo 10º a 15º. **M**: Aries 26º a 27º; Cáncer 8º a 9º; Virgo 20º a 21º; Sagitario 2º a 3º; Acuario 14º a 15º. **S**: 08:40h-09:00h. Tarot: 9Bn. Tríada de la Lógica.

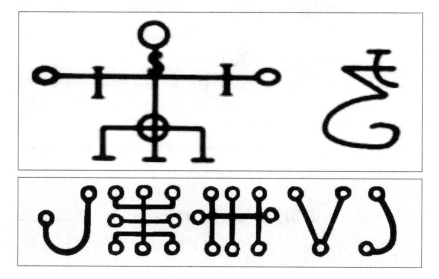

Vocalización: Abulafia: Yo/Re/Ta; Moshé Cordovero: Irat; Agrippa: Jerath-el.

Atributo: Dios, que castiga a los malos.

Este Ángel sirve para confundir a los malvados y calumniadores y librarse así de los enemigos. Aunque pueda entenderse literalmente también podemos aplicar un sentido en el que estos enemigos son las tendencias a hacer las cosas de forma contraria al orden natural. También protege contra las personas que atacan y provocan injustamente. Es posible que como casi todos los que aportan luz y conocimiento, encuentren siempre enemigos ante los cuales el Ángel actúa con determinación, claro está, siempre que se aprovechen sus esencias. Los influidos por él suelen ser personas amantes de la justicia, la paz, la ciencia y las artes. Se distinguirán en la literatura. Ellos intentarán mostrar esa paz y justicia mediante sus escritos.

Lo que otorga:

- Confunde a los malvados y enemigos.

- Protege contra los ataques injustos.

- Misión propagadora de la luz y la libertad.

- Vivir en paz, entre hombres sabios.

- Ayuda para no caer bajo ninguna dependencia.

- Capacidad para elegir la luz del Creador.

- Está ligado con la צדקה (*tzedaká, caridad*)[62] que es la que aleja la muerte de la armonía.

Aprendizaje: Vencer la esclavitud de los vicios.

SALMO PARA INVOCARLO

Para invocar su fuerza y poder, primero reza el salmo o salmos elegidos, después cantila su nombre y por último realiza la petición concreta que quieres hacerle.

---

[62] La צדקה (*tzedaká, caridad*) es la que une Yesod y los צדיק (*tzadik, santo*) con Maljut, צדק (*tzedek, justo*) a través de sendero 21, por lo que mientras no exista comunicación entre ambas esferas no es posible que la צדקה (*tzedaká, caridad*) se exprese y tenga efecto en nuestro mundo.

"Líbrame Eterno del hombre malo, presérvame de saqueadores con violencia".

"Eripe me, Domine, ab homine malo; a viro inicuo eripe me".

"חַלְּצֵנִי יְהוָה, מֵאָדָם רָע; מֵאִישׁ חֲמָסִים תִּנְצְרֵנִי", Salmo 140, versículo 2 (139, vs. 1)

"Jaletzni Adonai meadam ra meish jamasim tintzereni".

Oración

Oh Ierathel, protégeme contra los difamadores y malvados, confúndelos y líbrame de ellos. Hazme amante de la justicia, la paz, las ciencias y las artes. Permíteme ahondar en los contenidos del Árbol de la Vida, para que sepa ver mi sombra y mi luz y esté protegido de mí mismo y de hacer las cosas de forma contraria al orden natural. Ayúdame a creer en mí mismo y a emplear la determinación para que pueda ser completamente libre de cualquier limitación.

28 Seeh-iah

Ángel n.º 28, שאהיה. Seehiah. V. n., 321. La guematria proporciona שבים (*shabit*), *cometa*. Cada vez cobra más fuerza la hipótesis científica de los cometas como sembradores de vida en los diferentes mundos planetarios. Y, como en el nombre del Ángel aparece אש (*esh*), *fuego*, convendremos en que el significado del nombre de este Ángel es ***El fuego que siembra la vida***. El v.n. de este Nombre de Dios es 306. Regencias: **K**: Leo 15º a 20º. **M**: 28º; Cáncer 9º a 10º; Virgo 21º a 22º; Sagitario 3º a 4º; Acuario 15º a 16º. **S**: 09:00h-09:20h. Tarot: 9Bd. Tríada del Impulso.

Vocalización: Abulafia: Shi/A/He; Moshé Cordovero: ShAH; Agrippa: See-jah.

Atributo: Dios, tú que sanas a los enfermos.

Este Ángel otorga longevidad lo que permitirá una vida larga disfrutando de la vejez en condiciones buenas. Seheiah es por otro lado el Ángel sanador por excelencia y los individuos fuertemente influenciados por él serán los grandes sanadores. Tienen que poner especial cuidado en no dejarse dominar por tendencias contrarias, pues el resultado de esta esencia entrando al revés convierte a esos individuos en ejemplo de destrucción propia y ajena. Los nacidos bajo esa influencia serán juiciosos y prudentes. Su juicio vendrá por una inspiración aportada por Seheiah.

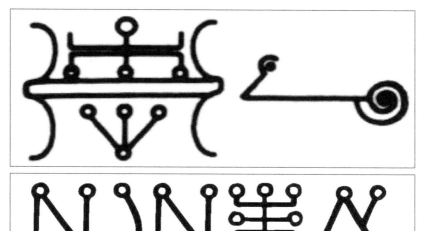

Lo que otorga:

- Protege contra los incendios y ruinas de los edificios.

- Protege contra las caídas, los accidentes, las catástrofes.

- Longevidad.

- Aporta prudencia y buen juicio.

- Protege contra los rigores del propio destino.

- Ayuda a encontrar el alma gemela, al que está buscando su pareja que no la tiene.

Aprendizaje: Tomar conciencia de los errores.

SALMO PARA INVOCARLO

Para invocar su fuerza y poder, primero reza el salmo o salmos elegidos, después cantila su nombre y por último realiza la petición concreta que quieres hacerle.

"Dios no te alejes de mí, Dios mío apresúrate en ayudarme".

"Deus, ne elongeris a me; Deus meus, in auxilium meum respice".

"אֱלֹהִים, אַל-תִּרְחַק מִמֶּנִּי; אֱלֹהַי, לְעֶזְרָתִי חוּשָׁה", Salmo 71, versículo 12 (70, vs. 12)

"Elohim al-tirjak mimeni elohai leezrati jishah".

Oración

Oh Seehiah, concédeme longevidad para que pueda disfrutar de una larga vida en condiciones buenas, dame el don de la sanación, protégeme contra los incendios y las ruinas de los edificios, resguárdame de las caídas, los accidentes y las catástrofes y contra los rigores de mi propio destino, apórtame prudencia y buen juicio y ayúdame a encontrar mi alma gemela.

29 Reii-el

Ángel n.º 29, רייאל, Reiiel. V. n., 251. ¿Qué hay más natural que, tras la siembra de vida, aparezca el *protoplasma*, אבחמר (*abjomer*, con la misma guematria que el Ángel)? Como Reiiel contiene dos Nombres de Dios, יי y אל, asociados respectivamente a la 2.ª y 4.ª sefirot, unidas por el sendero 5, además de la letra resh (ר), que tiene el significado de *viento* o *soplo*, descubrimos que el significado de este Ángel es el **aliento de Dios en el protoplasma**, en el interior de cada una de las células. El v.n. de este Nombre de Dios es 220. Regencias: **K**: Leo 20º a 25º. **M**: Aries 28º a 29º; Cáncer 10º a 11º; Virgo 22º a 23º; Sagitario 4º a 5º; Acuario 16º a 17º. **S**: 09:20h-09:40h. Tarot: 10Bn. Tríada de la Inserción en el Mundo.

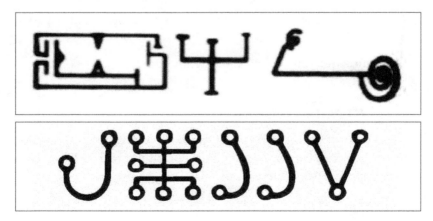

Vocalización: Abulafia: Re/Yo/Yo; Moshé Cordovero: Reyi; Agrippa: Reii-el.

Atributo: El Dios caritativo.

La esencia de este Ángel impulsa a las alturas, a una conciencia sobre la trascendencia personal y así liberar de un encadenamiento a lo material. Contemplada esa realidad trascendente, la vida de estas personas ya no será igual. Libera a su vez de sentimientos de integración local tales como razas, banderas, pueblos o países para integrarlos universalmente. Reiiel aporta también sentimientos religiosos, filosofía divina y meditación. Los influenciados por este Ángel intentarán propagar la verdad. La meditación será para ellos una herramienta útil para aliviar momentos de crisis o angustia.

Lo que otorga:

- Liberación de los enemigos.

- Liberación de embrujos y mal de ojo.

- Inspiración para las plegarias y discursos.

- Celo en la propagación de la verdad.

- Protege contra el fanatismo y la hipocresía.

- Liberación y erradicar el odio en nuestro corazón.

Aprendizaje: Vencer el fanatismo.

SALMO PARA INVOCARLO

Para invocar su fuerza y poder, primero reza el salmo o salmos elegidos, después cantila su nombre y por último realiza la petición concreta que quieres hacerle.

"Sea Dios mi auxiliador, Señor en apoyo mío y de mi alma".

"Ecce enim, Deus adjuvat me, et Dominus susceptor est animae meae".

"הִנֵּה אֱלֹהִים, עֹזֵר לִי; יְהוָה, בְּסֹמְכֵי נַפְשִׁי", Salmo 54, versículo 6 (53, vs. 7)

"Hineh Elohim ozer li Adonai besomeje nafshi".

Oración

Oh Reiiel, libérame de los enemigos, de los embrujos y del mal de ojo, concédeme inspiración para las plegarias y discursos, dame celo en la propagación de la verdad, protégeme contra el fanatismo y la hipocresía y libérame del odio y ayúdame a meditar, especialmente en los momentos de crisis o angustia y permíteme descubrir el aliento de Dios en el interior de todas mis células.

30 Oma-el

Ángel n.º 30, וּמָאֵל, Omael. V. n., 78. La guematria es la misma que la de los Ángeles 13 y 14, por lo que nos remitimos a ellos para este aspecto. Añadiremos la misma observación que sobre las dos letras alef juntas hacíamos en el número 26, y la completaremos con la palabra contenida en el nombre del Ángel, אֵם (*em*), *madre*, acompañada de su hijo (la letra vav, ו). Tal como veíamos en los Ángeles mencionados, había una pareja de bueyes, que en este caso simbolizan a la madre con el hijo, presente en las iconografías de tantas tradiciones espirituales, desde la *Isis* egipcia hasta la **Virgen María**, pasando por la **Laksmi** hindú, y se nos advierte del doble aspecto de esta madre, que puede ser tanto benéfica y misericordiosa como terrible y devoradora. Pero en este caso, no lo es por capricho, sino para restaurar el orden perturbado por la enfermedad. El Nombre, por tanto, aludiría a **La Madre Divina benéfica y sanadora**. Regencias: **K**: Leo 25º a 30º. **M**: Aries 29º a 30º; Cáncer 11º a 12º; Virgo 23º a 24º; Sagitario 5º a 6º; Acuario 17º a 18º. **S**: 09:40h-10:00h. Tarot: 10Bd. Tríada de la Inserción en el Mundo.

Vocalización: Abulafia: A/Va/Me; Moshé Cordovero: Avam48; Agrippa: Oma-el.

Atributo: Dios en su paciencia.

Este Ángel da multiplicación, productividad y expansión en todos los aspectos. Al hablar de esto hablamos de descendencia, negocios fructíferos, cosechas o pesca abundantes. También es útil contra penas y desesperación. Aporta paciencia. No sólo los influenciados por él disfrutarán de esta esencia, los que le rodeen también. Los "omaelianos" son como píldoras ambulantes de la felicidad. Influencia también sobre químicos, médicos y cirujanos. La persona nacida bajo esta influencia se distinguirá en anatomía y medicina. Pueden ser descubridores de medicamentos.

Lo que otorga:

- Paciencia en los avatares y miserias de la vida.

- Fecundidad en las parejas y normalidad en los partos.

- La venida al mundo de un alma noble a través de la generación.

- Facilidad para el estudio de anatomía y medicina.

- Protege contra la tentación de oponerse de alguna manera a la propagación de los seres.

- Construir puentes hacia los Mundos Superiores.

- Permite desear más para luego poder dar más a la gente meditándolo en combinación con los Nombres de Dios 30, 34, 55, 13 y 14, siguiendo dicho orden.

Aprendizaje: Ser dador de vida.

SALMO PARA INVOCARLO

Para invocar su fuerza y poder, primero reza el salmo o salmos elegidos, después cantila su nombre y por último realiza la petición concreta que quieres hacerle.

"Porque tú eres mi esperanza Señor Eterno confío en ti desde mi juventud".

"Quoniam tu es patientia mea, Domine; Domine, spes mea a juventute mea".

"כִּי-אַתָּה תִקְוָתִי; אֲדֹנָי יְהוִה, מִבְטַחִי מִנְּעוּרָי", Salmo 71, versículo 5 (70, vs. 5)

"Ki-atah tikvati Adonai Elohim mivtaji mineurai"[63].

Oración

Oh Omael, dame paciencia en los avatares y miserias de la vida, otórgame fecundidad y normalidad en los partos, concédeme liberación en las penas y la desesperación, ayúdame en el estudio de la anatomía y la medicina, protégeme contra la tentación de oponerme de alguna manera a la propagación de los seres y haz que mis plegarias vuelvan a ser oídas cuando me he alejado del Creador.

31 Lekab-el

Ángel n.º 31, לכבאל, Lekabel. V. n., 83. Encontramos en este nombre las palabras כל (*kol*), *todo*, y לב (*leb*), *corazón*, además de la partícula -ב, *en, dentro de*: por tanto, **todo está en el corazón de Dios**. Los latidos de ese corazón llevan la Sangre Divina a todos los rincones del Universo, como *olas*, גלים (*galim*, con valor 83), de Vida y de Amor. El Nombre de Dios לכב contiene en distinto orden la palabra בכל (*bejol, para todo*), por lo que permite pasar del mundo de la carencia al mundo de la abundancia. El v.n. de este Nombre de Dios es 52. Regencias: **K**: Virgo 0° a 5°. **M**: Tauro 0° a 1°; Cáncer 12° a 13°; Virgo 24° a 25°; Sagitario 6° a 7°; Acuario 18° a 19°. **S**: 10:00h-10:20h. Tarot: 2On. Tríada de la Innovación.

Vocalización: Abulafia: La/Ja/Be; Moshé Cordovero: Lekab; Agrippa: Lecab-el.

Atributo: El Dios que ilumina.

---

63   Al figurar la voz אֲדֹנָי (*Adonai* 'Mi Señor') en el texto se ha transliterado el tetragrama יְהוִה como *Elohim*.

A este Ángel se le invoca para recibir inspiración divina. Así pues, cuando nos sintamos perdidos o desorientados, este Ángel nos traerá la luz de Dios para encontrar el camino. También es útil para artistas y personas que trabajan con su creatividad. Lekabel al aportar talento resolutivo potencia de forma tremenda el intelecto. Esto marcará el camino del influenciado ya que la razón siempre tendrá prioridad sobre los sentimientos, sortear situaciones pasionales y con los pies bien puestos en el suelo. Lekabel proporciona una luz que dará las condiciones ideales para el trabajo de sus influenciados. Estos sabrán encontrar soluciones a problemas, aplicar procedimientos útiles. Es así que este talento resolutivo dará lugar a ese director general o ejecutivo brillantes que planificarán perfectamente el futuro de la empresa. Son los más adecuados para poner a flote empresas en crisis. También podemos estar hablando de un militar brillante. Domina sobre la agricultura y la vegetación. Los influidos por Lekabel pueden entender mejor que nadie el momento de cada actuación, plantar, cosechar y recoger, sabrán incluso aplicar esta compresión a cualquier tipo de actividad. A la persona nacida bajo esta influencia le apasionará la astronomía, matemáticas y geometría, es decir, todo lo que son las ciencias exactas.

Lo que otorga:

- Abundantes cosechas.

- Ideas luminosas para resolver los más difíciles problemas.

- Fortuna gracias al talento natural.
- Facilidad para el estudio de matemáticas y geografía.
- Protege contra los usureros y los avaros.
- Ayuda para concluir lo comenzado.
- Pasar del mundo de la carencia al mundo de la abundancia.

Aprendizaje: Ser capaz de comprender los antagonismos.

SALMO PARA INVOCARLO

Para invocar su fuerza y poder, primero reza el salmo o salmos elegidos, después cantila su nombre y por último realiza la petición concreta que quieres hacerle.

"Contaré tus acciones Señor Eterno recordaré tu justicia la tuya solamente".

"Introibo in potentias Domini; Domine, memorabor justitiae tuae solius"[64].

"אָבוֹא--בִּגְבֻרוֹת, אֲדֹנָי יְהוִה; אַזְכִּיר צִדְקָתְךָ לְבַדֶּךָ", Salmo 71, versículo 16 (70, vs. 15-16) No está completo el vs. 15, sólo una parte de él.

"Avo bigvurot Adonai Elohim azkir tzidkateja levaddeja".

Oración

Oh Lekabel, concédeme inspiración divina especialmente cuando he perdido el camino, otórgame abundantes cosechas, ayúdame cuando no encuentro soluciones a mis problemas, dame fortuna a través de mis talentos naturales, ayúdame en el estudio de las matemáticas y la geografía, protégeme de los avaros y los usureros y ayúdame a concluir lo comenzado.

---

64 En este salmo las diferencias entre Kicher, Athanasius (1653): *Oedipi Aegyptaci*, Roma, Typographia Vitalis Mascardi, p 277 y otros autores como Calvo, Boj (2007): *Cábala. Claves para descubrir los enigmas de los textos sagrados*, Madrid, Editorial LIBSA, p. 240 residen en que Kircher no incluye la frase "Quoniam non cognovi litteraturam", mientras Boj Calvo sí. Esta frase pertenece al versículo 15, pero sólo es una parte de dicho versículo.

32 Vasar-iah

Ángel n.º 32, וְשָׂרִיה, Vasariah. V. n., 521. La palabra שַׂר (*shar*), con el significado de *cantar, entonar alabanzas*, ocupa el espacio entre la vav (ו), símbolo del hombre, y el nombre divino de la terminación. Por tanto, es el canto o himno que une al hombre con Dios. El efecto de este himno de alabanza aparece en la guematria, en tres conceptos: אהל העדות (*ohel ha-edut*), el *Arca de la Alianza*; אשכר (*eshkar*), *regalo*; y הבחירה (*eretz ha-bejirah*), *la tierra prometida, Israel*. En efecto, el regalo es la propia *Arca de la Alianza*, la cual, como sabemos por el texto bíblico, habría sido un instrumento que permitía al sumo sacerdote comunicarse con Dios. ¿Tal vez un transmisor con una potente carga eléctrica? En todo caso, peligroso, como nos lo indican las muertes que se produjeron entre el pueblo judío por no adoptar en su manejo las debidas precauciones. Pero, sobre todo, el regalo es también un instrumento práctico, puesto que su ayuda es imprescindible para hacer el camino hacia la tierra prometida, lo que es sin duda un símbolo del cumplimiento del *tikún*, ya que, según la tradición, los judíos muertos en la diáspora resucitarán o reencarnarán cuando se acerque la venida del *Mesías*, concepto que tiene el mismo valor, 556, que *tikún*. Y como la venida del *Mesías* es realmente la realización de un estado de consciencia superior, la misión de Vasariah es cantar el advenimiento de este estado. No parece casual que el número de orden de este Ángel sea precisamente el 32, correspondiente a לב (*leb*), *corazón*, y a los 32 Senderos de la Sabiduría, esto es, al Árbol de la Vida, y por extensión a la propia cábala. Vasariah, pues, nos trae un medio de comunicación con lo Alto y nos facilita las mejores herramientas para el cumplimiento del *tikún*, herramientas que, si no tratamos con el debido cuidado, con sumo respeto, pueden darnos más de un disgusto. El v.n. de este Nombre de Dios es 506. Regencias: **K**: Virgo 5° a 10°. **M**: Tauro 1° a 2°; Cáncer 13° a 14°; Virgo 25° a 26°; Sagitario 7° a 8°; Acuario 19° a 20°. **S**: 10:20h-10:40h. Tarot: 2Od. Tríada de la Mística.

Vocalización: Abulafia: Va/Shi/Re; Moshé Cordovero: Veshar; Agrippa: Vasar-jah.

Atributo: Dios, el justo.

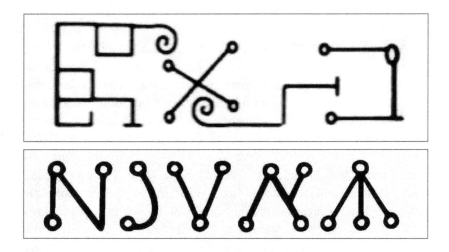

Cuando se habla de justicia clemente se hace referencia al concepto elevado o absoluto de ésta. No existe justicia si el fin u objetivo no es la clemencia. La esencia de este Ángel nos sirve para que seamos en primer lugar justos y clementes con nosotros mismos, con nuestros errores, sólo así podremos serlo también con los demás. Aunque reconozcamos las equivocaciones, pero podemos comprender que hubo una justificación que nos impulsó a equivocarnos. En esta justicia de Vasariah hay mucho de bondad y ésta lleva a una piedad hacia los demás. Incluso cuando en los influenciados por éstos puede aparecer un instinto de venganza, desaparecerá llegado el momento de ejecutarla. Domina sobre la justicia (jurisconsultos, magistrados, abogados), pero sobre todo proporciona nobleza en las personas influenciadas por él. Estos serán personas con un alma noble. También les proporciona memoria y facilidad de palabra, amabilidad, espiritualidad y modestia, todo ello consecuencia directa de tener esa alma noble.

Lo que otorga:

- Protección contra los que nos atacan en justicia.

- Obtener la gracia y el favor de los que ostentan el poder.

- Protege de todo lo relacionado con las leyes, la justicia, etc.

- Feliz memoria y facilidad para expresarse.

- Combate las malas cualidades de cuerpo y de alma.

- Ayuda para no volver a repetir los errores cometidos.

- Tiene el poder de traer el Mashiaj al mundo, ya que conecta la consciencia al Árbol de la Vida y a la época mesiánica.

Aprendizaje: Ser ejemplo de rectitud y de orden.

SALMO PARA INVOCARLO

Para invocar su fuerza y poder, primero reza el salmo o salmos elegidos, después cantila su nombre y por último realiza la petición concreta que quieres hacerle.

"Porque recta es la palabra del Eterno, y toda su obra hecha con certeza".

"Quia rectum est verbum Domini, et opera ejus in fide".

"כִּי־יָשָׁר דְּבַר־יְהוָה; וְכָל־מַעֲשֵׂהוּ, בֶּאֱמוּנָה", Salmo 33, versículo 4 (32, vs. 4)

"Ki-iashar devar-Adonai vekol maasehu beemunah".

Oración

Oh Vasariah, hazme ser justo y clemente conmigo mismo y con los demás, especialmente cuando cometo errores y ayúdame a que el aprendizaje haga mella en mí de tal forma que no se haga necesario que vuelva a pasar por la misma experiencia. Ayúdame a enraizarme en una conciencia superior en la que tenga como meta realizar el propósito del conjunto de mis reencarnaciones en esta vida para que desde tu fuerza puedas bendecirme cuando lo haya alcanzado. Hazme ver que para lograrlo es necesario que practique el camino del corazón y de los 32 caminos de sabiduría del Árbol la Vida de la cábala. Protégeme de los que nos atacan de forma injusta. Dame nobleza si he de evaluar los errores ajenos. Dótame de una fuerte memoria y de claridad para expresarme y que ello me permita obtener la gracia y el favor de los que ostentan el poder.

33 Ieju-iah

Ángel n.º 33, יחויה, Iejuiah. V. n., 39. Sólo una letra, la vav (ו) es diferente de la palabra que representa el grado más elevado alcanzable por el hombre, יחידה (*yejidah*), que significa tanto *alma* como *unidad*, en la que dicha letra es sustituida por la dalet (ד). Con ambas letras diferentes puede formarse la palabra יהדיה, (*du*), *dos*, *doble*, lo que alude al trabajo cabalístico, que tradicionalmente se realizaba por dos estudiantes bajo la supervisión de su maestro; y también es un aspecto recogido en muchos movimientos espirituales: franciscanos (en su primera época), templarios, cátaros..., que operaban siempre por parejas. El número 39, por su parte, proporciona אבול (*ebul*), *pasaje* o *galería secreta*; דלה (*dalah*), *elevar*, y también *redimir*; זבל (*zabal*), *habitar*, y también *unir*; y טל (*tal*), *rocío*. Como el nombre del Ángel contiene, además del divino del final de palabra, otro más, חי (*jai*), **Viviente**, parece claro que en este caso el mensaje es que el hombre que se ha unificado es la expresión de Dios vivo, pues su existencia es, tal como apuntaba *Isaac Luria*, necesaria para que la **Shejiná** sea rescatada, es decir, para que los aspectos masculino y femenino de Dios se unan. El concepto de "galería secreta" indica finalmente que este papel del hombre queda oculto, en la sombra. Y el Ángel sería el encargado de susurrar este mensaje en el oído de quienes permanezcan despiertos. El v.n. de este Nombre de Dios es 24. Regencias: **K**: Virgo 10º a 15º. **M**: Tauro 2º a 3º; Cáncer 14º a 15º; Virgo 26º a 27º; Sagitario 8º a 9º; Acuario 20º a 21º. **S**: 10:40h-11:00h. Tarot: 3On. Tríada de la Ascética.

Vocalización: Abulafia: Yo/Je/Va; Moshé Cordovero: Yujú; Agrippa: Jehu-jah.

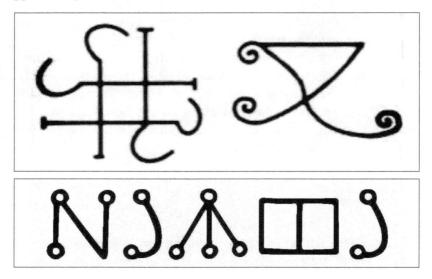

Atributo: Dios, aquel que conoce todas las cosas.

Subordinación quiere decir que este Ángel permite conocer cuál es nuestro sitio y ser fieles a los principios y a aquello que es superior a nosotros. Permite distinguir lo que es superior de lo inferior, Iehuiah proporciona el conocimiento de la jerarquía de valores que hace que sepamos ver qué es lo pequeño y qué lo grande; eso también nos dará a conocer en cada momento cuál es nuestro verdadero lugar sin ansias de escalar sin bases adecuadas. Esta forma de trabajar o vivir hará que la persona influenciada por este Ángel siempre ocupe su puesto con méritos más que sobrados, rechazando siempre las conquistas de forma fácil o sin preparación adecuada. Otra de las cualidades de este Ángel es que siembra en sus influenciados aquel principio de Cristo de "los últimos serán los primeros", esto ocurre porque ellos vendrán desde abajo, pero no de forma inadecuada, en muchas ocasiones será el amor lo que les mueva. Sus influenciados serán aquellos que apoyarán todas las iniciativas desinteresadas, organizaciones humanitarias.

Lo que otorga:

- Destruir los proyectos y maquinaciones de los traidores.
- Protege contra las acechanzas de los malvados.
- Obediencia y fidelidad de los subordinados.
- Cumplimiento de obligaciones.
- Protege contra la tentación de rebelarse y combatir los poderes legítimos.
- Reconocer nuestro lado oscuro. Permite vencer el principio de la maldad en el ser humano (*ietser ha-rá*) para quedarnos sólo con las buenas.

Aprendizaje: Vencer la prueba de la traición.

SALMO PARA INVOCARLO

Para invocar su fuerza y poder, primero reza el salmo o salmos elegidos, después cantila su nombre y por último realiza la petición concreta que quieres hacerle.

"El Eterno conoce los pensamientos del hombre, que son vanidad".

"Dominus scit cogitationes hominum, quoniam vanae sunt".

"יְהוָה--יֹדֵעַ, מַחְשְׁבוֹת אָדָם: כִּי-הֵמָּה הָבֶל", Salmo 94, versículo 11 (93, vs. 11)[65]

"Adonai iodea majshevot Adam kihemah havel".

Oración

Oh Iejuiah, ayúdame a unificarme para que pueda ser la expresión del Dios vivo, permíteme destruir las maquinaciones y proyectos de los traidores, protégeme de las acechanzas de los malvados, otorga obediencia y fidelidad a mis subordinados y dámela a mí cuando yo lo sea, permíteme cumplir con mis obligaciones, concédeme descubrir mi lado oscuro y resguárdame de la tentación de rebelarme y de combatir los poderes legítimos.

34 Lehaj-iah

Ángel n.º 34, לההיה, Lehajiah. V. n., 58. El Padre y el Hijo, la iod (י) y la vav (ו) del Ángel anterior son ahora sustituidas por otras dos letras, que forman la palabra הל (*hel*), *luz*. En las tres letras restantes encontramos nuevamente a Dios vivo (ver número anterior); y la guematria, por su parte, nos lleva a חן (*jen*), *gracia, belleza,* pero también el *notarikón* o anagrama de חכמה נסתרה (*jokmah nistarah*), *sabiduría secreta,* la cábala; y puesto que ésta es ante todo tradición oral, no es de extrañar que con el mismo valor numérico aparezca אזן (*ozen*), *oído*. La Luz de **Dios** vivo nos llega a través del oído, de las palabras, en la sabiduría secreta, dándonos la *protección,* הגן (*hegen*), del *cielo,* גהים (*gahim*), tal como le fue dada a *Noé,* נח (*noaj*), y permitiéndonos *florecer,* נוב (*nob*), palabras todas ellas que, como las anteriores, tienen un valor de 58. Este Ángel comparte valor numérico con el que lleva el número de orden 40, por lo que comparte algunas de sus características. El v.n. de este Nombre de Dios es 43. Regencias: **K**: Virgo 15º a 20º. **M**: Tauro 3º a 4º; Cáncer 15º a 16º; Virgo 27º a 28º; Sagitario 9º a 10º; Acuario 21º a 22º. **S**: 11:00h-11:20h. Tarot: 3Od. Tríada de la Fe.

---

65   En este salmo las diferencias entre Kicher, Athanasius (1653): *Oedipi Aegyptaci,* Roma, Typographia Vitalis Mascardi, p. 277 y otros autores como Calvo, Boj (2007): *Cábala. Claves para descubrir los enigmas de los textos sagrados,* Madrid, Editorial LIBSA, p. 241 residen en que Kircher considera que el salmo correspondiente a este Nombre de Dios es el salmo 83:11, mientras Boj Calvo y otras fuentes señalan el salmo 94: 11.

Vocalización: Abulafia: La/He/Ja; Moshé Cordovero: Lehaj; Agrippa: Lehah-jah.

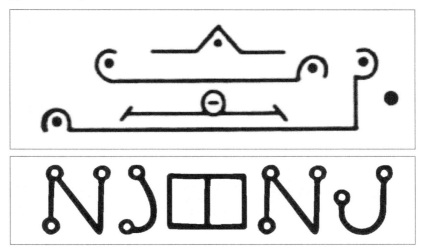

Atributo: El Dios indulgente.

A este Ángel se le invoca para bendecir a aquellos que siguen el camino de Dios. Así pues se le puede pedir ayuda de cualquier tipo, ya que es un Ángel que trabaja directamente con el Amor de Dios. La esencia de la obediencia que insufla en los influidos por Lehajiah hace que éstos sean personas especialmente preparadas para observar la ley, aun sin entenderla. Esto da individuos con un amplio grado del sentido del deber y gracias a éste serán capaces de superar situaciones conflictivas. Esta fidelidad a la ley, aun sin comprenderla, les lleva a un posterior entendimiento pleno de la misma. También es un Ángel especialmente indicado contra la cólera, esa que aparece en el momento en que no se realizan los deseos. Lehajiah hace que incluso se puedan entender las adversidades como algo merecido y acatar aquello que se sufre en un momento dado. Domina sobre las cabezas coronadas, príncipes y nobles, manteniendo la armonía, la inteligencia y la paz. Se puede entender también como el equilibrio de fuerzas internas, útil para sofocar aquellos impulsos y tendencias negativas, para terminar obedeciendo el dictado de la ley. La persona nacida bajo su influencia será celebre por su talento y acciones; gozará de la confianza y los favores de los príncipes. Al ser una persona fiel a los principios gozará a su vez del favor de los gobernantes, obteniendo su confianza. Pueden ser personas destacadas en puestos elevados de la Administración del Estado, sociedades privadas, secretarios, apoderados u hombres de confianza de alguna persona importante.

Lo que otorga:

- Calmar la cólera, la propia y la de los demás.

- Comprensión de las Leyes Divinas.

- Obtención de favores de parte de los grandes.

- Éxito en las peticiones a ministros y directores.

- Protege contra la tentación de declarar la guerra.

- Olvidarse de uno mismo.

- Permite desear más para luego poder dar más a la gente meditándolo en combinación con los Nombres de Dios 30, 34, 55, 13 y 14, siguiendo dicho orden.

Aprendizaje: Encontrar el punto de equilibrio entre rigor y tolerancia.

SALMO PARA INVOCARLO

Para invocar su fuerza y poder, primero reza el salmo o salmos elegidos, después cantila su nombre y por último realiza la petición concreta que quieres hacerle.

"Espera Israel al Eterno, desde ahora y para siempre".

"Speret Israel in Domino, ex hoc nunc et usque in saeculum".

"יַחֵל יִשְׂרָאֵל, אֶל-יְהֹוָה-- מֵעַתָּה, וְעַד-עוֹלָם", Salmo 131, versículo 3 (130, vs. 3)

"Iajel Yisrael el-Adonai meatah vead-olam".

Oración

Oh Lehajiah, bendíceme en mi camino hacia el Creador, protégeme de la cólera especialmente cuando no se realizan mis deseos y también de la de los demás, dame comprensión de las leyes divinas, obtén para mí el favor de parte de los grandes, dame éxitos en mis peticiones a ministros y directores, protégeme de la tentación de declarar la guerra, permíteme que encuentre el punto de equilibrio entre el rigor y la tolerancia y hazme que me olvide de mí mismo.

35 Javak-iah

Ángel n.º 35, בוקיה, Javakiah. V. n., 141. Las cuatro últimas letras del nombre de este Ángel forman la palabra קויה (*keviyah*), que significa *esperanza* o *confianza*. Como la primera letra, la kaf (כ) tiene los significados de *copa* y de *mano abierta*, se sugiere una actitud de expectativa confiada para recibir algo. La guematria confirma este sentido, con la palabra אסף, que leída *asaf* significa *recoger* o *recolectar*, y con la vocalización *osef* tiene los significados de *tesoro* y *cosecha*. Sin duda, esta expectativa responde a una necesidad, tal como nos indica el vocablo הצמאה (*hatzmaáh*), *sed*, con el mismo valor numérico. Pero recordemos que la esperanza, de alguna forma, nos divide y debilita, al apartarnos del aquí y ahora. Por eso, hay que entender el mensaje de Javakiah como un apoyo provisional para pasar un mal momento, pero no como una energía en la que debamos apoyarnos indefinidamente. El valor numérico de este Nombre de Dios es 126. Regencias: **K**: Virgo 20º a 25º. **M**: Tauro 4º a 5º; Cáncer 16º a 17º; Virgo 28º a 29º; Sagitario 10 a 11º; Acuario 22º a 23º. **S**: 11:20h-11:40h. Tarot: 4On. Tríada de los Deseos.

Vocalización: Abulafia: Ka/Va/Ko; Moshé Cordovero: Kevak; Agrippa: Cavac-jah.

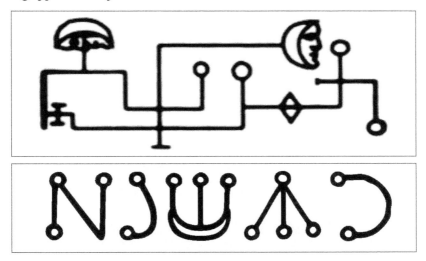

Atributo: El Dios que confiere alegría.

A este Ángel se le invoca para solucionar todos los problemas familiares. De esta manera este apreciado Ángel nos ayuda a restablecer la paz en nuestros lazos familiares, cuando se han roto por cualquier situación: disputas por herencias, malentendidos, distancia. La esencia "reconciliación" hace referencia a todo aquello del pasado que ha quedado en suspenso, no sólo en cuanto a relaciones rotas, sino a todo tipo de actuaciones. Estas situaciones en suspenso, si no se han resuelto, quedan en el subconsciente y se convierten en una carga para la persona. Nos vienen incluso de otra vida y es preciso saldarlas ya. Es así que Javakiah pone en las personas influenciadas por él todo el potencial para superar esto. Todo el pasado aparecerá delante de ellos, con sus personas e incluso en la forma de antiguas ocupaciones. Los nacidos bajo la influencia de Javakiah serán, pues, especialistas en reconciliaciones, propias y ajenas. Serán buenos mediadores. Javakiah incluso procura no sólo la liquidación del pasado, sino también la inserción de la paz adecuada de cara al futuro. Estas personas gustarán de estar en paz con todo el mundo y siempre habrá en ellos una intención de contentar a todos con el fin de no incurrir en nuevas enemistades. Por supuesto este Ángel domina sobre todas las cuestiones relacionadas con testamentos, sucesiones. Mantiene la paz en las familias.

Lo que otorga:

- Entrar en gracia con aquellos a los que hemos ofendido.

- Partición amistosa de testamentos entre miembros de la familia.

- Paz y armonía en las familias.

- Comprensión entre padres e hijos.

- Evita caer en la tentación de provocar la discordia y los procesos ruinosos e injustos.

- Ayuda para superar los momentos de crisis.

- Ayuda a encauzar las energías sexuales de modo espiritual.

Aprendizaje: Superar las crisis.

SALMO PARA INVOCARLO

Para invocar su fuerza y poder, primero reza el salmo o salmos elegidos, después cantila su nombre y por último realiza la petición concreta que quieres hacerle.

"Te amo porque escuchas Eterno, mi voz y mis súplicas".

"Dilexi quoniam exaudi et Dominus vocem orationis meae".

"אָהַבְתִּי, כִּי-יִשְׁמַע יְהוָה-- אֶת-קוֹלִי, תַּחֲנוּנָי", Salmo 116, versículo 1 (114, vs. 1)

"Ahavti ki-ishma Adonai et-koli tajanunai".

Oración

Oh Javakiah, apóyame en los malos momentos en los que estoy en crisis, ayúdame a que encuentre gracia con aquellos a los que he ofendido, permite que haya una partición amistosa de testamentos entre los miembros de mi familia, concédeme la paz y la armonía en mi familia, otórgame comprensión con mis padres y con mis hijos, evítame caer en la tentación de provocar la discordia y los procesos ruinosos e injustos y ayúdame a encauzar las energías sexuales de forma espiritual.

36 Menad-el

Ángel n.º 36, מנדאל, Menadel. V. n., 125. La palabra מן, contenida en el nombre de este Ángel, puede leerse *man*, y significa *maná*, o *min*, en cuyo caso señala procedencia respecto a algo, la preposición *de*. Por su parte, uno de los significados de la letra central, dalet (ד), es *palabra*. Por eso el nombre de Menadel significaría ***El maná que procede de la palabra de Dios***. No encontramos datos de interés en la guematria. El v.n. de este Nombre de Dios es 94. Regencias: **K**: Virgo 25º a 30º. **M**: Tauro 5º a 6º; Cáncer 17º a 18º; Virgo 29º a 30º; Sagitario 11º a 12º; Acuario 23º a 24º. **S**: 11:40h-12:00h. Tarot: 4Od. Tríada de la Ética.

Vocalización: Abulafia: Me/Nu/Da; Moshé Cordovero: Menad; Agrippa: Manad-el.

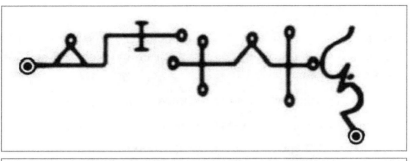

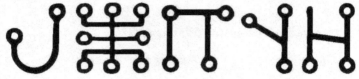

Atributo: El Dios venerable.

Este Ángel se invoca para cualquier asunto económico. Así, pues, puede ayudarnos a encontrar trabajo, a prosperar en el que ya tenemos, a proteger nuestra casa, a encontrar cosas perdidas. La esencia de este Ángel es trabajo, lo que nos habla de un trabajo tanto externo como interno, las personas influenciadas por este Ángel tendrán a su disposición esta esencia para salir de una situación de contemplación y ponerse manos a la obra. Los influenciados por Menadel serán personas a las que no les faltará el trabajo, pero deben observar la circunstancia en que se desarrolla éste o el tipo de que se trata, porque esto les dirá mucho de sí mismos. Les hablará de los aspectos internos que deben cuidar o corregir. Ello debe aportar conclusiones personales, de otro modo esta esencia no habrá servido para nada. Es por ello que se puede decir que Menadel conduce a la verdad por medio del trabajo. Mediante el esfuerzo y las materializaciones los influidos por Menadel serán fuertes y los calumniadores nunca podrán con ellos. La prueba de la integridad de los influidos será el propio resultado del trabajo. Es útil este Ángel para conservar el empleo, liberación de hábitos que nos aprisionan, tener noticias de personas alejadas y encontrar bienes extraviados o perdidos. Para finalizar diremos que poseer esta esencia aporta la conclusión de que mediante el trabajo liquidaremos ese karma que todos arrastramos.

Lo que otorga:

- Conservar el empleo.
- Protege contra los calumniadores.
- Liberación de los hábitos viciosos que nos oprimen.
- Noticias de las personas alejadas.
- Encontrar bienes extraviados o perdidos.
- Liberarse de los miedos.
- Nos transforma en antena parabólica para captar la energía cósmica (meditar en el siguiente orden los Nombres de Dios 41, 36, 62 y 26).

Aprendizaje: Vencer la servidumbre de los hábitos viciosos.

SALMO PARA INVOCARLO

Para invocar su fuerza y poder, primero reza el salmo o salmos elegidos, después cantila su nombre y por último realiza la petición concreta que quieres hacerle.

"Eterno he amado la morada tu casa, y el lugar del tabernáculo de tu gloria".

"Domine, dilexi decorem domus tuae, et locum habitationis gloriae tuae".

"יְהוָה--אָהַבְתִּי, מְעוֹן בֵּיתֶךָ; וּמְקוֹם, מִשְׁכַּן כְּבוֹדֶךָ", Salmo 26, versículo 8 (25, vs. 8)

"Adonai ahavti meon beteja umekom mishkan kevodeja".

Oración

Oh Menadel, ayúdame a encontrar trabajo, a prosperar en el que ya tengo, a proteger mi casa y a encontrar cosas perdidas, protégeme contra los calumniadores, libérame de los hábitos viciosos que me oprimen y de los miedos y tráeme noticias de las personas alejadas.

37 Ani-el

Ángel n.º 37, אניאל, Aniel. V. n., 92. Uno de los significados más rotundos, pues es, literalmente, *Yo soy Dios*. No es, pues, sorprendente que este nombre infunda *temor*, pues esta palabra en hebreo es פחד (*pajad*), con el mismo valor numérico que el del Ángel. El v.n. de este Nombre de Dios es 61. Regencias: **K**: Libra 0° a 5°. **M**: Tauro 6° a 7°; Cáncer 18° a 19°; Libra 0° a 1°; Sagitario 12° a 13°; Acuario 24° a 25°. **S**: 12:00h-12:20h. Tarot: 5En. Tríada de la Conservación.

Vocalización: Abulafia: A/Nu/yo; Moshé Cordovero: Ani; Agrippa: Ani-el.

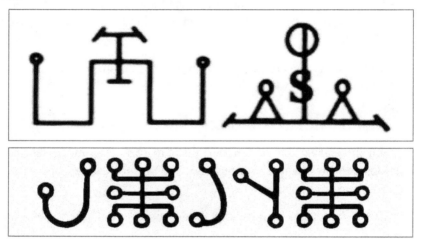

Atributo: El Dios virtuoso.

Romper el cerco significa abandonar lo viejo por lo nuevo, dejar paso a lo nuevo, en caso contrario se cae en el riesgo del estancamiento. Las personas influenciadas por Aniel tendrán pues que meditar mucho sobre esto debido a que su esencia la tienen por algún motivo relacionado con lo anteriormente expuesto. Se producirá una lucha interna que se reflejará en el exterior por la constante necesidad de decidir entre algo anterior y algo nuevo, un amor, una situación social, una idea, una afiliación. Domina sobre las artes, las ciencias y la filosofía. Inspira a los sabios en sus meditaciones. Sabrán comprender las estructuras del mundo, podrán alcanzar la celebridad en este sentido, pero tendrán enfrentamientos por esta causa, hasta que al final la verdad que transmiten se imponga.

Lo que otorga:

- Conseguir la victoria cuando encontramos obstáculos por las circunstancias de la vida.
- Celebridad por la sabiduría sobre los secretos de las cosas.
- Inspiración en el estudio de las leyes del universo.
- Favorece el acceso a las ciencias y las artes.
- Preserva de los charlatanes y de los que viven de engañar a los hombres.
- Recibir las bendiciones que están ocultas tras los obstáculos.
- Comprender que en nuestro interior habita la chispa divina que es una manifestación del único Yo que existe en el Universo: Dios.

Aprendizaje: Encontrar la Unidad en la Multiplicidad.

SALMO PARA INVOCARLO

Para invocar su fuerza y poder, primero reza el salmo o salmos elegidos, después cantila su nombre y por último realiza la petición concreta que quieres hacerle.

"Eterno Dios de los Ejércitos haznos volver, ilumina tu rostro y seremos salvados".

"Deus virtutum, converte nos, et ostende faciem tuam, et salvi erimus".

"יְהוָה אֱלֹהִים צְבָאוֹת הֲשִׁיבֵנוּ; הָאֵר פָּנֶיךָ, וְנִוָּשֵׁעָה", Salmo 80, versículo 20 (79, vs. 20)

"Adonai Elohim tzevaot hashvenu haer paneja venivasheah".

Oración

Oh Aniel, ayúdame a abandonar lo viejo por lo nuevo para que nunca me estanque, inspírame en mis meditaciones, permíteme comprender las estructuras del mundo, asísteme para conseguir la victoria cuando encuentro obstáculos por las circunstancias de la vida, otórgame celebridad por la sabiduría sobre los secretos de las cosas, concédeme inspiración en el estudio de las leyes del universo, fomenta y favorece mi acceso a las ciencias y a las artes, presérvame de los charlatanes y de los que viven de engañar a los hombres y permíteme ver el cuadro completo de la vida, incluidas las bendiciones que están ocultas.

38 Ja'am-iah

Ángel n.º 38, חעמיה, Ja'amiah. V. n., 133. Las tres primeras letras del nombre forman una única palabra, חמע (*jimá*), *acidificar*, que debe ser aclarada a través de su guematria. En este valor, en efecto, encontramos palabras que están relacionadas con algún tipo de enfermedad contagiosa (uno de cuyos efectos es la acidificación de la sangre) y con remedios para su tratamiento. Así, aparecen la propia *plaga* o *peste*, נגף (*negef*), que puede ser también *contagiar* con pronunciación *nagaf*; החליף (*hejelif*), uno de cuyos significados es *renovar* o *restaurar*; la planta de *ruda*, פגם (*pégam*), cuyo humo de combustión tiene efectos purificadores; y la expresión אביק (*ke-abik*), *semejante a un alambique*, el cual es utilizado para destilar, entre otras cosas, los principios curativos de las plantas, pero también símbolo de la búsqueda de lo esencial. La tarea de Ja'amiah sería, por tanto, avisar de que algo no marcha bien en el campo de la salud física, para que se emprendan las oportunas acciones de limpieza y purificación. El v.n. de este Nombre de Dios es 118. Regencias: **K**: Libra 5º a 10º. **M**: Tauro 7º a 8º; Cáncer 19º a 20º; Libra 1º a 2º; Sagitario 13º a 14º; Acuario 25º a 26º. **S**: 12:20h-12:40h. Tarot: 5Ed. Tríada de los Miedos.

Vocalización: Abulafia: Je/A/Me; Moshé Cordovero: Jam; Agrippa: Haam-jah.

Atributo: Para recibir toda la protección del cielo y de la tierra.

Este Ángel hace referencia a uno de los nombres sagrados de Dios (*AGLA*: אגלא, v.n. 35. Es el notarikón de אתה גיבור לעולם אדי, "Tú eres fuerte por siempre, mi Señor"), se invoca para protegerse de cualquier mal físico o espiritual y también nos ayuda a develar los misterios del universo. El objetivo de esta esencia es convertir la vida en un rito, pero no en uno hecho costumbre, sino en un rito en el que cada una de las partes de la ceremonia se viva intensamente y, por otro lado, que permita recordar siempre sin desviarse del camino. Después podrá trasladarse esto a la vida diaria, que ese ritual si es interior pueda observarse en su comportamiento. Este sentido ritual hace que sus influenciados vivan en perfecta armonía con el universo. También estarán en condiciones de realizar grandes tareas humanas, pues ellos serán los que iniciarán a los demás. Poseerán los "tres tesoros del cielo y de la tierra". Los del cielo: voluntad, que les hará ser iniciadores; sabiduría: que les hará ser una luz para los demás; inteligencia: podrán comprender las leyes universales. Los de la tierra, consecuencia de poseer los celestiales. La voluntad les llevará a la experiencia, la sabiduría a la unidad con todos y todo; y la inteligencia al discernimiento.

Lo que otorga:

- Comprensión de los rituales religiosos.
- Protege en la búsqueda de la verdad.
- Adquirir todos los tesoros del cielo y de la tierra.
- Protección contra el rayo y los espíritus infernales.
- Protección para encontrar el camino.
- Ayuda a recibir para compartir.
- Aporta como la vida te va a responder a un acto de *Jesed* (*misericordia, buena acción*).

Aprendizaje: Ser portador de renovación.

SALMO PARA INVOCARLO

Para invocar su fuerza y poder, primero reza el salmo o salmos elegidos, después cantila su nombre y por último realiza la petición concreta que quieres hacerle.

"Porque tú Eterno eres mi esperanza, Altísimo nombra tu morada".

"Quoniam tu es, Domine, spes mea; Altissimum posuisti refugium tuum".

"כִּי-אַתָּה יְהוָה מַחְסִי; עֶלְיוֹן, שַׂמְתָּ מְעוֹנֶךָ", Salmo 91, versículo 9 (90, vs. 9)

"Ki-atah Adonai majsi elion samta meoneja".

Oración

Oh Ja'amiah, avísame cuando mi cuerpo no marche bien y necesite acciones de limpieza y purificación, dame comprensión de los rituales religiosos, protégeme en la búsqueda de la verdad, concédeme voluntad, sabiduría e inteligencia, protégeme del rayo y de los espíritus infernales, así como para encontrar el camino de la vida y ayúdame a compartir, no desde la renuncia o haciéndole un favor a alguien, sino con generosidad de corazón.

39 Reha-el

Ángel n.º 39, רהעאל, Reha'el. V. n., 306. Los conceptos derivados de este nombre tienen connotaciones inquietantes. Así, de la raíz formada por las tres primeras letras obtenemos הרע (*hara*), *hacer mal*; ערה (*arah*), *destruir*, y también *derramar* y *desnudar*; o רעה (*raah*), *mal*, y también *destruir*. Claro que esta última palabra tiene otro significado más, el de *asociarse*, y si se cambia la vocalización por *raáh* o por *raéh*, tenemos *amiga* o *amigo*, respectivamente; significados estos últimos que parecen contradecir a los anteriores. El enigma, sin embargo, se aclara cuando recurrimos a la guematria, en la que encontramos הצטרב (*hitztareb*), *quemarse*; כפור (*kipur*), *expiación*, *perdón* (recordemos que en el judaísmo, la fiesta del **Yom Kipur** es la de la expiación de los pecados); o מוסר (*mosar*), *moral* o *ética*, y también *castigo*, *represión*. Y es que el mal no sólo es relativo, sino que ejerce un efecto terapéutico, ayudándonos a despertar y a comprender. Reha'el es, pues, el que hace el papel de "malo de la película", con la misión de despojarnos, de desnudarnos de todas las adherencias que entorpecen nuestro crecimiento interior. El v.n. de este Nombre de Dios es 275. Regencias: **K**: Libra 10º a 15º. **M**: Tauro 8º a 9º; Cáncer 20º a 21º; Libra 2º a 3º; Sagitario 14º a 15º; Acuario 26º a 27º. **S**: 12:40h-13:00h. Tarot: 6En. Tríada de la Ética.

Vocalización: Abulafia: Re/He/A; Moshé Cordovero: Riha; Agrippa: Reha-el.

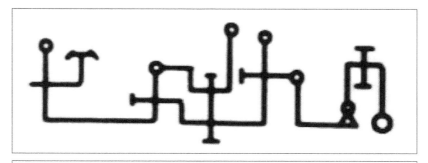

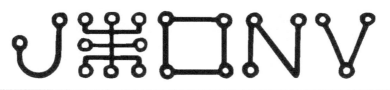

Atributo: Dios, aquel que acoge los pecados.

Las personas influenciadas por este Ángel comprenderán mejor que nadie que aquello que les venga de su padre será lo bueno y verdadero. Serán perfectos ejecutores de la voluntad del Padre, aun cuando no comprendan bien sus motivos. Y como tal serán buenos continuadores. Todo ello siempre que la esencia de este Ángel sea bien aprovechada, pues en el caso de que la asimilen al contrario podemos encontrar graves problemas de relación padre-hijo, y ello puede llevar a complicaciones mentales o profundas tristezas, complejos, depresiones, etc. En caso contrario se verán protegidos de estas circunstancias. Rehael es incluso idóneo para la curación de enfermedades mentales y para obtener la misericordia de Dios. Añadir que domina la salud, la longevidad y, como ya se ha expuesto, el amor padre-hijo.

Lo que otorga:

- Curación de enfermedades.

- Amor y buen entendimiento entre padres e hijos.

- Longevidad.

- Conservación de la salud.

- Protección contra los impulsos crueles y destructores: contra los infanticidios y parricidios.

- Transformar todos los problemas de la vida en brillantes oportunidades.

- Destruye el mal que hay en nosotros.

Aprendizaje: No transferir a otros los problemas y compromisos.

SALMO PARA INVOCARLO

Para invocar su fuerza y poder, primero reza el salmo o salmos elegidos, después cantila su nombre y por último realiza la petición concreta que quieres hacerle.

"Escucha Eterno y sé misericordioso conmigo, Eterno sé mi auxiliador".

"Audivit Dominus, et misertus est mei; Dominus factus est adjutor meus".

"שְׁמַע-יְהוָה וְחָנֵּנִי; יְהוָה, הֱיֵה-עֹזֵר לִי", Salmo 30, versículo 11 (29, vs. 11)

"Shema-Adonai vejoneni Adonai heieh-ozer li".

Oración

Oh Rehael, te pido mi completa sanación, liberándome de todas las adherencias que entorpecen mi crecimiento interior, ya sean físicas, mentales o emocionales. Dame una vida longeva para que pueda ofrecerla en servicio del Creador. Permíteme descubrir en cada situación de la vida una brillante oportunidad, reconociendo el valor espiritual oculto dentro de cada dificultad vital que debo superar para que, cuanto mayor sea esta, más pueda refulgir la luz de Dios en mí.

40 Ieiaz-el

Ángel n.º 40, יאל, Ieiazel. V. n., 58. ***Dios Se ve a Sí Mismo desde Su propio centro***, podría ser el lema derivado de este Ángel, pues contiene dos Nombres de Dios, יי y אל, unidos por la letra zayn (ז), uno de cuyos significados es precisamente el de *centro*. Al compartir guematria con el Ángel n.º 34, se pueden aplicar aquí los conceptos derivados de ella, que tienen relación con la cábala. Pues ésta es nada menos que el procedimiento que Dios utiliza para contemplarse a Sí Mismo. No es el único, por supuesto, pero sí al menos uno de extraordinaria precisión y eficacia. El v.n. 27 de este nombre divino nos conecta con las 22 letras del alefato hebreo y sus cinco letras en posición final por lo que guarda una especial relación con el *Midrash del alefato hebreo y la Creación* recogido en *El Zóhar* y las pruebas iniciáticas que presenta[66]. Regencias: **K**: Libra 15º a 20º. **M**: Tauro 9º a 10º; Cáncer 21º a 22º; Libra 3º a 4º; Sagitario 15º a 16º; Acuario 27º a 28º. **S**: 13:00h-13:20h. Tarot: 6Ed. Tríada de la Memoria.

Vocalización: Abulafia: Yo/Yo/Za; Moshé Cordovero: Iyaz; Agrippa: Jeiaz-el.

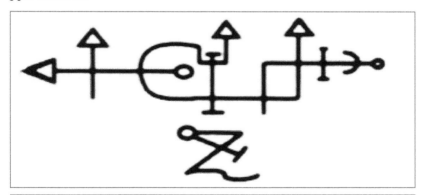

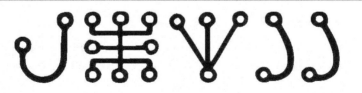

Atributo: Dios, aquel que se alegra.

Este Ángel nos permite liberarnos de nuestros miedos y nuestras tristezas. Nos consuela en el alma y en la mente dándonos la alegría que necesitamos para vivir. Nos inspira mensajes divinos y llenos de

---

[66] Vid. Camuñas, María Selene y Villarrubia, Jaime (2007): *Las letras hebreas y sus pruebas iniciáticas. Las tentaciones en los senderos del Árbol de la Vida. Un recorrido espiritual por el alfabeto hebreo,* Málaga, Miraguano Ediciones.

luz. Para empezar digamos que Ieiazel es reparación, regeneración. Él hace que el pensamiento y la razón reinen sobre las pasiones. El número 40 de Ieiazel además nos habla del último día del ayuno, del último año de la travesía del desierto o del último día del diluvio. Él es el que marca el final de lo antiguo y el principio de lo nuevo y renacido. Bien canalizadas sus fuerzas nos ayudarán a finalizar una etapa de desconsuelo y desasosiego. Hasta la llegada de Ieiazel éramos de una manera y a partir de su actuación somos de otra. Ahuyenta a los enemigos, tanto a los externos como a los internos. Domina sobre la imprenta y la librería influenciando a los hombres de letras y artistas. Serán adictos a la lectura, escritura, pintura; las artes en general. Las experiencias de los influenciados por Ieiazel podrán ser interiorizadas por otros y de esa forma enriquecerse. Ieiazel favorecerá el contacto de sus influenciados con aquellas personas o medios que posibiliten la difusión.

Lo que otorga:

- Ver editadas las obras literarias.

- Liberación de los prisioneros.

- Consuelo en los avatares de la vida.

- Amor por la lectura y el estudio de las ciencias.

- Protección contra los pensamientos sombríos y el desinterés por las tareas sociales.

- Hablar con las palabras correctas.

- Nos conecta con las 22 letras del alefato y sus cinco letras finales, por lo que establecerá orden en nuestra vida y en especial respecto a las pruebas iniciáticas que cada uno atravesamos en el camino de nuestra elevación espiritual.

Aprendizaje: Liberarse de los enemigos interiores.

SALMO PARA INVOCARLO

Para invocar su fuerza y poder, primero reza el salmo o salmos elegidos, después cantila su nombre y por último realiza la petición concreta que quieres hacerle.

"¿Por qué Eterno rechazas mi alma, ocultando tu rostro de mí?"

"Ut quid, Domine, repellis orationem meam, avertis faciem tuam a me?"

"לָמָה יְהֹוָה, תִּזְנַח נַפְשִׁי; תַּסְתִּיר פָּנֶיךָ מִמֶּנִּי", Salmo 88, versículo 15 (88, vs. 14)

"Lamah Adonai tiznaj nafshi tastir paneja mimeni".

Oración

Oh Ieiazel, permíteme verme a mí mismo desde mi propio centro donde Dios habita y concédeme que pueda contemplar allí toda su grandeza que quiere expresarse a través de mí para que me conecte con ella y sepa manifestarla. Otórgame el consuelo de esa sabiduría que emana del Creador para todas las circunstancias de mi vida y en especial libérame de todas las situaciones difíciles, tanto aquellas en las que siento miedo como tristeza, otorgándome la alegría para vivir con plenitud. Concédeme que la Luz ponga siempre en mi boca palabras que eleven mi alma y toda mi existencia.

41 Hehah-el

Ángel n.º 41, ההחאל, Hehahel. V. n., 46. A semejanza de los Ángeles 12 y 24, aparecen varias letras he (ה), en este caso tres, en Hehahel. Y como esta letra significa apertura, se trata de una triple apertura a Dios: del cuerpo, del alma y del espíritu. La guematria nos indica que esa triple apertura es semejante a la que el *embarazo*, חבול (*jibul*), produce en la *matriz*, אמה (*immá*), y necesaria para la *glorificación*, האלהה (*haalahah*) de todos los seres. Por lo demás, los aspectos relacionados con el embarazo tienen lógicamente relación con este Ángel. El v.n. de este Nombre de Dios ההה es 15. Regencias: **K**: Libra 20º a 25º. **M**: 11º; Cáncer 22º a 23º; Libra 4º a 5º; Sagitario 16º a 17º; Acuario 28º a 29º. **S**: 13:20h-13:40h. Tarot: 7En. Tríada de la Iniciativa.

Vocalización: Abulafia: He/He/He; Moshé Cordovero: Hahah; Agrippa: Haha-el.

Atributo: Dios en tres personas (Trinidad).

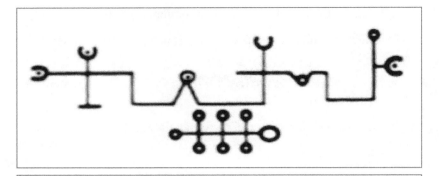

Este Ángel protege la palabra de Dios, lo cual significa que ayuda contra las mentiras y los engaños. Muy útil para personas que trabajan en el desarrollo personal, pues este Ángel les empuja hacia lo más alto, permitiéndoles ver el conocimiento supremo. El Ángel 41 representa el primer día después del gran cambio, el principio de una nueva etapa y como tal incorpora el agradecimiento a Dios así como consagrar ese día del cambio a Él. También lleva en su esencia el amor de Cristo, amor universal por la humanidad. Este amor lleva al desprendimiento de todo, la renuncia a sí mismo por los demás, cuando nos relegamos a los últimos lugares por los demás y después ellos devuelven a ese ser su gloria y sitio de esplendor. Esto se resume en aquello de "los últimos serán los primeros". Hehahel permite apoyar a personas que desfallecen espiritualmente, aporta nuevas energías y esa puede ser una de las capacidades de los individuos influenciados por él. Protege contra los enemigos de la religión y la calumnia. Por supuesto ejerce influencia sobre todos aquellos relacionados con la religión; sacerdotes, misioneros. Los nacidos bajo esta influencia se distinguirán por la grandeza de su alma y energía. Posiblemente se dedicarán a Dios en cuerpo y alma incluso pasando por un martirio y con martirio no se refiere a la representación clásica de éste, ellos están dispuestos al amor al hombre y a Dios incluso por encima de burlas, calumnias, etc.

Lo que otorga:

- Que la fe arraigue en la naturaleza humana.
- Inspiración en pláticas religiosas.
- Vocación para las misiones.
- Grandeza de alma para dedicarse al sacerdocio y al servicio de Dios.
- Protección contra los impulsos que llevan a renegar de Dios.
- Poder para establecer nuestra propia conexión con la Luz.
- Establecer nuestra propia conexión con la Luz y así afianzar nuestra autoestima.

-Nos transforman en antena parabólica para captar la energía cósmica (meditar en el siguiente orden Nombres de Dios 41, 36, 62 y 26).

Aprendizaje: Ser protagonista de la Pureza.

SALMO PARA INVOCARLO

Para invocar su fuerza y poder, primero reza el salmo o salmos elegidos, después cantila su nombre y por último realiza la petición concreta que quieres hacerle.

"Eterno libra mi alma de labios mentirosos de una lengua engañosa".

"Domine libera animam meam a labiis iniquis et a lingua dolosa".

"יְהוָה--הַצִּילָה נַפְשִׁי, מִשְּׂפַת-שֶׁקֶר: מִלָּשׁוֹן רְמִיָּה", Salmo 120, versículo 2 (119, vs. 2)

"Adonai hatzilah nafshi misefat-sheker milashon remiah".

Oración

Oh Hehahel, permite que mi cuerpo, mi alma y mi espíritu se abran a la luz divina para que a través de ella alcance mi glorificación, pues de este modo puedo consagrarme a Dios en plenitud protegido por su palabra y que esta me lleve a mi propia autoestima, edificada sobre el hecho de saberme un hijo amado de Dios que puso en mí todo su poder para que le sirva y sea cocreador con Él y para que a través de la chispa divina que en mí habita cree mi propia vida.

42 Mika-el

Ángel n.º 42, מיכאל, Mikael. V. n., 101. Este Ángel tiene el mismo nombre que el Arcángel regente de la 8.ª sefirá, **Hod**, y su significado es una pregunta: *Quién como Dios*. Comparte, además, guematria con el Ángel número 72, último de la relación, por lo que algunas de sus características son comunes. Los conceptos más interesantes derivados del valor numérico tienen que ver con la cosecha y su almacenamiento, lo que no es sorprendente, dado el pragmatismo asociado a **Hod**. Encontramos אסם (*osem*), *cosecha abundante*, palabra que leída *asam* significa *granero* o *almacén*, e *issem*, *almacenar*. Otro aspecto de **Hod**, asociado a este número es la rapidez, característica del chakra mundano, *Mercurio*, por lo que encontramos האצה (*haatzah*), *aceleración*. El v.n. del Nombre de Dios es 70 igual al de la voz סוד (*sod, secreto*), por lo que permite la revelación de los secretos de la vida más allá de lo que la vida nos presenta como apariencia y ver más allá de las apariencias de las personas y las cosas, permitiendo ver lo escondido, lo oculto y también nos da fuerza para querer lo que hay detrás de las cosas. El v.n. de este nombre es 70, igual que el de la letra *ayin* que significa *ojo, fuente* y también que el de la voz *Sinaí*, lugar en que fue entregado el decálogo, cuyos niveles de lectura son una *fuente que nos abre el ojo* en un nivel ya sea simple o secreto[67] y nos permite comprender que el decálogo nos abre los ojos para salir de nuestra propia limitación, al tiempo que lo allí ocurrido nos plantea **¿quién soy yo?**, verdaderamente yo, libre de todas mis imitaciones exteriores, las que me impiden ver la Verdad y lo que realmente es Real, lo cual no puede producir sino una abundante cosecha. Regencias: **K**: Libra 25º a 30º. **M**: Tauro 11º a 12º; Cáncer 23º a 24º; Libra 5º a 6º; Sagitario 17º a 18º; Acuario 29º a 30º. **S**: 13:40h-14:00h. Tarot: 7Ed. Tríada de la Memoria.

Vocalización: Abulafia: Me/Yo/Ja; Moshé Cordovero: Miyak; Agrippa: Mica-el.

---

67   Vid. Villarrubia, Jaime (2008): *Tzalaj. Los Diez Mandamientos a la luz de la cábala. Propuestas para una clave interpretativa*, Málaga, Miraguano Ediciones.

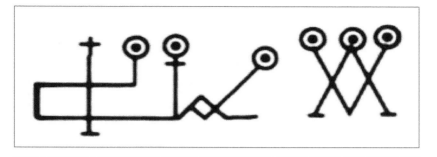

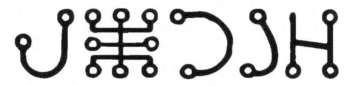

Atributo: La virtuosidad de Dios.

Este Ángel nos protege en nuestros viajes haciéndolos más seguros y confortables. Por otro lado, ayuda a la gente con poder a ejercerlo con responsabilidad y ética. Ideal para cuando queremos pedir por nuestros gobernantes o nuestros superiores. Mikael trabaja sobre una serie de personas a las que instruye una nueva forma de ser, será esa forma la que inspire el nuevo mundo, será esa forma la que marque una manera de ser de la sociedad y la política en su momento. Este Ángel tiene perfecta continuación con los dos anteriores. Ieiazel, el último del viejo tiempo, de la travesía, Hahahel el primero tras el gran cambio, el del primer día consagrado a Dios y que rige la espiritualidad y ahora Mikael, ese que hará que ese nuevo tiempo y su espiritualidad sean la base de la sociedad. Es Mikael aquel que instruye al gobernante de la nueva era. Este Ángel conlleva el respeto por la jerarquía y el orden. En un orden cotidiano los influidos por este Ángel se ocuparán de asuntos políticos, serán curiosos y gustarán de conocer los secretos de gabinetes y noticias extranjeras. Serán personas idóneas para asuntos de Estado, diplomáticos. Aquí no vemos al político momentáneo, más bien vemos a un profesional de la política, profesional con devoción y, aunque puedan equivocarse en un momento dado, siempre puede esperarse de ellos la gran revolución personal e interior.

Lo que otorga:

- Seguridad en los viajes.
- Suerte en asuntos de política.
- Olfato diplomático.
- Triunfo en las relaciones exteriores, en las embajadas.
- Intuición para descubrir a los traidores.
- Detiene las alucinaciones.
- Revela lo oculto, porque permite ver los secretos de la vida y entender los secretos de la Torah[68]. Y nos libera de la dejadez que nos impide ir a ver lo que hay detrás de las cosas y nos da la fuerza de querer verlo y somos capaces de ver más allá de las historias o parábolas.

Aprendizaje: Ser protagonista de la Pureza.

SALMO PARA INVOCARLO

Para invocar su fuerza y poder, primero reza el salmo o salmos elegidos, después cantila su nombre y por último realiza la petición concreta que quieres hacerle.

"El Eterno te guardará de todo mal, Él cuidará tu alma".

"Deus custodit te ab omni malo: custodiat animam tuam Dominus".

"יְהוָה, יִשְׁמָרְךָ מִכָּל-רָע: יִשְׁמֹר, אֶת-נַפְשֶׁךָ", Salmo 121, versículo 7 (120, vs. 7)

"Adonai ishmorja mikol-ra ishmor et-nafsheja".

---

68 Toda la Torah es la historia del alma y del cuerpo en este mundo, es también la historia del cuerpo con el mundo espiritual y toda esa historia revela grandes secretos del alma. Así el exilio de José en Egipto representa la entrada del cuerpo en este mundo, José representa el alma, Egipto representa este mundo físico y que es el alma la que queda atrapada en ese mundo físico y los hermanos que le tienen envidia representan las doce constelaciones que tienen envidia del alma, que son las doce tribus, que Dios ha creado y ha metido en el cuerpo, y que hayan vendido a José al Faraón quiere decir que las fuerzas astrales han vendido al alma y la han vendido a las fuerzas físicas, pero José alimenta el alma con alimento físico y permite superar las limitaciones del mundo físico y controlarlo. La cábala no es sino nuestra forma de ver la profundidad de estas historias o parábolas y uno puede ir, por tanto, más allá de lo que las historias pretenden enseñar, de modo que no las vemos en sentido literal, sino que las vemos más allá de lo que aparentan enseñar.

Oración

Oh Mikael, quién como Dios puede protegernos en el viaje de la vida, tú con tu divina fuerza eleva al trono de Dios esta petición. Te rogamos que nos ayudes en este nuevo tiempo de espiritualidad renovada para que esta se asiente en nuestros corazones y llegue a cada corazón de los seres humanos. Permite que se revele para nosotros lo secreto, que logremos percibir la verdad que late oculta tras todas las cosas y ayúdanos a revelar la Luz en el mundo, que logre abolir eternamente del panorama de la existencia humana el dolor y el sufrimiento, el engaño y el odio.

43 Veval-iah

Ángel n.º 43, וליה, Vevaliah. V. n., 57. Como ya vimos, este Ángel comparte guematria con el número 19. Y no sólo eso: las letras son las mismas, aunque colocadas en un orden diferente. Allí la lamed (ל) era la inicial, y aquí ocupa el lugar central, por lo que procede reconocer el significado de *corazón* en ella: **unirse** (ו, *vav, clavo, enganche*) **en el corazón a Dios**. El v.n. de este Nombre de Dios es 42. Regencias: **K**: Escorpio 0º a 5º. **M**: Tauro 12º a 13º; Cáncer 24º a 25º; Libra 6º a 7º; Sagitario 18º a 19º; Piscis 0º a 1º. **S**: 14:00h-14:20h. Tarot: 8Cn. Tríada de la Intuición.

Vocalización: Abulafia:Va/Va/La; Moshé Cordovero: Veval; Agrippa: Veval-jah.

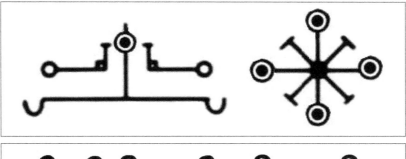

Atributo: Rey soberano.

La prosperidad de Vevaliah conduce a la fructificación de todo. Bajo la protección de este Ángel la vida puede convertirse en un paraíso en el que todo es dado en abundancia sin necesidad de esfuerzo por conseguirlo. Esto es debido a que a través de Vevaliah se demuestra que pesan mucho más nuestras acciones nobles que aquello negativo que podamos llevar. Estas personas han sido nobles y bondadosas en anteriores existencias y es ahora cuando Vevaliah se recrea en ellas. Hasta tal punto que se convierten en ese paraíso incluso para los que les rodean. No obstante a fin de acentuar las gracias de la esencia de Vevaliah debemos poner mayor énfasis en lo positivo, quiere esto decir que al encontrarse con otros, éstos deben atender a la parte positiva de los primeros ignorando sus aspectos negativos. Es decir, hacer con los demás lo mismo que Vevaliah hace con ellos. Preside la paz y ejerce influencias sobre la prosperidad de imperios, siempre legales, sobre las grandes organizaciones. Los imperios apoyados por Vevaliah son del tipo de aquellos que empezaron de la nada, desde la insignificancia.

Lo que otorga:

- Vencer al enemigo y liberarse de las dependencias.

- Prosperidad en las empresas.

- Fortalece lo que se tambalea en nuestra vida.

- Triunfo en carrera militar.

- Protección contra la discordia y la destrucción de la empresa.

- Control de toda nuestra realidad con la fuerza de nuestros pensamientos.

- Liberar las almas de las fuerzas negativas.

Aprendizaje: Armonía entre los sentimientos y el pensamiento.

SALMO PARA INVOCARLO

Para invocar su fuerza y poder, primero reza el salmo o salmos elegidos, después cantila su nombre y por último realiza la petición concreta que quieres hacerle.

"Y yo hacia ti Eterno te suplico, y en mañana cubriendo mi oración".

"Et ego ad te, Domine, clamavi, et mane oratio mea praeveniet te".

"וַאֲנִי, אֵלֶיךָ יְהוָה שִׁוַּעְתִּי; וּבַבֹּקֶר, תְּפִלָּתִי תְקַדְּמֶךָּ", Salmo 88, versículo 14 (87, vs. 14)

"Vaani eleja Adonai shivati uvaboker tefilati tekademeja".

Oración

Oh Vevaliah, ayúdame a unirme con el corazón de Dios y ser uno con Él para que pueda expresar la Luz pura que de Él emana y de la cual soy parte. Haz que esta me nutra y me alimente para que a través de ella supere cualquier miedo o destrucción. Hazme consciente de que la Luz de Dios conduce a la fructificación en todo y que a través de tu protección mi vida puede convertirse en un paraíso. Permite que esta Luz me ilumine en tal manera que mis pensamientos sean la realidad que se manifiesta en mi vida tal como fue el designio de Dios para mi alma.

44 Ielah-iah

Ángel n.º 44, ילהיה, Ielahiah. V. n., 60. Prescindiendo de la lamed (ל), las restantes letras componen el tiempo futuro *será*. Por tanto, Ielahiah es quien asegura la continuidad de los latidos del corazón. Pero también es el encargado de examinar en todo momento su grado de pureza, tal como nos muestra su guematria, en la que encontramos בחן (*bojan*), *examen*, *prueba*, y también *grado de pureza del oro*; tras ella, el Ángel dará cuenta si encuentra *orgullo*, גאון (*gaón*, palabra que también significa *sabio*), o si se trata de un ser *duro de corazón*, בלב כבד (*be-leb kaved*), *mezquino*, כלי (*kelí*), o simplemente מך (*maj*), *mediocre*, aunque este último puede ser también *humilde*. El Ángel es, pues, el encargado de llevar al día la contabilidad de las miserias que cada ser esconde en su corazón. Son asuntos que normalmente se envían directamente al "cuarto de las ratas", al subconsciente, tal como nos indica la letra samej (ס), también de valor 60 y asociada al sendero 15 y al Arcano de El Diablo. Ielahiah es el encargado de guardar fielmente todos estos "trapos sucios", hasta el momento en que deban ser enviados a la "lavandería", mediante el proceso de la *teshubah*, el arrepentimiento. Ello nos lo confirma el *atbash* del nombre del Ángel, que produce las letras מכצמן, que con su valor numérico total, 280, proporciona las palabras סכר (*sejer*), *dique, presa*, lo que impide fluir las aguas (las emociones); כרס (*keres*), *vientre, abdomen*, el asiento físico de las emociones reprimidas; y ממר (*memer*), *amargura* o *mortificación*, la sensación que toda esta situación produce. El Nombre de Dios ילה, cuyo valor numérico es 45, se halla incluido dentro de la palabra אלהינו (*Eloheinu, nuestro Dios*). Regencias: **K**: Escorpio 5° a 10°. **M**: Tauro 13° a 14°; Cáncer 25° a 26°; Libra 7° a 8°; Sagitario 19° a 20°; Piscis 1° a 2°. **S**: 14:20h-14:40h. Tarot: 8Cd. Tríada de los Miedos.

Vocalización: Abulafia: Yo/La/He; Moshé Cordovero: Yelah; Agrippa: Jelah-jah.

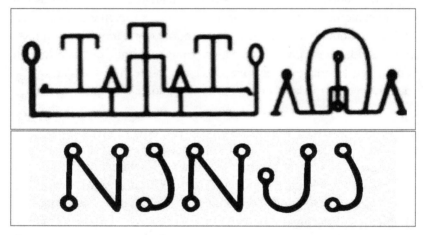

Atributo: El Dios eterno.

El talento de este Ángel es necesario para quien deberá estar preparado para luchar en esta vida por motivos con los que tendrá que ordenar su existencia. Tiene un karma acumulado que debe liquidar. Este karma no sólo viene en forma de asuntos pendientes, sino de personas con facturas en la mano de otras existencias, personas que fueron perjudicadas. Es por eso que Ielahiah suponiendo que la persona bajo su influencia deberá luchar, le da las armas, fortaleza y talento necesario. El talento al final viene por medio de un conocimiento adecuado de estrategias que permitirán no aniquilar al enemigo, sino que este deje de serlo (como en el Aikido). Estas personas cuentan con una protección especial, pues han venido a esta vida a restituir a los demás, a ser justos donde antes no lo fueron. El riesgo de que la persona no sea capaz de encauzar positivamente estas energías, puede llevar a todo lo contrario. Así tendremos una persona especialmente violenta. Conviene que estas personas acudan a él para evitar su propensión a los impulsos violentos. Gustan de los viajes, los cuales son vistos como el mejor sistema de aprendizaje y base para el triunfo de sus empresas. Dice el programa que se podrán distinguir por su talento militar y bravura, pudiendo alcanzar en este sentido incluso la gloria.

Lo que otorga:

- Protección de los magistados para ganar un proceso.
- Protección contra las armas y ladrones.
- Valor en los momentos difíciles.
- Conquista de la celebridad por una hazaña singular.
- Protege contra los impulsos que nos llevan a maltratar o matar a seres indefensos.
- Esquivar las fuerzas negativas (pensamientos y juicios), ya que elimina los juicios de nuestra vida, de modo que si tenemos acusadores en el cielo se transforman en defensores.

Aprendizaje: Superar las leyes caducas.

SALMO PARA INVOCARLO

Para invocar su fuerza y poder, primero reza el salmo o salmos elegidos, después cantila su nombre y por último realiza la petición concreta que quieres hacerle.

"Ofrendas de mi boca desea por favor Eterno, que tus juicios me instruyan".

"Voluntaria oris mei beneplacita fac, Domine, et judicia tua doce me".

"נִדְבוֹת פִּי, רְצֵה-נָא יְהוָה; וּמִשְׁפָּטֶיךָ לַמְּדֵנִי", Salmo 119, versículo 108 (118, vs. 108)

"Nidvot pi retzeh-na Adonai umishpateja lamedeni".

Oración

Oh Ielahiah, te ruego que permitas que mi corazón siga latiendo para que desde la vida que me otorga tu fuerza pueda servir a Dios, mi Señor, y que uniendo mi corazón al de mi Creador pueda expresarme con pureza, desprendiéndome del orgullo, la mezquindad y la dureza de corazón. Concédeme el talento para alcanzar la sanación de mi subconsciente de las emociones destructivas de esta o de otras vidas que me lastran y ayúdame a mostrar el arrepentimiento de mis miserias. Permíteme comprender que cada uno de mis pensamientos, sentimientos, palabras y acciones tienen un eco en el universo que retorna a mí, a fin de que sea consciente de que lo que siembro es aquello que cosecho, mas ante los ojos de Dios esto sólo son experiencias que mi alma quiere tener para aprender y ante sus ojos no merecen juicio alguno, como tampoco deberían tenerlo ante los míos ni los de los demás.

45 Seal-iah

Ángel n.º 45, סאליה**,** Sealiah. V. n., 106. El nombre de este Ángel está relacionado con la evaluación y con instrumentos que tienen que ver con el equilibrio. Encontramos סלא (*silá*), *pesar*, *evaluar*, y אסל (*esel*), *balancín*, y también *palanca*. En la guematria coincide con el Ángel n.º 23. Puesto que en este último aparecía la idea de efectuar algún tipo de reparación, trasladada a Sealiah es la restauración del equilibrio. Por eso, el nombre podría representarse por la frase ***El que evalúa los desequilibrios y los corrige***. El v.n. de Nombre de Dios es 91 igual que el de la palabra *Amén*. Regencias: **K**: Escorpio 10º a 15º. **M**: Tauro 14º a 15º; Cáncer 26º a 27º; Libra 8º a 9º; Sagitario 20º a 21º; Piscis 2º a 3º. **S**: 14:40h-15:00h. Tarot: 9Cn. Tríada de la Intuición.

Vocalización: Abulafia: Sa/A/La; Moshé Cordovero: Sal; Agrippa: Saal-jah.

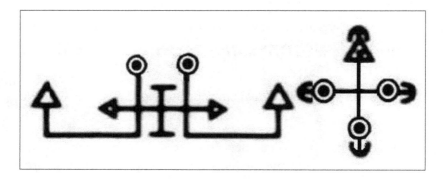

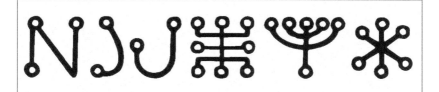

Atributo: Aquel que mueve todas las cosas.

La esencia de Sealiah, ese motor, permite poder seguir avanzando incluso cuando nos vemos atascados; es, por tanto, la persona nacida bajo la influencia de Sealiah una que nunca se detendrá, sean cuales sean los obstáculos, incluso cuando el cansancio se haga patente, seguirán adelante. Sealiah levanta a los que se han visto humillados y sometidos y en el interior realiza una función reguladora de manera que aquellos aspectos que han subido demasiado los baja y los que han bajado en exceso los eleva, manteniendo las proporciones. Es también el Ángel de la salud, de entre todos el que más, debido a que es el representante de Tiferet, sefirá que rige el corazón, motor que posibilita la circulación sanguínea. Los nacidos en los grados regidos por Sealiah serán portadores de buena salud y talismanes para los enfermos. Por último, decir que a la persona nacida bajo esta influencia le gustará instruirse, dispondrá de los grandes medios y tendrá muchas facilidades. Esta energía a su disposición posibilitará que descubra su auténtico Yo Divino y dará tremendo impulso. Será en ese momento cuando aparezcan estos medios que le llevarán a la realización de su programa trascendente.

Lo que otorga:

- Confundir a los malvados y orgullosos.
- Triunfo de los humildes.
- Salud y plenitud.
- Facilidad para el aprendizaje de cualquier cosa.
- Equilibrio atmosférico.
- Otorga prosperidad y nos trae el nivel de consciencia para que no nos falte nunca. Cuando abrimos las puertas del Cielo para que nos llegue la abundancia, nos llega la cantidad adecuada sobrada en el momento adecuado.

Aprendizaje: Vencer el orgullo y el triunfo de la humildad.

SALMO PARA INVOCARLO

Para invocar su fuerza y poder, primero reza el salmo o salmos elegidos, después cantila su nombre y por último realiza la petición concreta que quieres hacerle.

"Cuando yo decía mi pie resbala, tu misericordia Eterno me sustentaba".

"Si dicebam: motus est pes meus: misericordia tua, Domine, adjuvabat me".

"אִם־אָמַרְתִּי, מָטָה רַגְלִי; חַסְדְּךָ יְהֹוָה, יִסְעָדֵנִי", Salmo 94, versículo 18 (93, vs. 18)

"Im-amarti matah ragli jasdeja Adonai isadeni".

Oración

Oh Sealiah, ayúdame a encontrar y restaurar el equilibrio en mi vida para que sea capaz de perseverar aun cuando me vea atascado. Auxíliame para superar mi orgullo, mi soberbia y mi *ego*. Elévame si me he caído o he sido humillado. Permíteme conectarme genuinamente con la Luz del Creador donde se origina toda abundancia, para que mi vida se llene de prosperidad y bienestar.

46 Ari-el

Ángel n.º 46, עריאל, Ariel. V. n., 311. Varias son las palabras contenidas en el nombre del Ángel. La primera y más directa, por tener el mismo orden de letras, es ערי (*ari*), con los significados de *temporalmente*, y *accesorio, insignificante*. Alterando el orden de las letras, aparece יער, que con la pronunciación *yaar* significa a la vez *panal de miel* y *bosque*, y con vocalización *yier, forestar, plantar bosques*. Otras formas de ordenar las tres primeras letras proporcionan ירע (*yara*), *temblar* y *vacilar*; o עיר, *borrico* o *asnillo* con la pronunciación *ayir*, y *ciudad*, y también *Ángel*, pronunciando *ir*. La guematria, por su parte, nos habla de un proceso de recuperación de tierras que estuvieron degradadas, tal como hicieron los judíos cuando fueron regresando a **Palestina**. Y así, con valor 311 encontramos איש (*iyesh*), *humanizar*, *poblar*; se trata de un proceso tanto de *consolidación*, גבוש (*gibush*), como de levantar lo que se había degradado, lo que obliga a transportar *piedra* (la misma palabra anterior, pronunciada *gebush*) y a trabajarla: nos lo confirman las palabras, ambas con valor 311, השאה (*hassaáh*), con los significados de *levantamiento*, *transporte* y *aguzamiento*; y שבט (*shabat*), *batir*, *golpear*. Por último, sería de esperar que este proceso estuviese protegido, si en verdad se trata de un acto creativo, por algunos grandes Arcángeles, en su doble vertiente consolidadora y saneadora, y eso es precisamente lo que sucede, ya que, con el mismo valor numérico, aparecen ***Tzafkiel*** y ***Rafael***, regentes de las esferas 3.ª y 6.ª en el **Mundo de la Creación**. Al unirse ambas sefirot a través del Sendero 6, Ariel tiene también relación con el libre albedrío (si es que verdaderamente existe) y con la renuncia inevitablemente asociada a la elección. El v.n. del Nombre de Dios es 280, que es el mismo que el de ערי (*certeza*), por lo que genera esta y es el mismo valor que las letras finales דתיום (*mitzpaj*) y el mismo que el Ángel סנדלפון (*Sandalfón*), que es el único Ángel que tiene el poder de vencer los impulsos de Lilith que es la que nos inclina a las fuerzas de la negatividad, que hace que toda nuestra fuerza se la demos al aspecto negativo, mientras que *Sandalfón* es el Ángel que las recupera y cuando nuestra energía pasa al lado negativo y nos genera duda, nos aparecen los enemigos y cuando nos aparece la duda necesitamos este Nombre de Dios que nos devuelve la certeza y la certeza es la que nos permite conseguir las cosas, porque cuando iniciamos las cosas las empezamos con mucha fuerza, luego viene la flojera, después viene la duda y tras ella el abandono y no las conseguimos porque no vamos hasta el final y no vamos hasta el final, porque dejamos de creer en ellas y en lugar de tener éxito, tenemos caos y este Nombre no permite que caigamos en la duda. Regencias: **K**: Escorpio 15° a 20°. **M**: Tauro 15° a 16°; Cáncer 27° a 28°; Libra 9° a 10°; Sagitario 21° a 22°; Piscis 3° a 4°. **S**: 15:00h-15:20h. Tarot: 9Cd. Tríada de la Iniciativa.

Vocalización: Abulafia: A/Re/Yo; Moshé Cordovero: Ari; Agrippa: Ari-el.

Atributo: El Dios revelador.

EL SENDERO DEL TIKÚN

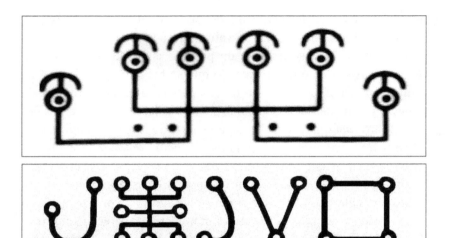

Este Ángel nos trae la bendición del Todopoderoso. Lo que significa que nos protegerá y nos ayudará a conseguir nuestros objetivos más nobles. Incluso nos permitirá tener revelaciones para ver la Luz en nuestro camino. Los individuos influidos por Ariel son los candidatos idóneos a través de los cuales se revelan los secretos del universo. Ellos deben entender que ser receptores de esos conocimientos conlleva la obligación de transmitirlos y con "transmitirlos" se hace referencia a que sean comprensibles. También se menciona en el aprendizaje la necesidad de no olvidar agradecer al Ángel estas revelaciones. Revela los más grandes secretos de la naturaleza y hace ver en sueños los objetos que se desean, lo cual da pie a que ese deseo pueda verse cumplido. Se hace necesario en los individuos con esta capacidad o esta esencia, el conocimiento de la simbología para la comprensión de los mensajes, si no de nada servirán esas revelaciones. La persona nacida bajo esta influencia tendrá un espíritu fuerte y sutil, ideas nuevas y pensamientos sublimes. Conseguirá resolver los más difíciles problemas. Será discreta y obrará con mucha circunspección.

Lo que otorga:

- Descubrimiento de tesoros ocultos.
- Sueños que producen el deseo de realizarlos.
- Ideas nuevas y pensamientos sublimes.
- Discreción para no llamar la atención sobre nuestras obras.

- Protección contra las tribulaciones de espíritu.

- Para tener certeza absoluta.

Aprendizaje: Superar las ataduras del pasado y abordar nuevas etapas.

SALMO PARA INVOCARLO

Para invocar su fuerza y poder, primero reza el salmo o salmos elegidos, después cantila su nombre y por último realiza la petición concreta que quieres hacerle.

"Bueno es el Eterno para todos, y su misericordia resplandece sobre toda su obra".

"Suavis Dominus universis, et miserationes ejus super omnia opera ejus".

"טוֹב־יְהֹוָה לַכֹּל; וְרַחֲמָיו, עַל־כָּל־מַעֲשָׂיו", Salmo 145, versículo 9 (144, vs. 19; 114, 19 en el Tanaj)

"Tov-Adonai lakol verajamav al-kol-maasav".

Oración

Oh Ariel, yo te pido regenerar mi propia vida de forma creativa y que en este proceso esté protegido de mí mismo como de cualquier enemigo que pudiera impedirlo, para que en este cambio sepa alcanzar la libertad desde el ejercicio de mi propio albedrío y sepa ver la Luz en el camino de mi vida para que esta me lleve a cumplir plenamente la voluntad divina. Ayúdame a ser agradecido tanto con tu ayuda como con la de los Ángeles y a bendecir la acción de Dios en mi vida. Contribuye a que tenga certeza sobre la existencia de Dios, así como en las enseñanzas espirituales que me conducen a Él y que sea capaz de abrirme a sus revelaciones para que estas constituyan la luz de mi vida.

47 Asal-iah

Ángel n.º 47, עשליה, Asaliah. V. n., 415. Uno de los significados de la letra ayin (ע) es *fuente*; y a su vez, של (*shel*) significa *desde*. Por tanto, el nombre de este Ángel significa **Desde la fuente de Dios**. El agua que así *mana*, הריר (*harir*, con valor 415) circula por una *acequia*, שקיה (*shakyah*), que también es el *campo de riego*. El Ángel pone en el corazón palabras de *agradecimiento*, תודה (*todah*), que lo son a la vez de *glorificación* y *alabanza* al Creador. El v.n. del Nombre de Dios עשל es 400, el mismo que el de la letra tav, lo que permite disolver los bloqueos provocados por los 400 tipos de impureza, ya que existen 400 tipos de negatividad, el mismo número que este Nombre de Dios. Regencias: **K**: Escorpio 20º a 25º. **M**: Tauro 16º a 17º; Cáncer 28º a 29º; Libra 10º a 11º; Sagitario 22º a 23º; Piscis 4º a 5º. **S**: 15:20h-15:40h. Tarot: 10Cn. Tríada de la Raíces.

Vocalización: Abulafia: A/Si/La; Moshé Cordovero: Esal; Agrippa: Asal-iah.

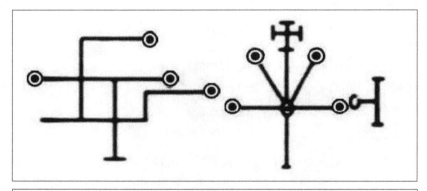

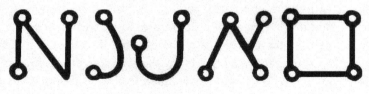

Atributo: Dios el justo, aquel que anuncia la verdad.

Este Ángel nos pone en contacto directo con la luz de Dios para que nos ayude y nos revele el camino que debemos seguir. Es un Ángel ideal para aquellas personas que desean elevar su conciencia y despertar en la Luz del Creador. La esencia de este Ángel es la contemplación y permite al individuo que la recibe estar en condiciones para desde un punto estratégico y perspectiva más elevada ver la realidad en su conjunto. Posiblemente ellos tienen la capacidad para ver lo que otros no pueden, tendrán fama de iluminados, pudiendo llegar al punto de tener facultades supranormales. Configuran el perfil del gran iniciado y podrán ser los grandes instructores. Con Asaliah gozan de un canal directo de comunicación con Dios. Como los grandes conocedores también están capacitados para saber la verdad en todo proceso y poder hacer en él justicia. No hay que olvidar que toda esencia poderosa lleva implícita la aceptación de obligaciones por parte del beneficiario de la misma. Según esto el individuo influido por Asaliah no podrá desvincularse de aquello a lo que le obliga el aprendizaje, pues de lo contrario sufriría un gran bloqueo en su vida. Serán personas intuitivas, capaces de captar el pensamiento de los demás, antes incluso que éstos mismos. Propio de grandes psicólogos, conocedores del alma humana, y pueden terminar ocupando un puesto importante en política, sociología y en todas aquellas situaciones en las que haya una verdad por descubrir. Cuando meditamos con este nombre junto con los números 68 Jabuiah, 43 Vevaliah y 2 Yeliel, siguiendo este orden, es como si construyéramos una bolsa amniótica a nuestro alrededor, como si estuviéramos en el vientre de nuestra madre y estuviéramos protegidos por la bolsa del líquido amniótico.

Lo que otorga:

- Elevarnos hasta la Divinidad.
- Conocimiento de la verdad en los procesos internos y los externos.
- Comprensión de la mecánica cósmica.
- Conseguir carácter agradable y justo.
- Protección contra la inmoralidad y los escándalos.
- Transformación interna.
- Resolver conflictos entre el alma y el cuerpo.
- Nos conecta con el feto en el vientre de la madre, protegidos de cualquier agresión por un escudo protector (meditando junto a los números 47, 48, 63 y 2, en dicho orden).
- Disuelve los bloqueos de cualquier tipo de impureza.

Aprendizaje: Ser Justo.

SALMO PARA INVOCARLO

Para invocar su fuerza y poder, primero reza el salmo o salmos elegidos, después cantila su nombre y por último realiza la petición concreta que quieres hacerle.

"Qué grande es tu obra Eterno, toda ella con sabiduría firme, toda la tierra propiedad tuya".

"Quam magnificata sunt opera tua, Domine! omnia in sapientia fecisti; impleta est terra possessione tua".

"מָה-רַבּוּ מַעֲשֶׂיךָ, יְהוָה-- כֻּלָּם, בְּחָכְמָה עָשִׂיתָ מָלְאָה הָאָרֶץ, קִנְיָנֶךָ",
Salmo 104, versículo 24 (103, vs. 24)

"Mah-rabu maaseja Adonai kulam bejojmah asita malah haa-retz-kinianeja".

Oración

Oh Asaliah, permíteme mostrar mi agradecimiento, mi alabanza y mi glorificación al Creador que sólo provienen desde la misma fuente que Dios es, como nuestra alma es parte del mismo Uno Misericordioso. Ayúdame a que se me muestre el camino hacia Dios para que eleve mi conciencia, despierte a la Luz del Omnipresente y descubra mi auténtico camino en la vida, a fin de que me transforme y de ese modo desde este espacio de paz interior sepa transmitir paz a los que me rodean. Recuérdame que lo que mis ojos observan en el exterior es reflejo de los restos de maldad que yacen ocultos y sin detectar en mi corazón.

48 Miha-el

Ángel n.º 48, מיהאל, Mihael. V. n., 86. Dentro del nombre de este Ángel están las dos preguntas básicas: ¿quién?, מי (mi) y ¿qué?, מה (mah). Es decir, ¿quién ha creado todo esto, y qué es esto? Y la respuesta viene dada por la guematria, que habla del Dios creador, אלהים (Elohim, Gén. 1: 1), y del canto de alegría, aleluya (הללויה) cuando se descubre que, como dice el *haditz* básico del Islam, *Nada existe aparte de Allah*, no existe sino el Absoluto, y lo Relativo es Su expresión gozosa. El v.n. de este Nombre de Dios מיה es 55. Regencias: **K**: Escorpio 25º a 30º. **M**: Tauro 17º a 18º; Cáncer 29º a 30º; Libra 11º a

12°; Sagitario 23° a 24° de Piscis -5° -a -6°. **S**: 15:40h-16:00h. Tarot: 10Cd. Tríada de la Inserción en el Mundo.

Vocalización: Abulafia: Me/Yo /He; Moshé Cordovero: Miah; Agrippa: Miha-el.

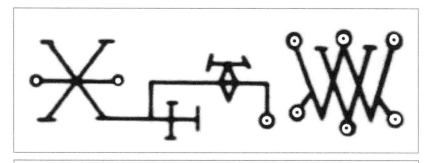

Atributo: Dios, un Padre seguro.

Este Ángel nos pone en contacto directo con la paz de Dios para atraer la armonía y la felicidad a nuestro hogar y nuestras familias. Ayuda en los problemas de pareja, permitiendo una mayor comprensión mutua. Para empezar, se puede decir que las personas influenciadas por este Ángel serán personas de fuertes deseos y al considerarse éste el principal móvil en toda realización se podría decir que serán personas con muchas vivencias, experiencias y que obtendrán el fruto de lo deseado. Gentes de obra. Padres o madres de familia numerosa, por tanto, vemos que Mihael es Ángel de fecundidad. Sirve para conservar la unión entre esposos, por tanto, excelente para las relaciones conyugales. Protege a las personas que acuden a él, las cuales tendrán presentimientos e inspiraciones sobre el futuro, en el caso de sus influenciados sencillamente, porque ellos desean fuertemente saber. Les apasionará el amor, los paseos y los placeres en general. En definitiva, es también el Ángel del amor entre la mujer y el hombre.

Lo que otorga:

- Paz y armonía entre esposos, amistad y fidelidad conyugal.
- Presentimientos e inspiraciones secretas sobre lo que ha de ocurrir.
- Da la capacidad de tener la perspectiva de conjunto de nuestro escenario, de las cosas, y nos permite tener la visión para corregir, porque una visión fraccionada nos haría equivocarnos en la decisión que vamos a tomar.
- Fecundidad en las relaciones sexuales.
- Protección a los que recurren a él.
- Protección contra el impulso que nos lleva a la desunión.
- Nos conecta con el feto en el vientre de la madre, protegidos de cualquier agresión por un escudo protector (meditando junto a los números 47, 48, 63 y 2, en dicho orden)

Aprendizaje: Ser fuente de Vida.

SALMO PARA INVOCARLO

Para invocar su fuerza y poder, primero reza el salmo o salmos elegidos, después cantila su nombre y por último realiza la petición concreta que quieres hacerle.

"Da a conocer Eterno su auxilio, para los ojos de los gentiles descubre su justicia".

"Notum fecit Dominus salutare suum; in conspectu gentium revelavit justitiam suam".

"הוֹדִיעַ יְהוָה, יְשׁוּעָתוֹ; לְעֵינֵי הַגּוֹיִם, גִּלָּה צִדְקָתוֹ", Salmo 98, versículo 2 (97, vs. 2)

"Hodiya Adonai ieshuato leene hagoim giliah tzidkato".

Oración

Oh Mihael, ayúdame a reconocer que la Creación completa es obra de Dios y a cantar de alegría que nada existe aparte de Él. Ponme en contacto con la paz profunda que emana del corazón del Eterno para que fluya en todas las relaciones de mi vida y se expanda como el efecto de una piedra echada en un lago, dota de armonía a mi familia y a la familia humana. Hazme comprender que la verdadera unión nace de reconocernos uno con Dios. Protégeme de cualquier cosa o persona que fomente la desunión conmigo misma, con mis familiares, mi pareja, amigos, compañeros y vecinos.

49 Vehu-el

Ángel n.º 49, והואל, Vehuel. V. n., 48, mientras que la guemetria del Nombre es 17, que es el mismo que tiene la palabra טוב (bueno), y sus letras coinciden con el nombre del Ángel número 1 Vehuiah, pero perteneciente a diferente esfera, por lo que en esta esfera la oportunidad se refiere a encontrar el amor. Las dos primeras letras forman el nombre más oculto de Dios, יה, y las dos últimas una de Sus manifestaciones, אל. El lazo de unión es la letra vav (ו), que simboliza al hombre. Por tanto, el nombre del Ángel nos transmite el mensaje de que *El Dios oculto Se manifiesta a través del hombre*. La guematria nos dice cómo es este proceso de manifestación y el efecto que produce: el *cerebro*, מח (*moaj*) es el órgano a través del cual la manifestación se produce, fluyendo como un *torrente*, יבל (*iubal*) a lo largo de un *canal*, גמה (*gumah*), y produciendo a veces *angustia*, חיל (*jil*), *enfermedad*, חלי (*jalí*) y *fiebre*, חם (*jom*), y a veces *fuerza* (חיל, leída *jail*) y *éxtasis, alegría*, גילה (*gilah*). Son los efectos contrapuestos, según se reciba el Rayo Divino que trae Vehuel sin una preparación y ascesis previas, o con ellas. Vehuel nos previene, pues, de no buscar la iluminación sin una anterior limpieza o purificación del subconsciente, tal como propugnaba constantemente el maestro *Antonio Blay* y reitera a lo largo de toda su obra *Arnaud Desjardins*. El v.n. de este Nombre de Dios והו es 17. Regencias: **K**: Sagitario -0º a 5º. **M**: Tauro 18º a 19º; Leo 0 a 1º; Libra 12º a 13º; Sagitario 24º -a 25º; Piscis 6º a 7º. **S**: 16:00h-16:20h. Tarot: 2Bn. Tríada de la Innovación.

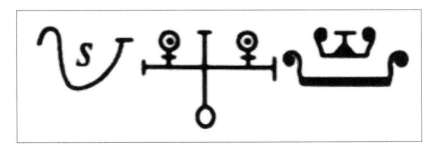

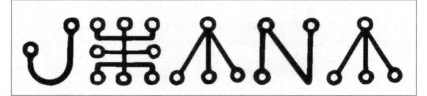

Vocalización: Abulafia: Va/He/Va; Moshé Cordovero: Vahu; Agrippa: Vehu-el.

Atributo: Dios excelso y sublime.

La esencia de este Ángel sirve para elevarnos, hacernos grandes y recordar nuestra trascendencia. Elevar el alma a su origen. Esto se realizará porque al penetrar esta esencia, la persona prescinde del deseo para de una forma consciente, implantar la sabiduría suprema sobre la tierra. Se puede decir que la esencia de Vehuel es el mejor antídoto contra las bajas pasiones. Los nacidos en sus horas no necesitarán convencer sobre esto, su sola presencia bastará. Se puede decir que son útiles para la regeneración del hombre sobre la tierra. También sirve este Ángel para alabar a Dios, por la admiración que llegan a sentir sus influenciados por Él. Esto se produce por un conocimiento que irrumpe de repente en sus mentes y provoca una fuerte emoción. Le reconocerán como la primera causa de la vida. Son, por tanto, personas que se elevan gracias al talento y virtudes y ello puede convertirles en esos grandes personajes que abrirán los caminos de la nueva inteligencia, de la nueva era. Tendrán un alma sensible y se distinguirán por sus buenas acciones.

Lo que otorga:

- Canal para exaltarse hacia Dios.

- Elevación gracias a nuestras virtudes y talento.

- Conseguir la estima de todos por nuestra bondad y generosidad.

- Éxito en la literatura, jurisprudencia y diplomacia.

- Protección contra el egoísmo, el odio y la hipocresía.

-Felicidad verdadera. Encontrar el amor, ya que limpia nuestras emociones.

Aprendizaje: Vencer el odio y las tendencias egoístas.

SALMO PARA INVOCARLO

Para invocar su fuerza y poder, primero reza el salmo o salmos elegidos, después cantila su nombre y por último realiza la petición concreta que quieres hacerle.

"Grandioso es Eterno y alabado en cantidad, y sin indagación".

"Magnus Dominus, et laudabilis nimis, et magnitudinis ejus non est finis".

"גָּדוֹל יְהוָה וּמְהֻלָּל מְאֹד; וְלִגְדֻלָּתוֹ, אֵין חֵקֶר", Salmo 145, versículo 3 (144, 3)

"Gadol Adonai umhulai meod veligdulato en jeker".

Oración

Oh Vehuel, protégeme de cualquier aflicción o inquietud de mi alma, ayúdame a prepararme para recibir la iluminación Divina y que no me halle tentado de querer recibir esta sin antes haberme purificado incluso hasta el nivel subconsciente. Hazme consciente de que sólo limpiando y vaciando el vaso de mi ser podré recibir el éxtasis y la alegría de la fusión con el Eterno. Ayúdame a elevar mi alma al origen para que el Dios oculto pueda manifestarse a través de mí.

50 Dani-el

Ángel n.º 50, דניאל, Daniel. V. n., 95. Otro de los Ángeles cuyo nombre se traduce directamente, pues significa **Juicio de Dios**. El valor numérico, coincidente con el del Ángel número 12, proporcionaba, según recordamos, a la Shejiná, la presencia divina en la tierra, el aspecto femenino de Dios. Al tratarse ahora de un *juicio*, se nos pregunta a través de Daniel por el grado de cumplimiento de nuestro *tikún* particular. Según éste sea, o bien seremos censurados (סלה, *salah, censurar, humillar*), o bien recibiremos la consagración (הסיך, , *hisíj, consagrar*) para desarrollar nuestra sagrada tarea de rescatar de su encierro a la Divina Princesa (פודה, *podeh, redentor, libertador*). El v.n. del Nombre de Dios es 64 el mismo que el de la palabra נבואה (*nevuhá, profecía*) por lo que nos aporta el don de la profecía. Regencias: **K**: Sagitario 5º a 10. **M**: Tauro 19º a 20º; Leo 1º a 2º; Libra 13º a 14º; Sagitario 25º a 26º; Piscis 7º a 8º. **S**: 16:20h-16:40h. Tarot: 2Bd. Tríada de la Innovación.

Vocalización: Abulafia: Da/Nu/Yo; Moshé Cordovero: Dani; Agrippa: Dani-el.

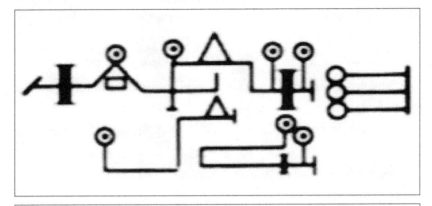

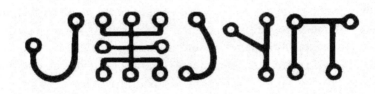

Atributo: El signo de la compasión. El Ángel de las confesiones.

Este Ángel nos ayuda a diferenciar lo posible de lo imposible. Significa que nos permitirá descubrir cuál de nuestros sueños o aspiraciones es verdaderamente constructivo y posible de materializarse, frente a aquellos que son una pérdida de energía. Elocuencia es aquello que permite expresarse con gracia, quitando severidad y rigor a la expresión, pero con un poder alto de convicción. Los influenciados por Daniel serán convincentes sobre todo cuando traten con personajes importantes. Esa elocuencia además podrá salvarle de apuros. También habla sobre misericordia, pero como siempre que se trata este asunto, nos dice que para poder ser misericordiosos con los demás debemos empezar siéndolo con nosotros mismos. Así de esta forma también se obtiene la misericordia de Dios y su consuelo. Esta elocuencia no sólo influye en profesiones como la abogacía o magistratura, sino en todas aquellas en las que la comunicación oral sea herramienta indispensable. También influye sobre grandes literatos y guionistas.

Lo que otorga:

- Se obtiene consuelo para todos los males.
- Perdón de las injurias, de los pecados.
- Rejuvenecimiento, recuperación de la gracia y la belleza.
- Inspiración para que los indecisos puedan determinarse.
- Protección contra la tentación de vivir por medios ilícitos.
- Obtener la máxima Luz (borrar toda nuestra oscuridad y complacernos con la Luz absoluta).
- Nos aporta el don de la profecía.

Aprendizaje: Ser consuelo para los que experimentan la adversidad y el rigor.

SALMO PARA INVOCARLO

Para invocar su fuerza y poder, primero reza el salmo o salmos elegidos, después cantila su nombre y por último realiza la petición concreta que quieres hacerle.

"Clemente y misericordioso es el Eterno, lento para la ira y grande en misericordia".

"Miserator et misericors Dominus, longanimis et misericors".

"חַנּוּן וְרַחוּם יְהֹוָה; אֶרֶךְ אַפַּיִם, וּגְדָל-חָסֶד", Salmo 145, versículo 8 (144, vs. 8)[69]

"Janun verajum Adonai erej apaim ugdol-jased".

Oración

Oh Daniel, dame consuelo ante cualquier mal que pueda ocurrir en mi vida y especialmente el perdón de las injurias y los pecados que hayan podido ofenderme, otórgame rejuvenecimiento y la recuperación de la gracia y belleza, concédeme inspiración ante la indecisión y capacidad de poder determinarme, protégeme de la tentación de vivir

---

[69] En el Tanaj se corresponde exactamente con el salmo 85: 15. Se trata de versículos muy parecidos, pero que discrepan en su formulación muy levemente como puede verse: "חַנּוּן וְרַחוּם יְהוָה; אֶרֶךְ אַפַּיִם, וּגְדָל-חָסֶד".

por medios ilícitos y permite la apertura de mi cuerpo, mi alma y mi espíritu para que me abra a la máxima Luz a fin de que pueda recibirla.

51 Hajas-iah

Ángel n.º 51, החשיה, Hajasiah. V. n., 328. El nombre de este Ángel está asociado al sufrimiento y a la oscuridad. La palabra חש (*jash*), contenida en dicho nombre, significa *sufrir*, mientras que la he (ה) inicial indica *apertura*. Por tanto, Hajasiah trae el mensaje de abrirse al sufrimiento o, como dijo **Jesús de Nazaret**, no poner resistencia al mal. La guematria confirma este mensaje mediante la palabra חשך (*joshej*), *tinieblas*, tal como aparecen en Génesis 1: 2. Y será necesario, pues, soportar la *dominación* o *presión*, כבוש (*kibush*) y la mentira (בחש, *kijesh*, *mentir*). Pero el mal no es sino uno de los dos polos del eje ético o moral, que están en *perpetuo movimiento*, מניע נצחי (*meniá nitzjí*), tal como saben muy bien los taoístas: el Yang y el Yin prosiguen su eterna danza, ahora uno está arriba, ahora está debajo... El v.n. de este Nombre de Dios החש es 313. Regencias: **K**: Sagitario 10 a 15º. **M**: Tauro 20º a 21º; Leo 2º a 3º; Libra 14º a 15º; Sagitario 26º a 27º; Piscis 8º a 9º. **S**: 16:40h-17:00h. Tarot: 3Bn. Tríada de la Ascética.

Vocalización: Abulafia: He/Je/Shi; Moshé Cordovero: Hajash; Agrippa: Hahs-jah.

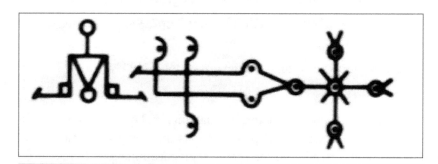

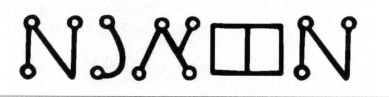

Atributo: Dios oculto.

Este Ángel nos ayuda a aprender las lecciones de la vida. Nos permite encontrar a Dios en cualquier cosa que hagamos o vivamos, dándole así un sentido divino y próspero a nuestra vida. Es ideal para superar dificultades, y para traer paz donde haga falta. Medicina Universal o Piedra Filosofal. Medicina Universal: se habla de una comprensión de lo que causa el mal, Hahasiah lo hace sobre las causas. A la persona nacida bajo su influencia le gustarán las ciencias abstractas, el conocimiento de las propiedades de plantas, animales y minerales. Aptos para la medicina y realización de descubrimientos. Más que hablar de físicos y químicos podemos hablar de alquimistas y metafísicos, ya que su ciencia es tan alta que viene por inspiración.

Lo que otorga:

- Contemplación de las cosas divinas y el descubrimiento de los misterios de la sabiduría.
- Vocación por la medicina.
- Misión redentora.
- Conocimientos de química y física; revelación de secretos de la naturaleza.
- Protección contra los que abusan de la buena fe, de charlatanes y engatusadores.
- Alcanzar el arrepentimiento. Es el nombre de la *Teshuvá* por excelencia, por lo que hace borrón y cuenta nueva de nuestro pasado.

Aprendizaje: Ser Bondadoso.

SALMO PARA INVOCARLO

Para invocar su fuerza y poder, primero reza el salmo o salmos elegidos, después cantila su nombre y por último realiza la petición concreta que quieres hacerle.

"Sea gloria Eterno para siempre, alégrese Eterno en su obra".

"Sit gloria Domini in saeculum; laetabitur Dominus in operibus suis".

"יְהִי כְבוֹד יְהוָה לְעוֹלָם; יִשְׂמַח יְהוָה בְּמַעֲשָׂיו", Salmo 104, versículo 31 (103, vs. 31)

"Iehi jevod Adonai leolam ismaj Adonai bemaasav".

Oración

Oh Hajasiah, permite que mi alma se eleve y que a través de ello me sean desvelados los misterios de la sabiduría, otórgame vocación para la medicina si ese fuera mi camino, concédeme la misión y la capacidad de redimir, confiéreme conocimientos de química y de física, así como la capacidad de penetrar en los secretos de la naturaleza, protégeme contra los que abusan de la buena fe, de los charlatanes y de los engatusadores y haz que sea capaz de alcanzar el arrepentimiento.

52 Imam-iah

Ángel n.º 52, עממיה, Imamiah. V. n., 165. El nombre de este Ángel contiene עמם (*immem*), *oscurecer, volver opaco*, y la guematria es un buen muestrario de palabras relacionadas con este concepto. Está presente la propia *oscuridad*, עיפה (*efah*), palabra que tiene además el significado de *desierto*, con lo que evoca poderosamente los peligros que cabía esperar en las oscuras noches entre las arenas desérticas, tal y como indican el Salmo 91 y la sura 113 del Corán. Esas *potencias*, חזקים (*jezkim*), quizá maléficas, y muchas veces peligrosas, aparecen también con el mismo valor numérico, acompañadas de conceptos poco tranquilizadores, como בגדי עולם (*bigdé olam*), *mortaja*; קללה (*kelalah*), *maldición, anatema*; כעסה (*keisah*), *cólera, ira*; o עיפה (*efah*), *fatiga, cansancio*. Hay, sin embargo, algunos otros conceptos con la misma guematria que aclaran los motivos de este oscuro conjunto. En primer lugar, un pasaje del Salmo 25: 14, להודיעם (*lehodiam*), *les hará saber*; después, נעילה (*neilah*), con el significado de *cierre*, pero también el nombre de la última oración del día del **Perdón** (**Yom Kipur**). La oscuridad aparece entonces como consecuencia de un proceso de purificación próximo a terminar. En este sentido, la actuación de Imamiah tiene una profunda relación con el Arcano 18 del tarot, La Luna, y su sendero asociado, junto con la letra tzade (צ). Se trata de agotar las viejas energías, para hacer sitio a las nuevas que no tardarán en aparecer. El poema de san **Juan de la Cruz** *"La Noche*

Oscura del Alma"[70] relata en versos maravillosos este proceso. El v.n. de este Nombre de Dios עמם es 150. Regencias: **K**: Sagitario 15º a 20º. **M**: Tauro 21º a 22º; Leo 3º a 4º; Libra 15º a 16º; Sagitario 27º a 28º; Piscis 9º a 10º. **S**: 17:00h-17:20h. Tarot: 3Bd. Tríada de la Fe.

---

70   1. En una noche oscura,
con ansias, en amores inflamada,
¡oh dichosa ventura!,
salí sin ser notada
estando ya mi casa sosegada.

2. A oscuras y segura,
por la secreta escala, disfrazada,
¡oh dichosa ventura!,
a oscuras y en celada,
estando ya mi casa sosegada.

3. En la noche dichosa,
en secreto, que nadie me veía,
ni yo miraba cosa,
sin otra luz y guía
sino la que en el corazón ardía.

4. Aquésta me guiaba
más cierto que la luz de mediodía,
adonde me esperaba
quien yo bien me sabía,
en parte donde nadie parecía.

5. ¡Oh noche que guiaste!
¡oh noche amable más que el alborada!
¡oh noche que juntaste
Amado con amada,
amada en el Amado transformada!

6. En mi pecho florido,
que entero para él solo se guardaba,
allí quedó dormido,
y yo le regalaba,
y el ventalle de cedros aire daba.

7. El aire de la almena,
cuando yo sus cabellos esparcía,
con su mano serena
en mi cuello hería
y todos mis sentidos suspendía.

8. Quedéme y olvidéme,
el rostro recliné sobre el Amado,
cesó todo y dejéme,
dejando mi cuidado
entre las azucenas olvidado.

Vocalización: Abulafia: A/Me/Me; Moshé Cordovero: Amam; Agrippa: Imama-jah.

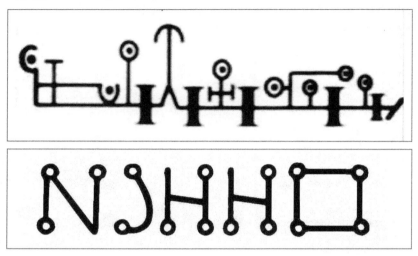

Atributo: Dios excelso por encima de todas las cosas.

Este Ángel nos ayuda a conseguir méritos económicos basados en el buen trabajo. Con este Ángel puedes recibir la energía divina para mejorar tu situación económica, y luchar contra aquellos que te ponen barreras. Pero para que tu ruego sea escuchado deberás tener un corazón limpio y una mente honesta. Aquí sí que podemos distinguir claramente un Ángel que nos proporciona una esencia fundamental para superar karma, generalmente el acumulado tras una mala asimilación del Ángel 38 Jaamiah. Por ejemplo, una esencia mal asimilada de Jaamiah da lugar a una organización como la Inquisición. Es así que con esta esencia tendremos que resarcir a otros en aquello en lo que perjudicamos, pero con Imamiah siempre se hace referencia a temas de rituales y religiosos. Según sea la cantidad de errores cometidos, así de activo se mostrará Imamiah. Él se encargará de poner delante en esta vida a esos perjudicados para darnos esa oportunidad. No obstante tengamos la seguridad de que esta esencia va acompañada de enorme fortaleza. Es por ello que serán individuos de temperamento fuerte y vigoroso, capaces de soportar las adversidades con paciencia, amantes del trabajo y facilidad en la ejecución de tareas. Imamiah espera que desarmemos a los enemigos mediante amor. Domina sobre los viajes en general, estos viajes pueden incluso estar referidos a cambios anímicos. Protege a los prisioneros, también entendiendo como prisioneros aquellos que quieren verse liberados de viejas tendencias perjudiciales. En definitiva, aparecida la buena fe y el deseo de enmienda encontrarán su vuelta a Dios.

Lo que otorga:

- Destruir el poder del enemigo.

- Protección en los viajes.

- Protección de los prisioneros.

- Protege a los que buscan la verdad.

- Protección contra la grosería, la maldad y el orgullo.

- Encender la verdadera pasión.

- Nos permite orar con *kavaná* (*intención correcta*) para que nuestra oración tenga resultado.

Aprendizaje: Liberarse de las fuerzas internas que se convierten en enemigas de la evolución.

SALMO PARA INVOCARLO

Para invocar su fuerza y poder, primero reza el salmo o salmos elegidos, después cantila su nombre y por último realiza la petición concreta que quieres hacerle.

"Alabaré al Eterno por su justicia, en nombre del Eterno alabaré".

"Confitebor Domino secundum justitiam ejus, et psallam nomini Domini altissimi".

"אוֹדֶה יְהוָה כְּצִדְקוֹ; וַאֲזַמְּרָה, שֵׁם-יְהוָה עֶלְיוֹן", Salmo 7, versículos 18 (7, vs. 18)

"Odeh Adonai ketzidko vaazamerah shem-Adonai elion".

Oración

Oh Imamiah, yo te pido escapar del poder de las fuerzas de la oscuridad. Ayúdame a agotar las viejas energías de oscuridad que me están lastrando, permíteme purificarme del lastre que me impide mi completa realización como hijo de Dios. Permite que se encienda en mí verdaderamente el poder de la oración y que broten de mi corazón los sentimientos más nobles y elevados hacia el Creador y la Creación para que la oración que nazca de mí hacia Él tenga la nobleza de un niño hacia su padre amoroso.

53 Nana-el

Ángel n.º 53, ננאאל, Nanael. V. n., 132. Al igual que los Ángeles 26 y 30, aparecen nuevamente las dos letras alef (אא) juntas. Les anteceden dos letras nun (נג) también juntas, que nos hablan de la doble percepción, que hay que presumir sensorial y extrasensorial. Como ya vimos, la pareja de bueyes que son las dos alef ha trabajado (o está trabajando) el campo, a la vez que se está percibiendo algo que está más allá de lo físico. Esto recuerda poderosamente el milagro que, según la tradición, sucedió al madrileño san *Isidro*, que, mientras oraba, era ayudado por un Ángel que conducía la yunta de bueyes, tal como lo vio su patrón, *Iván de Vargas*. En este caso, el Ángel sería semejante a un *contratista*, קבל (*kebal*) del propio *Isidro*, y el nombre de Nanael vendría a significar la **ayuda del Cielo a quien practica la oración**. El v.n. del Nombre de Dios es 101, igual que el de la energía de Jesed (*bondad*), por lo que protege la salud, conecta con la energía de Mashiaj y restaura lo perdido, posee el mismo valor que el del Arcángel מיכאל (*Mikael*), en realidad lo perdido es sólo la manifestación física de la cosa, véase por ejemplo el miembro fantasma, porque la energía p.ej. del alma de la pierna aún está ahí, lo que ocurre es que ya no la tienen físicamente, carece de la envoltura, a lo que llamamos perder las cosas, pero con este Nombre puedes recuperar a través de su energía su manifestación física y, de hecho, hay animales que pueden recuperar su miembro perdido, como la lagartija su rabo. Regencias: **K**: Sagitario 20º a 21º. **M**: Tauro 22º a 23º; Leo 4º a 5º; Libra 16º a 17º; Sagitario 28º a 29º ; Piscis 10 a 11º. **S**: 17:20h-17:40h. Tarot: 4Bn. Tríada de la Ética.

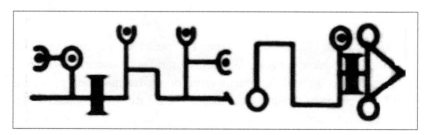

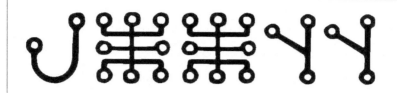

Vocalización: Abulafia: Nu/Nu/A; Moshé Cordovero: Nina; Agrippa: Nana-el.

Atributo: Dios, aquel que confiere humildad a los orgullosos.

Este Ángel nos ayuda a estudiar. Especialmente útil para los estudiantes y gente relacionada con la investigación, documentación y estudio de gabinete. Aclara la mente y permite descubrir y valorar aquello que realmente es importante. La esencia que aporta es la comunicación espiritual, la cual bien asimilada nos dirige hacia una luz en donde todo resulta comprensible y nos pondrá en condiciones de poder efectuar esa comunicación, ya que dispondremos de ese impulso, de un deseo. La necesidad de pedir, de desear, y para ello cito la frase de Cristo de "Pedid y se os dará", concluye así que se caerá en la ignorancia en el momento en que no se desea saber, se rechaza el conocimiento. Si nos encontramos en el sendero que preside Nanael es porque de alguna forma disponemos o hemos dispuesto de la esencia de Ariel (nº 46), si esta ha sido aprovechada, es decir, si hemos sido capaces de percibir los secretos de la naturaleza, ahora podremos comprender los secretos del espíritu. Influencia sobre eclesiásticos, profesores y magistrados. El conocimiento espiritual dará lugar al eclesiástico, aquel que será capaz de desvincularse de placeres mundanos sin sacrificio alguno. Dará paso al profesor que irá enseñando lo aprendido, dará lo que le ha sido dado, esa liberación permitirá dar paso a nuevos conocimientos y, por último, podremos convertirnos en el magistrado que aplica en justicia esas leyes a todas las facetas de la existencia. De no asimilar bien esta esencia se podrá convertir la persona poseedora de la misma en un cura de espíritu difícil de entender, un profesor que repite y no enseña y alguien más dado a juzgar que a aplicar la Ley. Los influenciados por Nanael pueden tener un humor melancólico, gustarán de la vida privada, el reposo y la meditación. Esa melancolía irá desapareciendo tal como vaya consiguiendo los objetivos de esta esencia.

Lo que otorga:

- Inspiración para el estudio de las Altas Ciencias.
- Inspira en sus trabajos a los profesores, magistrados y legisladores.
- Adquirir conocimientos transcendentes mediante la meditación.
- Rejuvenicimiento intelectual y físico, ya que restaura lo perdido y protege la salud.
- Protege contra la ignorancia y las malas cualidades de cuerpo y de alma.
- Dar sin esperar a recibir, sin intenciones ocultas.
- Conecta con la energía de Mashiaj.

Aprendizaje: Vencer el orgullo y la insolencia.

SALMO PARA INVOCARLO

Para invocar su fuerza y poder, primero reza el salmo o salmos elegidos, después cantila su nombre y por último realiza la petición concreta que quieres hacerle.

"Conozco Eterno como tu juicio desde tu justicia, y en fidelidad me has afligido".

"Cognovi, Domine, quia aequitas judicia tua, et in virtute tua humiliasti me".

"יָדַעְתִּי יְהוָה, כִּי-צֶדֶק מִשְׁפָּטֶיךָ; וֶאֱמוּנָה, עִנִּיתָנִי", Salmo 119, versículo 75 (118, vs. 75)

"Iadati Adonai ki-Tzedek mishpateja veemunah initani".

Oración

Oh Nanael, permite que a través de la oración me llegue la ayuda del Cielo expandiendo mi percepción sensorial y extrasensorial y que a través de ella sepa pedir para mí y para los demás aquello que esté afinado con la voluntad divina. Ayúdame a estudiar y a que mi esfuerzo en el estudio, la investigación y la documentación sea productivo y esté en armonía con la sabiduría divina. Iníciame en los secretos del espíritu para que en mi tarea de enseñanza, guía del alma, y en el desempeño de la justicia esté guiado por el conocimiento cierto. Dame intenciones sinceras en mi trato con los demás y que quiera para ellos lo mismo que estima para nosotros el Creador.

54 Nitha-el

Ángel n.º 54, ניתאל, Nithael. V. n., 491. Este Nombre esconde en su interior תן (*tan*), *chacal*, por lo que significaría **chacal de Dios**. El dios-chacal, ***Anubis***, era en el panteón egipcio el encargado de presentar las almas de los muertos ante el tribunal de ***Osiris***, por lo que la letra tav (ת), que simboliza la muerte, está lógicamente presente en el nombre de este Ángel. Hemos encontrado una palabra con valor 491 que refuerza la idea de la muerte: צאת (*tzet*), *salir*, pero que, curiosamente, contiene la raíz צא, contenida en מוצא (*motzá*), *nacimiento*. Nithael, pues, sería el Ángel que ayuda al tránsito desde la Orilla Real (del latín *res*, *rei*, "cosa"), o Mundo de los Vivos, a la Orilla Verdadera, o Mundo de los Muertos, que son los verdaderamente vivos. Este Nombre de Dios es el que permitió que no muriera el pueblo judío en el Mar Rojo, ya que es un código que induce a la continuidad de las cosas, la cual depende de un estado de consciencia, ¿qué estado de consciencia? Que si otro muere, también muero yo: tanto con nuestra crítica como con nuestra calumnia o difamación como un acto físico que suponga nuestra muerte que provoca la del otro. Regencias: **K**: Sagitario -25º -a -30º. **M**: Tauro 23º a 24º; Leo 5º a 6º; Libra 17º a 18º; Sagitario 29º a 30º; Piscis 11º a 12º. **S**: 17:40h-18:00h. Tarot: 4Bd. Tríada de la Ética.

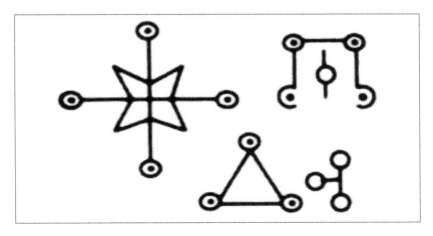

Vocalización: Abulafia: Nu/Yo/Ta; Moshé Cordovero: Niyat; Agrippa: Nitha-el.

Atributo: Rey del cielo.

Nithael nos ayuda constantemente a distinguir lo legítimo de lo ilegítimo, asunto que no es fácil, pues lo ilegítimo es una espada de Damocles que apunta constantemente a la cabeza de lo legítimo, para degollarlo. Es por eso que Nithael favorece la legitimidad y que en el momento de la sucesión todo ocurra como debe. Si aprovechamos las esencias de Nithael seremos bendecidos por la misericordia y quedaremos limpios, la consecuencia directa de esto es que nos espera una larga vida. Domina sobre emperadores, príncipes, imperios legítimos, su estabilidad, protege el empleo de aquellos que lo desean y se mantienen estables y por esta misma estabilidad serán capaces de triunfar en todo aquello que emprendan en cualquier faceta de la vida. Si conseguimos aunar de forma legal todas nuestras tendencias internas, conseguiremos en el mismo espacio ese imperio al que suele hacerse referencia y esto tendrá traslado inmediato a la vida material. Los escenarios de Nithael son también de celebridad y sus influenciados podrán serlo por sus escritos y elocuencia, pero esto como en todo estará reservado a aquellos que sean capaces de asimilar de forma positiva la esencia.

Lo que otorga:

- Misericordia de Dios y larga vida.

- Apoyo a las peticiones que se dirigen a las altas dignidades.

- Conservación de lo legítimo.

- Adquirir celebridad a través de los escritos y la elocuencia.

- Protege contra los que atentan contra nuestra autoridad.

- Ahuyenta los peligros de que las cosas terminen.

- Está ligado con la inmortalidad, la de nuestros proyectos o cosas que nos gusta tener, ya que induce a que continúen (negocios, amigos, amores, etc.).

Aprendizaje: Lo estable es algo que no puede durar.

SALMO PARA INVOCARLO

Para invocar su fuerza y poder, primero reza el salmo o salmos elegidos, después cantila su nombre y por último realiza la petición concreta que quieres hacerle.

"El Eterno estableció su trono en los cielos, y su reino gobierna a todos".

"Dominus in coelo paravit sedem suam; et regnum ipsius omnibus dominabitur".

"יְהֹוָה--בַּשָּׁמַיִם, הֵכִין כִּסְאוֹ; וּמַלְכוּתוֹ, בַּכֹּל מָשָׁלָה", Salmo 103, versículo 19 (102, vs. 19)

"Adonai bashamaim hejin kiso umaljuto bakol mashalah".

Oración

Oh Nithael, ayúdame a presentar las almas de los que están muriendo y de los que han muerto ante Dios para que puedan realizar el tránsito entre las dos orillas, la del Mundo de los Vivos y la del Mundo de los Muertos. Protégeme de la finalización de mis medios de vida, pareja, amistades como expresión de la muerte. Apóyame para distinguir lo legítimo de lo ilegítimo porque sé que sólo obrando desde lo legítimo seré bendecido por la misericordia del Creador y quedaré limpio, alcanzando así el fruto de la longevidad. Sé que con esta actitud apoyarás mi empleo y mi estabilidad en todos los niveles, dotándome de la capacidad de escribir y la elocuencia para transmitir ante las autoridades las peticiones y lo que emana de la voluntad divina que sea presentado ante el mundo de los hombres.

55 Mebah-iah

Ángel n.º 55, מבהיה, Mebahiah. V. n., 62. La única posibilidad de profundizar en el nombre de este Ángel es mediante un notarikón de sus tres primeras letras, pues no puede formarse con ellas sino la pregunta *¿Qué?*, מה (*mah*), y la guematria no aporta datos significativos. Tomemos, pues, la primera letra, mem (מ), que nos habla del *agua*, y por tanto de las emociones; después, la bet (ב), que nos remite al *interior* de algo, y por último la he (ה), que significa a la vez *espíritu* y *apertura*: las emociones abriendo su interior, mostrando sus entrañas, por decirlo así, al espíritu. Y, como dice **San Pablo**, el amor actúa sobre las emociones (E-MOVERE, lo que se rechazó y nos sacó del centro) perdonando y sanando: *"El amor es sufrido, es benigno; el amor no tiene envidia, el amor no hace sinrazón, no se ensancha; no es injurioso, no busca lo suyo, no se irrita, no piensa mal; no se huelga en la injusticia, sino de la verdad; todo lo sufre, todo lo cree, todo lo espera, todo lo soporta."* (I Cor. 1: 4-7). Mebahiah es, pues, el encargado de sacar a la luz las emociones que, de quedar demasiado tiempo encerradas, se corromperían y acabarían enfermando a su dueño. El v.n. de este Nombre de Dios מבה es 47. Regencias: **K**: Capricornio 0 a 5°. **M**: Tauro 24° a 25°; Leo 6° a 7°; Libra 18° a 19°; Capricornio 0° a 1°; Piscis 12° a 13°. **S**: 18:00h-18:20h. Tarot: 5On. Tríada de los Miedos.

Vocalización: Abulafia: Me/Be/He; Moshé Cordovero: Mevah; Agrippa: Meba-jah.

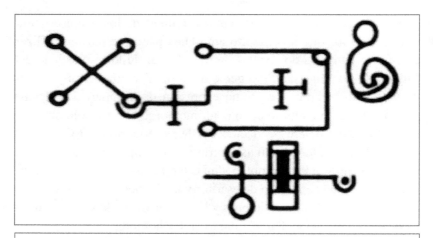

Atributo: Dios, el eterno.

Este Ángel es el gran protector de la infancia. Nos ayuda a transmitir nuestras mejores bendiciones a los niños para que el Cielo los proteja y ayude a encontrar la verdadera felicidad. También cuida de los más débiles y los más necesitados. Las personas influenciadas por Mebahiah tendrán una percepción de la realidad elevada gracias a su intelecto, a sus percepciones cerebrales, eso les permitirá analizar cada una de las situaciones con las que se encuentren en su vida. Serán personas que siempre se regirán por principios éticos y su vida siempre estará acorde en cuanto a eso, tanto en lo referente a su pasado, presente y futuro. Aporta deseo de tener hijos y en un sentido general de crear, porque así ven como contribuyen a la obra divina. Propagadores de ideas religiosas. Se distinguirán por acciones bondadosas. Serán capaces no sólo de darse a Dios por entero sino al hombre también. Y en eso entra el consuelo, comprenderán por donde vienen las tristezas y serán capaces de resolverlas. Curarán a muchos gracias a este consuelo. Ayudarán a las personas que quieren regenerarse.

Lo que otorga:

- Ver cumplidos los deseos de tener hijos.
- Mantenerse dentro de la ética.
- Propagación de ideas religiosas.
- Ser un bienhechor de la humanidad.
- Ayuda a los que quieren regenerarse.
- Capacidad de convertir los pensamientos en acciones.
- Permite desear más para luego poder dar más a la gente meditándolo en combinación con los Nombres de Dios 30, 34, 55, 13 y 14, siguiendo dicho orden.

Aprendizaje: Construir el Reino de Dios en la Tierra.

SALMO PARA INVOCARLO

Para invocar su fuerza y poder, primero reza el salmo o salmos elegidos, después cantila su nombre y por último realiza la petición concreta que quieres hacerle.

"Y tú Eterno para siempre permanecerás, y tu memoria para generación y generación".

"Tu autem, Domine, in aeternum permanes et memoriale tuum in generationem et generationen".

"וְאַתָּה יְהוָה, לְעוֹלָם תֵּשֵׁב; וְזִכְרְךָ, לְדֹר וָדֹר", Salmo 102, versículos 13 (101, vs. 13)

"Veatah Adonai leolam teshev vezijreja ledor vador".

Oración

Oh Mebahiah, ayúdame a sacar y sanar las emociones que, de quedar encerradas, se corromperían y acabarían enfermándome. Protege a los niños y ayúdalos a encontrar su verdadera felicidad. Concédeles hijos a aquellos que desean tenerlos. Cuida de los débiles y de los más necesitados. Aumenta mi percepción para que analice las situaciones que me encuentro en la vida. Conserva mi creatividad y hazla fructificar. Hazme entregado a Dios y a los hombres y refuerza mi capacidad de llevar el mensaje divino a los seres humanos. Activa mi capacidad de curación de las tristezas ajenas y a aquellos que quieren regenerarse y mi deseo de autoregeneración. Apóyame para que encuentre con qué frecuencias del Mundo Superior no estoy conectado que me impiden la materialización de mis ideas.

56 Poi-el

Ángel n.º 56, פּוֹיאֵל, Poiel. V. n., 127. Hay que operar de forma semejante al anterior, ya que no pueden formarse palabras con las tres primeras letras, y la guematria tampoco proporciona en este caso datos significativos. La primera letra, pues, es la pe (פ), que significa a la vez *boca* y *hombre que se humilla*. La vav (ו) es, como hemos visto repetidas veces, el *hombre*, mientras que la iod (י) nos remite al *origen*. Así queda claro el significado del nombre del Ángel, que se refiere a la confesión de los pecados, si se utiliza la terminología religiosa, o la descarga del subconsciente, si preferimos la psicoanalítica. El v.n. de este Nombre de Dios פוי es 96. Regencias: **K**: Capricornio 5º a 10º. **M**: Tauro 25º a 26º; Leo 7º a 8º; Libra 19º a 20º; Capricornio 1º a 2º; Piscis 13º a 14º. **S**: 18:20h-18:40h. Tarot: 5Od. Tríada de la Conservación.

Vocalización: Abulafia: Pe/Va/Yo; Moshé Cordovero: Peví; Agrippa: Poi-el.

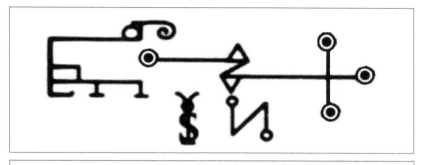

Atributo: Dios, aquel que mantiene el universo.

Los influidos por Poiel serán personas providenciales, portadores de fortuna, renombre, salud y vida para ellos y para aquellos que se cruzan en su camino. Sólo portan las esencias de Poiel y las asimilan aquellos que han pasado una etapa de profundo aprendizaje, una vez que esto ha ocurrido todo el cosmos parece sostenerles, y de hecho así es. Dependiendo de su carta natal y el escenario en que se manifieste, sus individuos irán desde el que potencialmente podrá llegar a eso, pasando por aquel que ve los frutos del Ángel en su vida, el que los recoge, hasta aquellos que son la esencia de Poiel personificada. Su pensamiento será claro, lleno de imágenes poderosas comprensibles por todos. Cuando hablamos de modestia lo hacemos no para ocultar los valores, sino para que los demás los reconozcan en ellos como algo natural. Portarán moderación, aquella que hace partícipe a los demás de sus pensamientos y estos colaborarán con ellos con alegría y sin temores. No impondrán por tanto su criterio y tendrán un humor agradable que quitará hierro a las situaciones complicadas haciéndolas superables.

Lo que otorga:

- Concede cualquier cosa que se le pida.

- Renombre, fortuna, saber filosófico y espiritual.

- Facilidad para la expresión.
- Humor agradable, modestia y moderación.
- Protege contra el deseo de elevarse presuntuosamente por encima de los demás.
- Desvanecer la ira.

Aprendizaje: Hacer un buen uso del poder de la palabra.

SALMO PARA INVOCARLO

Para invocar su fuerza y poder, primero reza el salmo o salmos elegidos, después cantila su nombre y por último realiza la petición concreta que quieres hacerle.

"Sostén Eterno a todos los que caen, y levanta a todos los oprimidos".

"Allevat Dominus omnes qui corruunt, et erigit omnes elisos".

"סוֹמֵךְ יְהֹוָה, לְכָל-הַנֹּפְלִים; וְזוֹקֵף, לְכָל-הַכְּפוּפִים", Salmo 145, versículo 14 (114, vs. 14)

"Somej Adonai lekol-hanofelim vezokef lekol-hakefufim".

Oración

Oh Poiel, ayúdame en todas las necesidades, tanto en aquellas de las que soy consciente como en aquellas de las que soy inconsciente. Permite que encuentre los medios necesarios para descargar mi inconsciente especialmente de la ira y que reconozca y sepa corregir mis errores con la humildad de un hijo que se presenta ante su Padre sabiendo que puede mejorar, pero aún no sabe cómo. Manifiesta en mí la claridad de pensamiento, cuyas imágenes aporten Luz para mí y para otros. Permíteme ser el portador de la fortuna, el renombre, la salud y la vida para mí mismo y para los demás. Dame moderación, modestia y el humor para quitar hierro a las situaciones complicadas.

57 Nemam-iah

Ángel n.º 57, נממיה, Nemamiah. V. n., 145. Aparecen en el nombre de este Ángel dos palabras significativas: נם (*nam*), *dormir*, y מן (*man*), *maná*. Por su parte, la guematria proporciona הסיע (*hissiá*), *trasladar, conducir*; הנץ (*hanetz*), *salida*, palabra que pronunciada *henetz* significa *brillar* o *centellear*; קמה (*kamah*), *mies*; y לקוט (*likut*), *recolección*. Todo ello evoca la salida de los hebreos de Egipto, que se produjo de noche, mientras los egipcios dormían, siendo seleccionados por la señal que brillaba en sus puertas para el Ángel de la muerte (la sangre del cordero degollado), el cual segó a los primogénitos egipcios como si de mies se tratase. El conjunto, por tanto, apunta en Nemamiah a una energía que se encarga de apartar y seleccionar determinados aspectos cuando llega el momento oportuno, cuando "la cosecha está madura". El v.n. del Nombre de Dios 130 es el mismo que el de סיני (*Sinaí*) que nos saca de la limitaciones de este mundo. Regencias: **K**: Capricornio 10° a 15°. **M**: Tauro 26° a 27°; Leo 8° a 9°; Libra 20° a 21°; Capricornio 2° a 3°; Piscis 14° a 15°. **S**: 18:40h-19:00h. Tarot: 6On. Tríada de la Ascética.

Vocalización: Abulafia: Numeme-yah; Moshé Cordovero: Nemím; Agrippa: Nemam-jah.

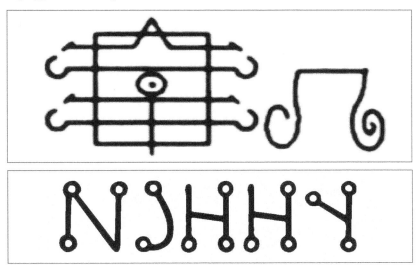

Atributo: El Dios digno de la mayor elevada alabanza.

Nemamiah, como Ángel, procura ese entendimiento que nos hará reconocer ese guión de forma interna, los personajes a los que estamos atados de forma kármica, los nuevos necesarios según el guión de la obra de teatro de nuestra vida y no sólo eso, se encargará además de procurar ese encuentro. Nemamiah está actuando en aquellos momentos en los que no sabemos por qué hacemos las cosas o por qué nos ligamos a ciertas personas. Si llegamos a comprender esto, querrá decir que las esencias de Nemamiah están actuando correctamente. También sirve para prosperar, gracias a esa mente clara. Dará a sus influenciados el conocimiento de a quién se tienen que dirigir para conseguir sus propósitos. Lo único que nos restará es tener la valentía de actuar una vez conocida la persona y llegado el momento. Domina sobre los grandes capitanes, almirantes, generales y los que combaten por cosas justas, por tanto se puede decir que estas personas amarán el estado militar, serán valientes y tendrán grandeza de alma. Son capaces de soportar fatigas de forma valerosa. También distingue a personas de vanguardia, aquellos que se mueven bravamente en pos del cambio, de las nuevas ideas. Debido a que en este caso el combate también será arduo, les concede el Ángel esa capacidad intelectual para poder triunfar.

Lo que otorga:

- Prosperidad en todas las cosas.

- Conseguir el mando en el combate por una causa justa.

- Ascenso rápido en carrera militar.

- Bravura y grandeza de alma; capacidad para soportar las fatigas.

- Protege contra la tentación de atacar a los indefensos.

- Capacidad para escuchar a tu alma.

- Nos saca de las limitaciones de este mundo.

Aprendizaje: Valor para afrontar las responsabilidades.

SALMO PARA INVOCARLO

Para invocar su fuerza y poder, primero reza el salmo o salmos elegidos, después cantila su nombre y por último realiza la petición concreta que quieres hacerle.

"Vosotros que teméis al Eterno confiad en el Eterno, Él es ayuda y escudo".

"Qui timent Dominum speraverunt in Domino; adjutor eorum et protector eorum est".

"יְרְאֵי יְהוָה, בִּטְחוּ בַיהוָה; עֶזְרָם וּמָגִנָּם הוּא", Salmo 115, versículo 11 (113, vs. 9)

"Ire Adonai bitju veAdonai ezram umaginam hu".

Oración

Oh Nemamiah, aparta de mí y selecciona determinados aspectos, liberándome de mi propio cautiverio o del de otras personas, para que se produzca en mí una renovación en mi vida que me permita la unificación con el Creador. Permíteme conseguir el éxito en cualquier cosa que me proponga. Dame grandeza de alma y bravura, así como capacidad para soportar las fatigas. Protégeme de la tentación de atacar a los indefensos. Concédeme capacidad para escuchar a mi alma, para que de este modo pueda estar más cercano al Creador.

58 Ieiala-el

Ángel n.º 58, יילאל, Ieialael. V. n., 81. Las letras de su Nombre son las mismas que las del Ángel número 2, con el que comparte, por tanto, el mismo valor numérico. La diferencia estriba en el orden de colocación, que en aquél situaba a la lamed (ל) entre las dos iods (יי), mientras que ahora separa este Nombre divino del correspondiente a la terminación, אל (*El*). Como este último rige la 4.ª sefirá, mientras que el anterior es uno de los regentes de la 2.ª, es evidente que la lamed actúa en este caso de enlace entre ambas esferas, o, lo que es lo mismo, se relaciona plenamente con el sendero 5, El Pontífice. Y como éste, aparte de sus gestos rituales, es dado a bromas y chanzas, también lo es Ieialael, al que puede considerarse como el **Bufón de la Corte Celestial**, o cualquier otro título de similar naturaleza. Los bufones cumplen una importante función, cual es la de desarrollar el valor terapéutico de la risa. El v.n. de este Nombre de Dios es 50, el mismo que el de la nun, que significa *percepción, pez, eternidad*, pues la *percepción de la eternidad*, de que todo cuanto acaece ocurre simultáneamente, que siempre estamos en el aquí y ahora, que todo sucede al mismo tiempo sólo nos puede llevar a una caracajada cósmica y a reírnos de todo cuanto acontece. Regencias: **K**: Capricornio 15º a 20º. **M**: Tauro 27º a 28º; Leo 9º a 10º; Libra 21º a 22º; Capricornio 3º a 4º; Piscis 15º a 16º. **S**: 19:00h-19:20h. Tarot: 6Od. Tríada de la Innovación.

Vocalización: Abulafia: Yo/Yo/La; Moshé Cordovero: Yiyál; Agrippa: Jeiali-el.

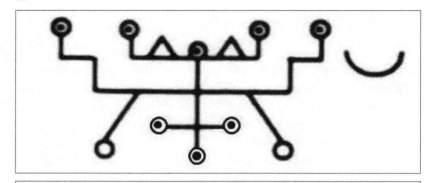

Atributo: Dios, que atiende generación a generación.

Este Ángel es ideal para pedir fortaleza mental, que es la que permite afrontar las situaciones sin dejar dominarse por sentimientos y pasiones. Las personas influenciadas por este Ángel tienden a la justicia y su herramienta es ésta para no caer en lo injusto. El mejor camino para la justicia en ellos es el rigor. Procuran no establecer lazos sentimentales que les lleven a dependencias, lo cual impide su evolución. Esta esencia les permite aportar soluciones lógicas a toda clase de problema o situación. El más claro reflejo de su mente es una poderosa lógica. Este Ángel domina sobre el metal. Cualquier actividad o cuestión relacionada con el metal será parte del centro de la vida del individuo influenciado. Ayuda contra el deseo de acabar con todo en arranques de cólera. Serán personas francas. Eso les crea enemigos, éstos intentan perjudicarles, pero los influenciados por Ieialael están fuertemente protegidos. No obstante en sí mismos puede verse un amor desprendido y en sus más altos niveles.

Lo que otorga:

- Curación de las enfermedades, especialmente el mal de ojo.

- Combate la tristeza.

- Confusión de los malvados.
- Aporta soluciones lógicas a los problemas concretos de la vida.
- Protege contra la cólera y el deseo de acabar con todo.
- Coraje para desprendernos de todo aquello que nos estorbe.
- "Dios lucha por nosotros", dejas que la luz luche por ti sin que tú hagas nada.

Aprendizaje: Vencer el ímpetu que nos lleva a la destrucción.

SALMO PARA INVOCARLO

Para invocar su fuerza y poder, primero reza el salmo o salmos elegidos, después cantila su nombre y por último realiza la petición concreta que quieres hacerle.

"Y mi alma se estremece, ¿y hasta cuándo Eterno?".

"Et anima mea turbata est valde; sed tu Domine usquequo?"

"וְנַפְשִׁי, נִבְהֲלָה מְאֹד; וְאַתָּה יְהוָה, עַד-מָתָי", Salmo 6, versículo 4 (6, vs. 4)

"Venafshi nivhalav meod veat Adonai ad-matai".

Oración

Oh Ieialael, ayúdame a descubrir el valor terapéutico de la risa, a que sepa encontrar el humor y la risa en las situaciones más adversas para que, por difíciles que sean las circunstancias, no me invada la tristeza, permitiendo que en las situaciones de dolor y sufrimiento sepa verles el lado cómico. Proporcióname la fortaleza mental para afrontar las situaciones con calma, serenidad y sentido del humor, para que esté prevenido de dejarme llevar por mis propias emociones y pasiones. Contribuye a que sea capaz de ser justo y aportar justicia a las más diversas situaciones de la vida, evitando las dependencias de cualquier tipo y sabiendo aplicar el rigor en las situaciones que lo requieran. Dame la franqueza de poder expresarme con armonía, especialmente mis emociones. Haz que sepa aplicar la fortaleza mental para desactivar la injusticia y la violencia.

59 Haraj-el

Ángel n.º 59, הרחאל, Harajel. V. n., 244. Las letras raíces forman la palabra חרה (*jarah*), *encolerizarse*. Por su parte, la guematria proporciona רוח בהה (*rúaj kehah*), *pesar, depresión*. En realidad, ambas palabras se refieren a un único proceso, que será cólera cuando se pueda expresar, o al menos admitir su existencia, y depresión cuando el objeto de la cólera se vuelva moralmente inaceptable para el sujeto, tal como reconoce la psicología psicoanalítica. Entonces, Harajel es el encargado de mover "hacia fuera" y "hacia dentro" las energías derivadas de la agresividad, que en definitiva no son sino actos de autodefensa. El v.n. de este Nombre de Dios חרה es 213. Regencias: **K**: Capricornio 20º a 25º. **M**: Tauro 28º a 29º; Leo 10º a 11º; Libra 22º a 23º; Capricornio 4º a 5º; Piscis 16º a 17º. **S**: 19:20h-19:40h. Tarot: 7On. Tríada del Temple de Ánimo.

Vocalización: Abulafia: He/Re/Je; Moshé Cordovero: Haraj; Agrippa: Harah-el.

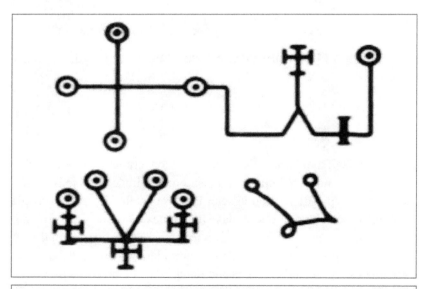

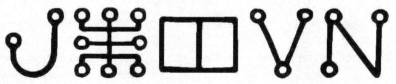

Atributo: Dios conocedor de todas las cosas.

Este Ángel aporta el florecimiento de la inteligencia de forma adecuada y que hará que todo funcione como debe. Una inteligencia activa y positiva, equilibrada, que no apunta ni demasiado alto ni demasiado bajo, pero que producirá abundancia. Esta vendrá dada dependiendo de que casa astrológica transite por los puntos de dominio del Ángel. Esta riqueza intelectual obliga a la comunicación, ya que lo contrario sería ese celo por no querer que los demás conozcan lo que nosotros sabemos. El aumento de la riqueza intelectual viene en función del intercambio, si no se produce éste seremos víctimas de un estancamiento. Este Ángel sirve contra la esterilidad en las mujeres. Se puede intentar la fecundación entre las 19:20 y las 19:40 después de la salida del Sol, que son los veinte minutos en los que rige diariamente Harajel. Provoca que los hijos sean respetuosos con sus padres. Aporta comprensión de éstos para con los primeros. Domina sobre tesoros, agentes de cambio, bolsa, gabinetes, comercio y especulación en general, orientando la abundancia hacia esta riqueza, ya que aviva la intuición en este sentido.

Lo que otorga:

- Actúa contra la esterilidad de las mujeres.

- Sumisión de los hijos hacia sus padres.

- Buena administración de los fondos públicos y descubrimiento de tesoros.

- Ayuda en la difusión de obras literarias y en las operaciones de bolsa.

- Protege contra la bancarrota y las dilapidaciones.

- Nos ayuda a cortar el cordón umbilical.

- Nos conecta directamente con Dios, es como un "teléfono" con Él.

Aprendizaje: Afán de servir y administrar adecuadamente los bienes.

SALMO PARA INVOCARLO

Para invocar su fuerza y poder, primero reza el salmo o salmos elegidos, después cantila su nombre y por último realiza la petición concreta que quieres hacerle.

"Desde la salida del sol hasta donde se pone, sea alabado el nombre del Eterno".

"A solis ortu usque ad occasum laudabile nomen Domini".

"מִמִּזְרַח-שֶׁמֶשׁ עַד-מְבוֹאוֹ-- מְהֻלָּל, שֵׁם יְהוָה", Salmo 113, versículo 3 (112, vs. 3)

"Mimizraj-shemesh ad-mevoo mehulal shem Adonai".

Oración

Oh Harajel, permite que fluyan en mí las energías derivadas de la agresividad para que pueda transmutarlas y expresarlas sin violencia, ya que son una expresión de mi autodefensa. Ayúdame a que mi inteligencia florezca de forma adecuada para que todo funcione como debe, de forma activa, positiva y equilibrada. Ayúdame a compartir con los demás mi sabiduría, pues sólo a través del intercambio puede aumentar mi riqueza intelectual. Contribuye a que sea respetuoso con mis padres.

60 Mitzra-el

Ángel n.º 60, מצראל, Mitzrael. V. n., 361. La raíz מצר puede vocalizarse de varias maneras, pero todas ellas tienen, especialmente para los judíos, un sentido de limitación y opresión. Ante todo, la pronunciación *mitzr* significa ***Egipto***, país que aparece varias veces de una u otra forma en el desarrollo cabalístico de los nombres de los Ángeles, y al cual nos remitimos; después, tenemos *métzer*, *límite*, *frontera*; *metzar*, *desfiladero*, y también *angustia* o *tormento*; o *mitzer*, *atormentar*. La guematria presenta algunos significados que refuerzan el sentido anterior, personalizándolo, y añadiendo uno nuevo que simboliza la liberación. Así, encontramos אשין (*ashín*), *rígido*, *severo*, *duro*, tal como era el comportamiento del faraón con los judíos; y הושן (*hushán*), *fibras de lino*, que componían el tejido de sus vestiduras. Frente a estas palabras aparece con la misma guematria הר ציון (*har tzión*), ***monte Sión***, meta y destino de los judíos en el Éxodo. Así pues, Mitzrael es el encargado de hacernos la vida incómoda para que nos decidamos a iniciar nuestro particular éxodo, que nos ha de llevar ante el castillo en el que la **Divina Princesa** espera que vayamos a rescatarla. El v.n. de este Nombre de Dios מצר es 330. Regencias: **K**: Capricornio 25° a 30°. **M**: Tauro 29° a 30°; Leo 11° a 12°; Libra 23° a 24°; Capricornio 5° a 6°; Piscis 17° a 18°. **S**: 19:40h-20:00h. Tarot: 7Od. Tríada de la Iniciativa.

Vocalización: Abulafia: Me/Tsa/Re; Moshé Cordovero: Metsar; Agrippa: Mizra-el.

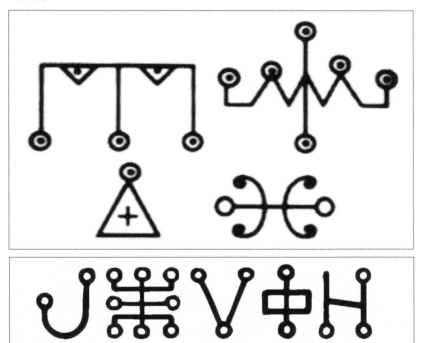

Atributo: El Dios que procura desahogo a los oprimidos.

Si en algún momento de la existencia se dispuso de las esencias del Ángel 39, Rehael, y no se aprovecharon o se asimilaron al contrario, esto produjo una alteración mental que ahora con el Ángel 60 se puede reparar gracias a Mitzrael. Esas alteraciones fueron producidas por conflictos en la relación padre-hijo. Esto se traduce en la posibilidad de tener algún hijo con alguna discapacidad mental o inteligencia mermada. Este Ángel nos ayuda a liberarnos de los que nos persiguen (siempre atender a este concepto desde el punto de vista del karma), concede fidelidad y obediencia de los subordinados, reconocimiento del talento por la sociedad, protege de las insubordinaciones y otorga larga vida.

Lo que otorga:

- Cura las enfermedades mentales.
- Liberación de los que nos persiguen.
- Fidelidad y obediencia de los subordinados hacia los superiores.
- Reconocimiento del talento por parte de la sociedad.
- Protege contra las insubordinaciones y concede larga vida.
- Alcanzar la verdadera libertad.

Aprendizaje: Ser ejemplo de virtudes.

SALMO PARA INVOCARLO

Para invocar su fuerza y poder, primero reza el salmo o salmos elegidos, después cantila su nombre y por último realiza la petición concreta que quieres hacerle.

"Justo es el Eterno en todo su camino, y misericordioso en toda su obra".

"Justus Dominus in omnibus viis suis, et sanctus in omnibus operibus suis".

"צַדִּיק יְהוָה, בְּכָל-דְּרָכָיו; וְחָסִיד, בְּכָל-מַעֲשָׂיו", Salmo 145, versículo 17 (144, vs. 17)

"Tzadik Adonai bekol-derajav vejasid bekol-maasav".

Oración

Oh Mitzrael, ayúdame en la travesía del éxodo que me llevará a descubrir la presencia Divina en la tierra, cúrame de cualquier enfermedad mental que pueda padecer, libérame de los que me persiguen, otórgame la fidelidad y obediencia de mis subordinados, permite que mi talento sea reconocido en cualquier nivel, protégeme contra las insubordinaciones y ayúdame a alcanzar la verdadera libertad que supone liberarse de cualquier lastre que no me permita ser yo mismo.

61 Umab-el

Ángel n.º 61, וּמבאל, Umabel. V. n., 79. Las letras raíces combinan alternativamente con las dos finales para formar sendas palabras que extienden el significado que hemos hallado en el Ángel anterior: מוֹבל (*moval*), *conducido*, y מבוא (*mavó*), *entrada*; el pueblo de **Israel** es conducido hasta la entrada de la Tierra Prometida. Y la guematria nos aclara que se trata de un proceso interior, que implica un morir a lo viejo y nacer a lo nuevo. Ante todo destacamos עדה (*adah*), *comunidad, colectividad*, que el camino lo emprenden todos los aspectos de nosotros mismos, y no sólo unos pocos, los que nos hacen salir "guapos en la foto", pues, como dice **Arnaud Desjadins**, *"no puedes dejar a la puerta del Cielo tus aspectos indeseables, o entras entero, o no entras"*. La "travesía del desierto" tiene por objetivo debilitar lo viejo en nosotros (הדליל, *hidlil, debilitarse*) hasta *morir* a ello, גוע (*gavá*), lo que debe hacerse *valerosamente*, בעז (*beoz*), con la *comprensión*, דעה (*deah*) que da la *madurez*, גמול (*gimmul*). Esto se alcanza cuando se han aceptado plenamente los aspectos polares de luz y de sombra de sí mismo, que en este caso se simbolizan por los pilares laterales del Árbol de la Vida, cuyos nombres, los mismos que los de las dos columnas que flanqueaban la entrada del **Templo de Salomón**, son יאחין (*Iajín*), la del lado derecho, y בעז (*Boaz*) la del lado izquierdo; ambas, como puede comprobarse fácilmente, también con valor numérico 79. El v.n. de este Nombre de Dios ומב es 48. Regencias: **K**: Acuario 0° a 5°. **M**: Géminis 0° a 1°; Leo 12° a 13°; Libra 24° a 25°; Capricornio 6° a 7°; Piscis 18° a 19°. **S**: 20:00h-20:20h. Tarot: 8En. Tríada de la Memoria.

Vocalización: Abulafia: Va/Me/Be; Moshé Cordovero: Vamav; Agrippa: Umab-el.

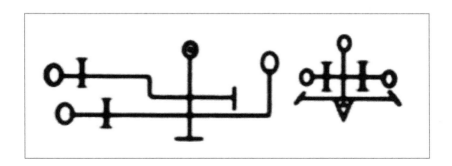

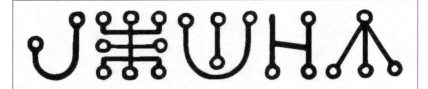

Atributo: Dios, por encima de todo.

Umabel influencia con la esencia de amistad y analogía a aquellos que pueden resultar los grandes amigos. Existe diferencia entre afinidad y amistad. Por un lado, la afinidad produce la amistad, otras veces la relación de estos dos conceptos sólo provoca el compartir pocas inquietudes. Pero el caso de Umabel habla siempre de esa gran amistad. Es el Ángel de las conexiones. Es también el Ángel especialista en la búsqueda de lo análogo. De aquello que es igual incluso entre lo que hay arriba y abajo. Los influenciados por Umabel tendrán facilidad para desentrañar los secretos de todo aquello que existe en la naturaleza (minerales, plantas y animales). Este conocimiento incluso le aporta habilidad para la confección de talismanes o la fitoterapia. Como se complementan las personas, hará que estas personas posean dotes de organización humana. Su esencia es la analogía, lo que les permite llegar a descubrir lo desconocido a través de lo conocido. Observando el mundo material podrán descubrir el espiritual. La persona nacida bajo esta influencia amará los viajes. Estos son para ellos una fuente de descubrimiento. Siempre estarán dispuestos a ello como investigadores insaciables. Y cuando se habla de viajes se hace referencia a insertarse en cualquier plano que provoque conocer. Conviene que no se obsesionen por el conocimiento externo y hagan más caso al interno. Gustarán de los placeres honestos: amor, orden, dirección, trabajo, Luz, arte, entendimiento y la Creación. Tendrán un corazón sensible y el amor les causará tristeza. Esto puede ser debido a que ya han vivido una intensa experiencia amorosa y tienden a buscar nuevamente aquello que fue, pero que ya no será. Esto le provocará esa melancolía.

Lo que otorga:

- Conseguir la amistad de una persona (decir su nombre).

- Aprendizaje fácil de la astrología y las ciencias físicas.

- Consuelo en las penas de amor.

- Viajes agradables y provechosos.

-Protege contra el libertinaje y las pasiones contrarias al orden de la naturaleza.

- Nos da el poder de sanar, porque nos conecta con la energía del agua.

Aprendizaje: Vencer la tendencia al libertinaje.

SALMO PARA INVOCARLO

Para invocar su fuerza y poder, primero reza el salmo o salmos elegidos, después cantila su nombre y por último realiza la petición concreta que quieres hacerle.

"Sea el nombre del Eterno Bendito, desde ahora y para siempre".

"Sit nomen Domini benedictum ex hoc nunc et usque in saeculum".

"יְהִי שֵׁם יְהוָה מְבֹרָךְ -- מֵעַתָּה, וְעַד-עוֹלָם", Salmo 113, versículo 2 (112, vs. 2)[71]

" Ieshi shem Adonai mevoraj meatah vead-olam".

Oración

Oh Umabel, ayúdame a morir a lo viejo y nacer a lo nuevo, permíteme entrar entero, con todos mis aspectos en el Cielo, habiendo aceptado completamente tanto la luz como la sombra que hay en mí, concédeme la esencia de la amistad de las personas con las que trato para que comparta con ellas cualquiera de mis inquietudes, otórgame consuelo en las penas de amor, haz que mis viajes sean agradables y provechosos, protégeme contra el libertinaje y las pasiones contrarias al orden de la naturaleza y haz que para mí sea fácil el aprendizaje de la astrología y de las ciencias físicas.

62 IahH-el

Ángel n.º 62, יההאל, IahH-el. V. n., 51. ***Dios respirándose a Sí mismo***, este podía ser un buen significado para el nombre de este Ángel.

---

[71] Se corresponde con el salmo 122: 1 del Tanaj.

La respiración simbolizada por la letra he (ה) central es en este caso el flujo que asciende por el sendero 5, cuya naturaleza es de dirección ascendente (el ritual del Pontífice, o la risa, que es uno de los significados del sendero, nos ayudan a elevarnos). Se trata, como nos muestra la guematria, de una absorción, אכל (*ajal*, *absorber*, *alimentarse*), en virtud de la cual el espíritu asimila la información de la Individualidad, lo que para ésta, sin duda, es algo *terrible*, אים (*ayom*) que tapa, que empaña, האהיל (*heehil*, *cubrir*, *empañar*) el sentimiento del Yo, el cual está por eso en trance de desaparecer. IahHel asiste, pues, en otro aspecto de la noche oscura del alma. El v.n. de este Nombre de Dios יהה es 20, el mismo que la letra kaf que simboliza *mano abierta, copa, cáliz* y *conducta* la misma que Dios nos tiende cuando nos abrimos a la risa, que es una de las conductas más sabias que puede haber para el cuerpo, pues abre nuestros pulmones, que respiran más aire, oxigenan la sangre y a la par nuestro cerebro al favorecer su riego sanguíneo y facilitando la conexión entre ambos hemisferios, clave para hallar el grial interior, ya que conecta nuestra Binah y nuestra Jokmah que en equilibrio produce Daat, el conocimiento interior, base para que pueda surgir en nuestro interior el placer continuo que Keter proporciona. Regencias: **K**: Acuario 5º a 10º. **M**: Géminis 1º a 2º; Leo 13º a 14º; Libra 25º a 26º; Capricornio 7º a 8º; Piscis 19º a 20º. **S**: 20:20h-20:40h. Tarot: 8Ed. Tríada del Temple de Ánimo.

Vocalización: Abulafia: Yo/He/He; Moshé Cordovero: Yehah; Agrippa: Jahh-el.

Atributo: El ser más elevado.

Ofrece la contemplación de un mundo que es el Mundo de los Deseos para los Rosacruces, Astral para los Teósofos y de las Creaciones (*Olam Ha-Briah*) para los cabalistas. Con este Ángel la inteligencia penetra en estos mundos y después de haberlos contemplado, el influenciado desea romper con el mundo terrenal para poder investigar el supremo. Pero para poder entender ese mundo en que se mueven su principal arma es el deseo de saber. Los influenciados por este Ángel pueden ser transmisores del conocimiento del mundo de las creaciones. Domina sobre filósofos, iluminados y todos aquellos que quieren retirarse del mundo. La sabiduría adquirida les lleva a la comprensión de las causas de los efectos que vive la sociedad. IahHel produce una adicción a la búsqueda de ese conocimiento y el individuo puede terminar abandonando todo para dedicarse exclusivamente a ello. Es por eso que buscan tranquilidad y soledad e IahHel se la aportará en la medida que lo necesiten. Aunque no dejan de cumplir con las obligaciones de su estado. Se distinguirán por su modestia y virtudes. No se les puede encuadrar en el triunfo material, aunque cuando se busca la sabiduría, todo es dado por añadidura. Este Ángel lleva a vivir de forma natural y una vez alcanzado ese estado, Dios los alimenta y los viste en toda su magnificencia.

Lo que otorga:

- Evidencia interna de la verdad.

- Ayuda a los que quieren retirarse del mundo para filosofar.

- Buen entendimiento entre cónyuges.

- Procura la tranquilidad y la soledad tras haber cumplido las obligaciones mundanas.

- Protege contra el escándalo, el lujo y el divorcio.

- Ayuda a ser buenos padres. El don de ser maestros para nuestros hijos.

- Nos transforma en antena parabólica para captar la energía cósmica (meditar en el siguiente orden Nombres de Dios 41, 36, 62 y 26).

Aprendizaje: Vencer el impuso que nos lleva a la separación.

SALMO PARA INVOCARLO

Para invocar su fuerza y poder, primero reza el salmo o salmos elegidos, después cantila su nombre y por último realiza la petición concreta que quieres hacerle.

"Mira cómo amo tus preceptos vivifícame, Eterno conforme a mi súplica".

"Vide quoniam mandata tua dilexi, Domine; in misericordia tua vivifica me".

"רְאֵה, כִּי-פִקּוּדֶיךָ אָהָבְתִּי; יְהוָה, כְּחַסְדְּךָ חַיֵּנִי", Salmo 119, versículo 159 (118, vs. 159)

"Reeh ki-fikudeja ahavti Adonai kejasdeja jaieni".

Oración

Oh Iahhel, ayúdame a elevarme a través de la risa, concédeme absorber la información de mi individualidad que el espíritu asimila y que a veces obstruye el sentimiento del yo, dame la evidencia interna de la verdad, asísteme cuando deseo retirarme del mundo para filosofar, dame buen entendimiento con mi pareja, concédeme tranquilidad y soledad después de haber cumplido mis obligaciones mundanas, protégeme del escándalo, el lujo y el divorcio y ayúdame a ser un buen padre o una buena madre para con mis hijos concediéndoles una buena educación.

63 Anau-el

Ángel n.º 63, עֲנוּאֵל, Anauel. V. n., 157. La palabra עָנָו (*anav*), que constituye la raíz de este nombre, tiene un doble significado: *menesteroso* o *pobre*, y *humilde*, *modesto*. También aparece dentro del nombre נָע (*na*), *móvil*, *errante*, en el sentido de ir sin rumbo fijo. Al encontrar en la guematria la palabra זקן, que según la vocalización puede significar *barba* (*zakan*) o *anciano*, *sabio* (*zoken*), comprendemos que Anauel es como esos viejos vagabundos que han renunciado a las comodidades de la civilización y van de acá para allá contentándose con muy poco; pero a la vez, con una gran sabiduría y con una gran humildad, evocando la figura de los *hesicastas*[72] (del griego *hesychia*, reposo), que tal como nos lo relata **"La vía del peregrino"** recorrían los caminos recitando un tipo de oración contemplativa llamada "oración continua del corazón". Anauel es la energía que guía en este caminar sin rumbo en busca de la experiencia mística de la Presencia Divina. El v.n. del Nombre de Dios ענו es 126 que corresponde con el nombre de אדני (*Adonai, Mi Señor*) en progresivo א אד אדנ אדני cuyo valor es también 126, lo que permite introducir en nosotros la energía de la humildad, perfectamente en consonancia con el nombre del Ángel. Regencias: **K**: Acuario 10º a 15º. **M**: Géminis 2º a 3º; Leo 14º a 15º; Libra 26º a 27º; Capricornio 8º a 9º; Piscis 20º a 21º. **S**: 20:40h-21:00h. Tarot: 9En. Tríada del Temple de Ánimo.

Vocalización: Abulafia: A/Nu/Va; Moshé Cordovero: Anú; Agrippa: Anav-el.

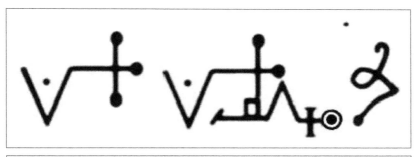

Atributo: El Dios de la bondad infinita.

Este Ángel aporta percepción de la unidad, la cual podemos entender, por ejemplo, al observar todo desde el punto de vista de la inte-

---

72   El objetivo del hesicasmo es la búsqueda de la paz interior en unión mística con Dios y en armonía con la Creación. Las tres características fundamentales del hesicasmo son: la *soledad*, como medio de huir del mundo; el *silencio*, para obtener la revelación del futuro y del mundo ultraterreno; y la *quietud*, para conseguir el control de los pensamientos, la ausencia de preocupaciones y la sobriedad.

gración. Los influidos por este Ángel no conciben países, religiones o razas diferentes. Ellos son ciudadanos del universo. Están capacitados para contemplar la arquitectura cósmica al completo, esto es gracias a que Anauel puede liberarnos de una excesiva dependencia física o emotiva. También nos conduce en el sentido de propagar espiritualidad a los demás, sobre todo siempre basados en la idea que tienen los influenciados por él y es la esperanza de conseguir instaurar una religión unitaria. Este Ángel nos previene contra accidentes, conserva la salud y cura las enfermedades. Deseos y emociones pueden provocar enfermedades o accidentes, tomando conocimiento de ello y con la colaboración de Anauel esto podrá evitarse y si se produjo, curarse. Anauel domina sobre el comercio y el mundo de los negocios en general. Su inteligencia es activa, no permanece en una idea fija, cualquier información o una conversación sobre sus apreciaciones pueden cambiar su punto de vista hacia un nuevo enfoque. Por tanto, son excelentes en todo lo que signifique intercambio.

Lo que otorga:

- Inspirar el cristianismo.

- Protege contra los accidentes.

- Conserva la salud y cura las enfermedades.

- Favorece las prácticas comerciales y bancarias.

- Protege contra la locura, la prodigalidad y la ruina.

- Otorga el don de la apreciación.

- La humildad que proporciona elimina el orgullo.

- Nos conecta con el feto en el vientre de la madre, protegidos de cualquier agresión por un escudo protector (meditando junto a los números 47, 48, 63 y 2, en dicho orden)

Aprendizaje: Superar las malas conductas.

SALMO PARA INVOCARLO

Para invocar su fuerza y poder, primero reza el salmo o salmos elegidos, después cantila su nombre y por último realiza la petición concreta que quieres hacerle.

"Servid al Eterno con alegría, entrad delante de él con regocijo".

"Servite, Domino, in timire; et exaltate ei cum tremore".[73]

"עִבְדוּ אֶת־יְהֹוָה בְּיִרְאָה; וְגִילוּ, בִּרְעָדָה", Salmo 2:11 (2 vs. 11)

"Ivdu et-Adonai beirah vegilu biradah".

Oración

Oh Anauel, ayúdame a renunciar a las comodidades de la civilización y a contentarme con muy poco, como un peregrino que con humildad extrae la sabiduría de la vida, inspírame una vida verdaderamente cristiana, protégeme contra los accidentes, consérvame la salud y cúrame de cualquier enfermedad que pueda tener, protégeme contra la locura, la prodigalidad y la ruina, favoréceme en las prácticas comerciales y bancarias y otórgame el don de apreciar todo cuanto tengo en mi vida, tanto lo grande como lo pequeño.

64 Meji-el

Ángel n.º 64, מחיאל,Mejiel. V. n., 89. El *cerebro*, מח (*moáj*) aparece en el nombre de este Ángel. La letra iod (י) que viene a continuación puede considerarse como el pronombre afijo de la primera persona, por lo que el conjunto sería *mi cerebro*. Por su parte, mediante la guematria encontramos דממה (*demamah*), *silencio, calma*; המלטה (*hamlatah*), con el triple significado de *salvación, postura de huevos* y *parto*; y גוף (*guf*), también con tres significados: *tapar* o *cerrar, cuerpo* (de una persona) y *esencia, elemento*. ¿Qué nos dice todo este conjunto acerca de Mejiel? Todo apunta a transformaciones cerebrales profundas, que están creando, o si se quiere, pariendo un nuevo ser. Ahora el cerebro se está liberando del habitual *bla-bla* del parloteo mental y permanece en calma. Se ha cerrado sobre sí mismo, para preparar el alumbramiento de ese nuevo ser.

---

73   Según Kircher, Athanasius (1653): *Oedipi Aegyptaci*, Roma, Typographia Vitalis Mascardi, p. 280 a este Ángel le corresponde el salmo 100: 2 (99: 2) que dice: "Servid al eterno con alegría, entrad delante de él con regocijo" ("עִבְדוּ אֶת־יְהֹוָה בְּשִׂמְחָה; בֹּאוּ לְפָנָיו, בִּרְנָנָה"), pero Calvo, Boj (2007): *Cábala. Claves para descubrir los enigmas de los textos sagrados*, Madrid, Editorial LIBSA, p. 254 y otros autores le atribuyen el salmo 2: 11 que dice: "Servid al Eterno con temor, y alegraos con temblor"; probablemente se trata del salmo ofrecido por Kircher, ya que sí contiene todas las letras de Anauel, mientras que al ofrecido por Calvo le falta la nun.

La energía que es Mejiel actuará como comadrona de ese parto. El v.n. del Nombre de Dios מחי es 58, el mismo que la voz נח (*Noaj, Noé*) que invertido da חן *(jen, gracia, belleza, caer en gracia),* pero es también el notarikón de חכמה נסתרה (*jokmah nishtará, sabiduría secreta*), pues sólo esas transformaciones cerebrales profundas nos llevarán a descubrir todo lo que es secreto para nosotros. Regencias: **K**: Acuario 15º a 20º. **M**: Géminis 3º a 4º; Leo 15º a 16º; Libra 27º a 28º; Capricornio 9º a 10º; Piscis 21º a 22º. **S**: 21:00h-21:20h. Tarot: 9Ed. Tríada de la Iniciativa.

Vocalización: Abulafia: Me/Je/Yo; Moshé Cordovero: Mejí; Agrippa: Mehi-el.

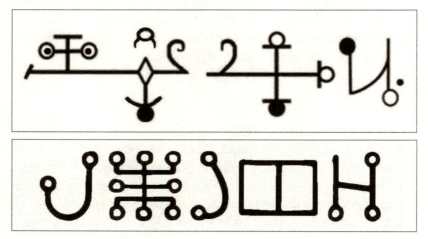

Atributo: Dios, el que contiene todas las cosas.

En relación con la materialización de impulsos Mejiel aporta la fuerza necesaria para que estos puedan ser vividos de forma interna, vivirlos de forma privada y así no repercutir en las vidas de otros con el resultado de errores de esos impulsos. Con ello sacaremos nuestras propias conclusiones. Protege contra el asalto de los instintos, de la ira, evitando que la persona viva de forma amargada por motivo de ésta. Domina sobre sabios, profesores, oradores, autores. Influencia sobre librería, imprenta y todos los que comercian con ellas. Mejiel es el encargado de la escenificación de la obra de la vida. Así como todos los Ángeles aportan un aspecto o parte del guión, Mejiel se encarga de la representación equilibrada de toda la obra.

Lo que otorga:

- Protege contra el asalto de los instintos y las fuerzas infernales.

- Inspiración para escribir libros, facilidades para su difusión.

- Conseguir ser famoso en la literatura.

- Triunfo en negocios de imprenta y librería.

- Protege contra el influjo de los falsos sabios.

- Ser capaz de ver las mejores características de mí mismo.

- Te conecta con ser agradable a Dios. Genera amor al prójimo por sí mismo.

Aprendizaje: Instruir sobre la verdad.

SALMO PARA INVOCARLO

Para invocar su fuerza y poder, primero reza el salmo o salmos elegidos, después cantila su nombre y por último realiza la petición concreta que quieres hacerle.

"He aquí el ojo del Eterno sobre los que le temen, sobre los que esperan su misericordia"[74].

"Ecce oculi Domini super metuentes eum; et in eis qui sperant super misericordia ejus".

"הִנֵּה עֵין יְהוָה, אֶל-יְרֵאָיו; לַמְיַחֲלִים לְחַסְדּוֹ", Salmo 33, versículo 18 (32, vs. 18)

"Hineh in Adonai el-iereav lamiajalim lejasdo".

Oración

Oh Mejiel, ayuda a la transformación cerebral de mi parloteo mental y devuelve la calma a mi cerebro, protégeme contra el asalto de los instintos y las furias, dame inspiración para escribir libros y facilítame su difusión haciendo que alcance la fama a través de ellos, concédeme

---

74   El Ángel nº 24 Jahuiah y el nº 64 Mejiel comparten según algunas fuentes el mismo salmo y versículo, pero para Kircher, Athanasius (1653): *Oedipi Aegyptaci*, Roma, Typographia Vitalis Mascardi, p. 277 a Jahuiah le corresponde el salmo 35: 5, cuyo texto "Beneplacitum est domino supertimentes eum, et in eos qui sperant super misericordia eius" es casi igual en contenido al salmo 33: 18 como puede comprobarse.

el triunfo en los negocios de la imprenta y librería, resguárdame del influjo de los falsos sabios y hazme ser capaz de ver las mejores características de mí mismo.

65 Damab-iah

Ángel n.º 65, דמביה, Damabiah. V. n., 61. La transformación no tiene lugar solamente en el cerebro, es toda la *sangre* (דם, *dam*) la que está adquiriendo ahora un nuevo estado: el nombre del Ángel puede leerse también *dam be-Adonai*, **la sangre [está] en Dios** (en hebreo, como en árabe, el verbo "ser" se da por sobreentendido en la mayoría de las frases). Y, tal como veíamos en el Ángel número 22, con el que comparte guematria, se produce un embellecimiento, נוה (*navah, embellecer*), no sólo en lo que se refiere a los aspectos individuales (אני, *aní, yo*), sino que se difunde también en el entorno, a veces en forma de un sutil *aroma*, נא (*ni*). Ello supondrá diversos cambios corporales, tanto en el tronco (בטן, *beten, vientre, abdomen*), como en las extremidades (זנד, *zened, codo*). Damabiah, por consiguiente, es el continuador en el cuerpo de la obra asistida por el Ángel anterior, Mejiel, a nivel cerebral. El v.n. de este Nombre de Dios דמב es 46. Regencias: **K**: Acuario 20º a 25º. **M**: Géminis 4º a 5º; Leo 16º a 17º; Libra 28º a 29º; Capricornio 10º a 11º; Piscis 22º a 23º. **S**: 21:20h-21:40h. Tarot: 10En. Tríada de la Mística.

Vocalización: Abulafia: Da/Me/Be; Moshé Cordovero: Demav; Agrippa: Damab-jah.

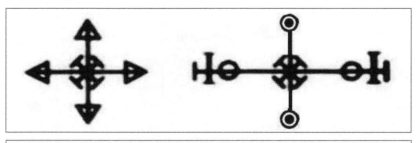

Atributo: Dios, la fuente de sabiduría.

La fuente de sabiduría de Damabiah habla mucho de una sabiduría relacionada con el amor y eso nos lleva a esa persona a la vez de sabia, desprendida, altruista, capaz de renunciar a sí mismo por los demás. Esta sabiduría/amor será para ellos también como una coraza que les protegerá de los enemigos. Ayuda a que el influenciado se conozca profundamente a sí mismo. Bien aprovechada esta esencia configura una vida fácil y en la que sus empresas triunfarán, empresas que se caracterizarán siempre por su utilidad. Damabiah domina sobre mares, ríos, manantiales, expediciones marítimas, construcciones navales. Influye sobre marineros, pesca y sobre todos los que comercian con estas actividades. Aquellos que se dediquen a ello se pueden llegar a distinguir por esas expediciones marítimas o algún tipo de estos negocios, pudiendo incluso llegar a amasar una gran fortuna.

Lo que otorga:

- Protege contra los sortilegios.

- Protección contra los naufragios, éticos o materiales.

- Éxito en las empresas relacionadas con el mar.

- Descubrimiento que puede valer una fortuna.

- Protege contra las empresas desgraciadas.

- Comprensión íntima de cómo nuestro universo está conectado.

Aprendizaje: Dirigir los sentimientos hacia cosas elevadas.

SALMO PARA INVOCARLO

Para invocar su fuerza y poder, primero reza el salmo o salmos elegidos, después cantila su nombre y por último realiza la petición concreta que quieres hacerle.

"Vuelve a nosotros Eterno ¿hasta cuándo? y aplácate con tus siervos".

"Convertere, Domine, et usquequo? Et deprecabilis esto super servos tuos".

"שׁוּבָה יְהוָה, עַד-מָתָי; וְהִנָּחֵם, עַל-עֲבָדֶיךָ", Salmo 90, versículo 13 (89, vs. 13)

"Shuvah Adonai ad-matai vehinajem al-avadeja".

Oración

Oh Damabiah, ayúdame a la transformación de todas las células de mi cuerpo para que sea un hombre nuevo, protégeme contra los sortilegios y en los naufragios tanto morales como materiales, otórgame éxito en las empresas relacionadas con el mar, así como en las empresas desgraciadas, concédeme hacer descubrimientos que me den riqueza material y otórgame comprensión íntima de cómo nuestro universo está conectado.

66 Manak-el

Ángel n.º 66, מנקאל, Manakel. V. n., 221. El nombre de este Ángel tiene una letra diferente respecto al número 36, Menadel. La dalet (ד), letra de la palabra y de la puerta, ha sido sustituida por la kuf (ק), que representa la tradición, pero también la parte posterior de la cabeza (llamada "la boca de Dios", pues es por donde llega la inspiración) y la llave que abre o cierra la puerta. El "maná que procede de Dios" es ahora el *maná recibido de Dios*; aquél era el aspecto externo, éste el interno. Y en línea con esta interiorización, la guematria permite descubrir que aquí está la sanación, el *restablecimiento*, ארך (*erej*) de la *herida (*הבורה, *haburah)*, en una experiencia *resplandeciente*, זרוח (*zaruaj*); tras la sequía, llega *Ioré*, יורה, la primera lluvia del año, que es celebrada con *música*, מוסקה, y poesía, חרוז (*jaruz, rima* o *ritmo*). Manakel es la energía que ayuda a recibir el maná y a celebrar el comienzo de la curación. El v.n. de este Nombre de Dios מנק es 190. Regencias: **K**: Acuario 25º a 30º. **M**: Géminis 5º a 6º; Leo 17º a 18º; Libra 29º a 30º; Capricornio 11º a 12º; Piscis 23º a 24º. **S**: 21:40h-22:00h. Tarot: 10Ed. Tríada de la Inserción en el Mundo.

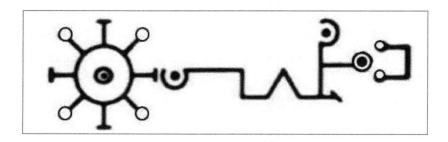

Vocalización: Abulafia: Me/Nu/Ko; Moshé Cordovero: Menak; Agrippa: Menak-el.

Atributo: Dios, aquel que conserva y mantiene todas las cosas.

Manakel proporciona a sus influenciados la herramienta indispensable mediante la cual van a poder discernir en todo momento cuál es el camino correcto y cuál no lo es, diferenciar lo positivo de lo negativo. Dado que la persona se deja llevar constantemente por determinados impulsos negativos, los influenciados por este Ángel tendrán una ayuda adicional, igual que Yakob luchó con el Ángel en el vado de Yavok antes de acudir a reconciliarse con su hermano Esaú. Se puede deducir incluso que una persona con esta influencia se va a ver en numerosas ocasiones en una dicotomía sobre su proceder. Si su proceder es correcto y la esencia está bien aprovechada, nos encontraremos a una persona cada vez más adornada de cualidades bellísimas, tanto corporal como espiritualmente, benevolente y rodeada de gentes de bien. Es por ello que debe tener cuidado y aprovechar su capacidad de apreciación, pues se mueve entre el cielo y el abismo.

Lo que otorga:

- Calmar la cólera de Dios.

- Liberarnos de los sentimientos de culpa.

- Ayuda contra el insomnio.

- Conseguir la amistad y la bondad de gentes de bien.

- Protege contra las malas cualidades físicas y éticas.

- Saber que somos responsables de todo cuanto nos acontece en la vida.

- Sirve para resolver nuestros conflictos, especialmente si son muy violentos, en el mundo de arriba, porque en el mundo del espíritu los conflictos se suavizan muchísimo, para que se resuelvan en el mundo de abajo.

- Elimina el deseo de venganza, elevando el problema de hostilidad al mundo espiritual para solucionarlo por la vía de misericordia, dado que la hostilidad mantenida en el tiempo sólo genera más hostilidad, cancelando así las cuentas kármicas.

Aprendizaje: Vencer las malas cualidades del cuerpo y del alma.

SALMO PARA INVOCARLO

Para invocar su fuerza y poder, primero reza el salmo o salmos elegidos, después cantila su nombre y por último realiza la petición concreta que quieres hacerle.

"No me abandones Eterno Dios mío no te alejes de mí".

"Ne derelinquas me, Domine Deus meus; ne discesseris a me".

"אַל-תַּעַזְבֵנִי יְהוָה: אֱלֹהַי, אַל-תִּרְחַק מִמֶּנִּי", Salmo 38, versículo 22 (37, vs. 22)

"Al-taaz veni Adonai elohai al-tirjak mimeni".

Oración

Oh Manakel, ayúdame en mi regeneración a través de todas las bendiciones del Cielo, permite que la cólera de Dios se calme, libérame de los sentimientos de culpa, sáname del insomnio, otórgame la amistad y la bondad de las gentes de bien, protégeme de las malas cualidades físicas y morales y dame la conciencia de saber que soy responsable de todo cuanto ocurre en mi vida.

67 Ei'a-el

Ángel n.º 67, איעאל, Ei'ael. V. n., 112. El nombre de este Ángel es una pregunta, pues א (*e*) significa *¿dónde?*, por lo que Ei'ael pregunta: ¿Dónde está el ojo (ע) de Dios? Para responderla, elegimos en el valor 112 a יבק (*Yabok*), el vado que, según Gén. 32: 23, pasó *Jacob* cuando fue a reconciliarse con su hermano *Esaú*, y que desde entonces es el símbolo de la reconciliación entre enemigos. Así pues, el mensaje del Ángel es que **Dios** pone su mirada allí donde los enemigos (exteriores o, lo que es más importante, interiores a nosotros mismos) se reconcilian. El v.n. de este Nombre de Dios איע es 81.

Regencias: **K**: Piscis 0° a 5°. **M**: Géminis 6° a 7°; Leo 18° a 19°; Escorpio 0° a 1°; Capricornio 12° a 13°; Piscis 24° a 25°. **S**: 22:00h-22:20h. Tarot: 2Cn. Tríada de la Innovación.

Vocalización: Abulafia: A/Yo/A; Moshé Cordovero: Aya; Agrippa: Eia-el.

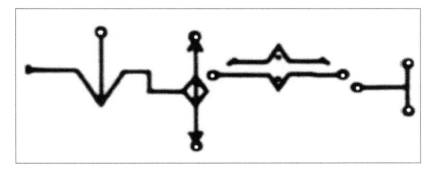

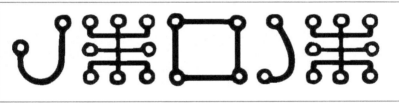

Atributo: Dios, la delicia de los hijos de los hombres.

La esencia de este Ángel es la transustanciación y esta es el cambio de una sustancia por otra y transferir las propiedades de una a la otra. Por ello, los influenciados por este Ángel estarán especialmente capacitados para ser astrólogos, físicos y filósofos. Pues son capaces de trabajar con las sustancias y esencias de diferentes elementos, combinarlas y obtener un concepto. Sirve para tener consuelo y obtener la sabiduría. Domina sobre los cambios. La persona influenciada por Ei'ael será inquieta y esos cambios se referirán a su forma de pensar, sentir o actuar. Les gustará ese retiro que les permitirá reflexionar. Influye sobre la conservación de los monumentos, la longevidad en la vida y las ciencias ocultas.

Lo que otorga:

- Consuelo en la adversidad.

- Iluminación por el espíritu de Dios.
- Distinciones en el conocimiento de la astrología, física y filosofía.
- Longevidad.
- Nos permite tener control sobre el tiempo, que es el que nos provoca estrés y es el que nos pone una situación mental lógica y si salimos del tiempo, pasamos a otra situación mental donde este ya no nos aprieta.
- Protege contra el error, los prejuicios.
- Aceptar no recibir de los demás pese a nuestras buenas acciones.
- Nos permite entender qué nos está pasando en nuestro escenario de vida.

Aprendizaje: Liberarse de las servidumbres materiales.

SALMO PARA INVOCARLO

Para invocar su fuerza y poder, primero reza el salmo o salmos elegidos, después cantila su nombre y por último realiza la petición concreta que quieres hacerle.

"Complácete en el Eterno, y él concederá las peticiones de tu corazón".

"Delectare in Domino, et dabit tibi petitiones cordis tui".

"וְהִתְעַנַּג עַל־יְהוָה; וְיִתֶּן־לְךָ, מִשְׁאֲלֹת לִבֶּךָ", Salmo 37, versículo 4 (36, vs. 4)

"Vehitanag al-Adonai veiten-leja mishalot libeja".

Oración

Oh Ei'ael, concédeme la reconciliación tanto con mis enemigos exteriores como interiores, dame consuelo en la adversidad, otórgame la iluminación por el espíritu de Dios, proporcióname longevidad, protégeme contra el error y los prejuicios, apórtame distinciones en el conocimiento de la astrología y permíteme aceptar no recibir reconocimiento de los demás pese a mis buenas acciones.

68 Jabuh-iah

Ángel n.º 68, חבויה, Jabuiah. V. n., 31. Como ya vimos en los Ángeles números 1 y 48, las letras הו forman el nombre más escondido de Dios; y, como entre ellas aparece en este caso la letra bet (ב), que significa *en* o *dentro de*, el Ángel apunta a lo más profundo de ese Dios desconocido. La guematria, por su parte, nos dice que 31 es el número de אל (*El*), que además de ser un Nombre de Dios asociado a la 4.ª sefirá, significa también *fuerza* o *poder*. En el mismo número encontramos también הבאה (*ijá*), *afligir, mortificar,* y חג האביב (*hag haaviv*), *fiesta de la primavera,* **Pesaj,** la **Pascua** judía, que conmemora el comienzo de la marcha hacia la libertad. Por lo tanto, el mensaje de Jabuiah es ***El poder de Dios Trascendente e Inmanente que a través de la aflicción empuja hacia la liberación***. El v.n. de este Nombre de Dios חבו es 16. Regencias: **K**: Piscis 5º a 10º. **M**: Géminis 7º a 8º; Leo 19º a 20º; Escorpio 1º a 2º; Capricornio 13º a 14º; Piscis 25º a 26º. **S**: 22:20h-22:40h. Tarot: 2Cd. Tríada de las Raíces.

Vocalización: Abulafia: Je/Be/Va; Moshé Cordovero: Jabú; Agrippa: Habu-jah.

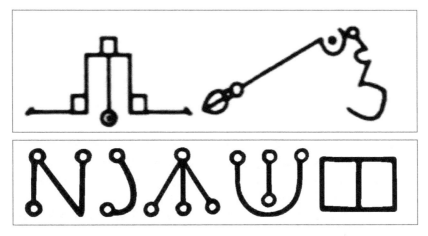

Atributo: El Dios que regala generosamente.

Curación y conservación de la salud, les viene siempre por una perfecta integración en la naturaleza. Ellos son capaces de estar saludables o curarse por medios naturales. Sabrán sintonizar o equilibrar su cuerpo de forma adecuada llegado el momento. Conocen el secreto de la conservación. Este Ángel domina sobre la fecundidad. Las personas influenciadas por él no sólo son fecundas en cuanto a descendencia, sino también en cuanto a producción. Además son amantes de los espacios naturales, abiertos, el campo, el mar.

Lo que otorga:

- Curación de enfermedades.

- Fecundidad en las mujeres.

- Cosechas abundantes.

- Amor por el campo, los espacios libres, la agricultura y jardinería.

- Protege contra los parásitos, las enfermedades del campo, contra la esterilidad.

- Contactar con las almas que partieron.

- Repara el mal empleo de la sexualidad y concede felicidad.

Aprendizaje: Que la fe pueda mover montañas.

SALMO PARA INVOCARLO

Para invocar su fuerza y poder, primero reza el salmo o salmos elegidos, después cantila su nombre y por último realiza la petición concreta que quieres hacerle.

"Haleluya alabad al Eterno porque él es benevolente, su misericordia perdura por siempre".

"Confitemini Domino, quoniam bonus, quoniam in saeculum misericordia ejus."

" הַלְלוּ-יָהּ: הוֹדוּ לַיהוָה כִּי-טוֹב-- כִּי לְעוֹלָם חַסְדּוֹ ", Salmo 106, Versículo 1 (105, vs. 1)

"HaleluYah hodu leAdonai ki-tov ki leolam jasdo".

Oración

Oh Jabuhiah, concédeme la aflicción que me empuje a la liberación a través del poder trascendente e inmanente de Dios, cúrame de mis enfermedades, como mujer otórgame fecundidad, dame cosechas abundantes, agráciame con amor por el campo, los espacios libres y la agricultura, protégeme contra los parásitos, las enfermedades del campo y la esterilidad y ayúdame a contactar con las almas de los que ya partieron.

69 Roh-el

Ángel n.º 69, ראהאל, Rohel. V. n., 237. La palabra הר (*har*), *montaña*, se esconde en el nombre de este Ángel. Por su parte, de entre los significados de la letra alef (א), colocada entre las dos anteriores, elegimos *buey*, por lo que el nombre de Rohel significaría ***El buey de la montaña de Dios***. No hemos encontrado datos de interés en la guematria de este Ángel. El v.n. de este Nombre de Dios ראה es 206. Regencias: **K**: Piscis 10º a 15º. **M**: Géminis 8º a 9º Leo 20º a 21º; Escorpio 2º a 3º; Capricornio 14º a 15º; Piscis 26º a 27º. **S**: 22:40h-23:00h. Tarot: 3Cn. Tríada de las Raíces.

Vocalización: Abulafia: Re/Ha/E; Moshé Cordovero: Reh; Agrippa: Roeh-el.

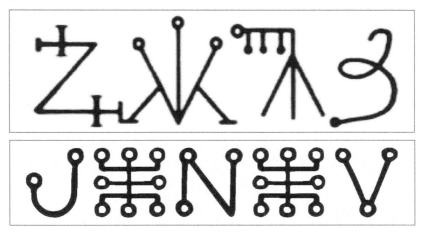

Atributo: Dios que todo lo ve.

Este Ángel proporciona la capacidad de restitución, lo que quiere decir de forma resumida que nuestra vida se moverá siempre en todas aquellas situaciones en las que provocaremos que otras personas recuperen aquello que perdieron o se les sustrajo y se nos restituya a nosotros de la misma forma todo aquello que legítimamente nos pertenece. Proporciona la forma de saber en todo momento qué es aquello que es nuestro y qué no lo es, y si debemos algo a alguien saber qué es y a quién. Siempre nos referimos a todo lo que pueda ser objeto de posesión, no sólo material, intelectual, espiritual, etc. Los influenciados por Rohel tendrán facilidad para recuperar lo perdido y hay veces que estas pérdidas son cosas rechazadas. Aquello extraviado será recogido por otros y harán buen o mal uso, en el momento de restituirnos aquello será con lo positivo o negativo que haya generado. Cuando Rohel actúa comienzan a suceder cosas inesperadas y sorprendentes que pueden resultar positivas o negativas. Este Ángel domina el renombre, las fortunas y sucesiones así como todas las profesiones. Influencia en el conocimiento de las costumbres y uso de otros pueblos por lo que puede decirse que impulsa a los viajes.

Lo que otorga:

- Encontrar objetos perdidos o robados.
- Renombre, fortuna, obtención de legados.
- Ser una lumbrera en abogacía.
- Conocimiento y costumbre de los pueblos.
- Protege contra la ruina de las familias y el despojo testamentario.
- Salir del laberinto y reencontrar el curso en el viaje de la vida.
- Elimina los bloqueos en el ámbito económico y hace fluir ingresos frecuentes.

Aprendizaje: Transmutar los antiguos odios en amores desinteresados.

SALMO PARA INVOCARLO

Para invocar su fuerza y poder, primero reza el salmo o salmos elegidos, después cantila su nombre y por último realiza la petición concreta que quieres hacerle.

"Eterno, porción de mi herencia y mi copa, tú sostienes mi destino".

"Dominus pars haereditatis meae, et calicis mei: tu es, qui restitues haereditatem meam mihi."

"יְהֹוָה, מְנָת-חֶלְקִי וְכוֹסִי-- אַתָּה, תּוֹמִיךְ גּוֹרָלִי", Salmo 16 versículo 5 (15, vs. 5)

"Adonai menat-jelki vejosi atah tomij gorali".

Oración

Oh Rohel, ayúdame a encontrar los objetos que se me hayan perdido o que me hayan robado, dame renombre, fortuna y obtención de legados, concédeme ser una lumbrera en el campo de la abogacía, otórgame el conocimiento y las costumbres de los pueblos para que allí donde yo vaya sepa hacerme uno con mis semejantes, protégeme contra la ruina y el despojo testamentario y contribuye a que salga del laberinto cuando esté en él y reencuentre el curso en el viaje de la vida.

70 Iabam-iah

Ángel n.º 70, יבמיה, Iabamiah. V. n., 67. La guematria de este Ángel es la de la 3.ª sefirá del Árbol de la Vida, **Binah**, por lo que está relacionado con ella. Encontramos en efecto en su nombre ים (*iam*), el *mar*, que, como sabemos, tiene una profunda relación con esta esfera. Además, pueden formarse otras dos palabras con las tres letras raíces: מי (*mi*), *¿quién?*, y בי (*bi*), *en mí*. La inteligencia, **Binah**, comienza a diversificarse y distinguirse de la sabiduría cuando se toma consciencia de sí mismo: ¿Quién soy? En el Gran Mar de la Mente Cósmica empiezan a formarse los primeros arquetipos de las formas, que pueden ser contempladas, iniciando el principio de la distinción sujeto-objeto que acabará por manifestarse en **Daat**, la sefirá oculta. Pero, en esos niveles, la distinción opera en ambos sentidos, y por eso Iabamiah es el Ángel que, a semejanza de un barquero, va y viene entre las dos orillas de lo Uno y lo Múltiple. El v.n. de este Nombre de Dios יבם es 52. Regencias: **K**: Piscis 15º a 20º. **M**: Géminis 9º a 10º; Leo 21º a 22º; Escorpio 3º a 4º; Capricornio 15º a 16º; Piscis 27º a 28º. **S**: 23:00h-23:20h. Tarot: 3Cd. Tríada de la Ascética.

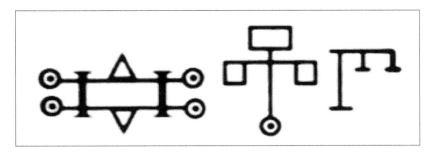

Vocalización: Abulafia: Yo/Be/Me; Moshé Cordovero: Yebam; Agrippa: Jabam-jah.

Atributo: La palabra, que engendra todas las cosas.

Es el Ángel de la alquimia por excelencia, es decir, aquel que permite transmutar los metales. Los alquimistas trabajaban en la consecución de oro y para ello necesitaban emplear aunque fuera una mínima porción de éste. Iabamiah opera en sus influenciados de la misma forma: sitúa en ellos esa pequeña porción de oro capaz de inundarlo todo algún día y resplandecer plenamente. Así pues, diremos que estos individuos potencialmente son maravillosos. Domina sobre la generación de seres, los fenómenos de la naturaleza; protege a los que desean regenerarse y establecer en ellos la armonía rota desde los tiempos de Adán. La persona nacida bajo esta influencia será genial, reconocida por los sabios de todas las naciones y será una de las primeras luces de la filosofía.

Lo que otorga:

- Se puede obtener de Él todo.

- Regeneración de las naturalezas corrompidas.

- Recuperación de los derechos perdidos.

- Convertirse en una de las primeras luces de la filosofía.

- Protege contra la tentación de propagar doctrinas erróneas.

- Reconocer el designio bajo el desorden.

Aprendizaje: Limpiar y purificar las tendencias corruptas.

SALMO PARA INVOCARLO

Para invocar su fuerza y poder, primero reza el salmo o salmos elegidos, después cantila su nombre y por último realiza la petición concreta que quieres hacerle.

"Al principio Dios creó los cielos y la tierra"

"In principio creavit Deus caelum et terram."

"בְּרֵאשִׁית, בָּרָא אֱלֹהִים, אֵת הַשָּׁמַיִם, וְאֵת הָאָרֶץ", Primer versículo del Génesis

"Be-reshit bará Elohim et ha-shamaim ve-et ha-aretz".

Oración

Oh Iabamiah, ayúdame a enlazar las orillas de lo Uno y lo Múltiple en mi vida, permíteme comprender la unidad inherente a toda la multiplicidad manifestada para que pueda vivir sumergido en el océano cósmico de la vida sintiéndome fundido con ella, para que a través de ello se pueda operar en mí la verdadera alquimia contribuyendo así a mi regeneración y a que se establezca en mi vida la armonía. Devuélveme los derechos que me han sido conculcados. Protégeme de la tentación de propagar doctrinas erróneas. Devuélveme la estructura y la serenidad cuando las haya perdido.

71 Haiai-el

Ángel n.º 71, הייאל, Haiaiel. V. n., 56. Como sucede en los nombres de otros varios Ángeles, aparecen nuevamente las dos iods (יי) del Nombre de Dios que simboliza Sus ojos. La he (ה) inicial evoca con su suave aspiración el aliento, por lo que se trata del soplo por el que la primera sefirá, **Keter**, se pone en movimiento y se transforma en **Jokmah**. Como eso sucede a través del Sendero 0, que es el de El Loco, Haiaiel participa de la naturaleza de éste: paciencia, entrega y abandono, pero también extravagancia a ojos de los "razonables y sensatos". En cuanto a la guematria, no aporta datos adicionales de interés. El v.n. de este Nombre de Dios היי es 25. Regencias: **K**: Piscis 20º a 25º. **M**: Géminis 10º a 11º; Leo 22º a 23º; Escorpio 4º a 5º; Capricornio 16º a 17º; Piscis 28º a 29º. **S**: 23:20h-23:40h. Tarot: 4Cn. Tríada de la Ética.

Vocalización: Abulafia: He/Yo/Yo; Moshé Cordovero: Hayai; Agrippa: Haia-iel.

Atributo: Dios, el señor del mundo.

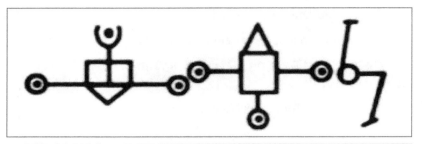

Armas necesarias para una guerra definitiva que habrá de librar de forma externa en el mundo, pero sobre todo o posiblemente de naturaleza interna, es decir, contra nuestros enemigos, llamados malas tendencias. Indudablemente estas personas estarán preparadas para ello, cuentan con el apoyo de todas las legiones, ya que tendrán que arreglárselas en el mundo de la acción. En relación con lo anterior apunta el aprendizaje que sirve para confundir a los enemigos y liberarse de aquellos que quieren oprimirnos. Haiaiel protege a todas las personas que recurren a él, da la victoria, la paz, influencia sobre el hierro, arsenales, ciudades en guerra y todo lo relacionado con lo militar. No sería extraño, pues, que los influenciados por este Ángel fueran militares, personas con mucha energía, bravura y talento en esta actividad.

Lo que otorga:

- Confusión de los malvados y liberación de los que quieren oprimirnos.

- Protege a todos lo que recurren a Él, les da la victoria y la paz.

- Energía para la lucha diaria.

- Distinciones por el valor, el talento y la actividad.

- Protege contra la discordia y las tendencias a la traición.

- Don de profecía y capacidad para crear el futuro, en un estado de consciencia más bajo que el número 50.

Aprendizaje: Ser capaz de perdonar las ofensas de los demás.

SALMO PARA INVOCARLO

Para invocar su fuerza y poder, primero reza el salmo o salmos elegidos, después cantila su nombre y por último realiza la petición concreta que quieres hacerle.

"Te alabo Eterno con fuerza por mi boca, y te bendeciré entre la multitud".

"Confitebor Domino nimis in ore meo, et in medio multorum laudabo eum".

"אוֹדֶה יְהוָה מְאֹד בְּפִי ; וּבְתוֹךְ רַבִּים אֲהַלְלֶנּוּ", Salmo 109, versículo 30 (108, vs. 30)

"Odeh Adonai meod befi uvetoj rabim ahalelenu".

Oración

Oh Haiaiel, dame paciencia, entrega y abandono a la voluntad divina, otórgame la protección que como hijo de Dios que recurre a su Padre merece la victoria y la paz, concédeme energía para la lucha diaria, confunde a los malvados y libérame de los que quieren oprimirme, logra que me otorguen distinciones por el valor, el talento y la actividad, protégeme contra la discordia y las tendencias a la traición y otórgame el don de la profecía y la capacidad para crear mi futuro.

72 Mum-iah

Ángel n.º 72, מומיה, Mumiah. V. n., 101. Las letras raíces del último Ángel proporcionan una palabra sorprendente: מום (*mum*), *defecto*, *imperfección*, y también *mutilación*, *invalidez*. Recordemos que este Ángel comparte valor numérico con el número 42, y que en él aparecían conceptos relacionados con la recogida y almacenamiento de la cosecha y con la velocidad. A éstos vamos a añadir גלוי אליהו (*giluí Eliyahu*), *aparición del profeta Elías*, hecho que, según la tradición judaica, estará anunciando la inminente venida del **Mesías**. Y como ya hemos visto que el **Mesías** es realmente un estado superior de consciencia, es lógico que el último Ángel de la lista venga a decirnos que ha llegado la hora de la recolección, y que **Elías** está a punto de llegar. Puede que adopte la forma de alguien con defectos físicos, o puede que, si como creían en tiempos de **Jesús**, ya reencarnó en

Juan el Bautista, le quede alguna huella de su martirio. El v.n. de este Nombre de Dios מום es 86. Regencias: **K**: Piscis 25° a 30°. **M**: Géminis 11° a 12°; Leo 23° a 24°; Escorpio 5° a 6°; Capricornio 17° a 18°; Piscis 29° a 30°. **S**: 23:40h-24:00h. Tarot: 4Cd. Tríada de los Deseos.

Vocalización: Abulafia: Me/Va/Me; Moshé Cordovero: Mum; Agrippa: Mum-jah.

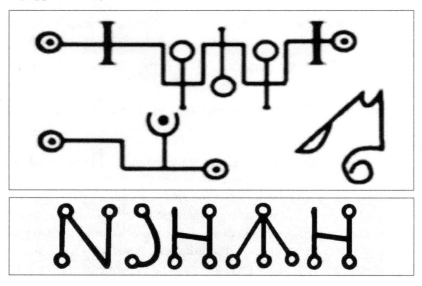

Atributo: Dios, el que todo lo abarca.

Mumiah es el encargado de cerrar las puertas de un ciclo y dar paso a uno nuevo. Esto no lo hará a ciegas, en el final de ese ciclo irá insertada la semilla o las bases de aquello que va a comenzar. Hemos de tener cuidado con poner fin a las cosas de manera precipitada o arbitraria, porque los ciclos o asuntos deben ser cerrados y liquidados correctamente, de otra forma las circunstancias anteriores seguirán persiguiendo a aquellos. Las personas nacidas bajo esta influencia serán, pues, portadoras de ese final y renacimiento. Verán como se tiene que terminar con alguna circunstancia o situación importante en sus vidas y comenzar otras nuevas. También se puede entender como el fin de una enfermedad o de alguna desesperanza. El año 72 de una persona[75], empresa o institución será crítico, pues deberá sufrir una

---

75   A partir de los 72 años los seres humanos ya no realizan aprendizajes para la vida presente, sino para preparar su próxima vida, de ahí que este año sea crucial en la vida de las personas.

profunda reorganización para subsistir. Mumiah protege las operaciones misteriosas, provoca el acierto y conduce la experiencia a su fin de manera que el influenciado pueda sacar todo el jugo de la misma. Domina sobre la química, la física, pero es sobre todo en la medicina donde los influenciados por Mumiah pueden destacar de forma gloriosa, ya que podrán realizar curas maravillosas, desvelar secretos de la naturaleza. Se consagrará al alivio de los pobres y enfermos. Las personas de Mumiah están capacitadas para finalizar todo aquello que emprenden.

Lo que otorga:

- Hacer que toda experiencia llegue a sus últimas consecuencias.

- Distinguirse en la medicina y conseguir curas maravillosas.

- Desvela secretos de la naturaleza que harán la felicidad de los hombres en la tierra.

- Vida larga y llena de realizaciones, prodigando cuidados y alivio a los pobres y enfermos.

- Protege contra la desesperación y las tendencias suicidas.

- Purificación espiritual.

-Para corregir los defectos físicos y morales.

Aprendizaje: Ser capaz de renovarse.

SALMO PARA INVOCARLO

Para invocar su fuerza y poder, primero reza el salmo o salmos elegidos, después cantila su nombre y por último realiza la petición concreta que quieres hacerle.

"Vuelve alma mía a tu reposo, porque el Eterno te ha hecho bien".

"Convertere, anima mea, in requiem tuam, quia Dominus benefecit tibi."

"שׁוּבִי נַפְשִׁי, לִמְנוּחָיְכִי: כִּי-יְהוָה, גָּמַל עָלָיְכִי", Salmo 116, versículo 7 (114, vs. 7)

"Shuvi nafshi limnujaiji ki-Adonai gamal alaiji".

Oración

Oh Mumiah, ayúdame a cerrar las puertas de este ciclo de mi vida de manera adecuada y a que pueda cosechar lo que he estado sembrando, enséñame a sembrar la nueva semilla en esta etapa que se inicia. Desvélame los secretos de la naturaleza que permanecen ocultos para mí. Concédeme una vida larga y llena de realizaciones. Protégeme contra la desesperación. Contribuye a la purificación de mis defectos, ya sea a través del dolor o de la transformación espiritual activa.

Principal bibliografía consultada

Biblia, Dios habla hoy (2004): Edición interconfesional, Sociedades Bíblicas Unidas.

La biblia hebreo-español (1996): versión castellana conforme a la tradición judía por Moisés Katznelson, Tel-Aviv, Editorial Sinaí.

Vulgata Clementina (1592): edición crítico textual editada por la Sociedad Bíblica Alemana que se puede encontrar en www.biblija.com.

Agrippa von Nettesheim, Henry Cornelius (1651): *Of occult philosophy*, London, Gregory Moule. Existe una edición parcial de esta obra Chicago, Hahn & Whitehead, 1897. La obra fue editada previamente en latín: Agrippa, Henricus Cornelius (1533): *De occulta philosophia libri tres*, Colonia.

Ayala Serrano, Lauro Eduardo (2015): *Los Nombres de Dios,* Editorial AMI.

Berg, Yehuda (2001): *Los 72 Nombres de Dios. Tecnología para el alma*, Cábala Center.

Bourbeau, Lise (2011): *Las cinco heridas del alma que impiden ser uno mismo*, Editorial OB STARE.

Brown, Brené (2013): *El poder de ser vulnerable. ¿Qué te atreverías a hacer si el miedo no te paralizara?*, Barcelona, Urano.

Buonfiglio, Mónica (1993): *Ángeles cabalísticos*, Libro Latino, Buenos Aires.

Camuñas, María Selene y Villarrubia, Jaime (2007): *Las letras hebreas y sus pruebas iniciáticas. Las tentaciones en los senderos del Árbol de la Vida. Un recorrido espiritual por el alfabeto hebreo,* Málaga, Miraguano Ediciones.

Calvo, Boj (2007): *Cábala. Claves para descubrir los enigmas de los textos sagrados*, Madrid, Editorial LIBSA.

Comay, Arye y Yarden, Dov (1981): *Diccionario Hebreo-Español, Español-Hebreo*. Ed. Achiasaf, Ltdª.

Desjardins, Arnaud (1978): *Le Vedanta et l'Inconscient*. París, Ed. La Table Ronde.

Díaz, Luis Ángel (2009): *La memoria en las células. Cómo sanar nuestros patrones de conducta,* Buenos Aires, Kier.

Epstein, Perle (2001): *Kábala. El camino místico judío*, Madrid, Arkano Book.

Fortune, Dion (1992): *La cábala mística*, Buenos Aires, Kier.

Fromm, Erich (1978): *¿Tener o Ser?*, México, Fondo de Cultura Económica.

González Rubio, Concepción (1977): *La angeología en la literatura rabínica y sefardí*, Barcelona, Ameller Ediciones.

Iona, Yaakov bar (Jaime Villarrubia) (2011): *Sefer Otiot. Libro de las Letras*. Disponible en pendrive.

Halevi, Z'ev ben Shimon (2010): *Introducción al Mundo de la Cábala*, Madrid, Arkano Books.

Kabaleb y Llop, Soleika (1998): *Los Ángeles al alcance de todos*, Madrid, Arkano Books.

Kaplan, Aryeh (1994): *Sefer Yetzirá. El libro de la Creación*, Madrid, Mirach.

Kaplan, Aryeh (2005): *El Bahir. Traducción, introducción y comentario*, Madrid, Equipo Difusor del Libro.

Kashiel (2006): *Guía de respuestas de los 72 genios de la cábala. Diccionario de conceptos y plegarias a los Ángeles*, Madrid, Arkano Books.

Kircher, Athanasius (1653): *Oedipi Aegyptaci*, Roma, Typographia Vitalis Mascardi.

Lenain, (Lazare) (1823): *La science cabalistique ou l'art de connaitre les bons génies*, Paris, Hector et Henri Durville Éditeurs.

Lipton, Bruce H. (2005): *La biología de la creencia. La liberación del poder de la conciencia, la materia y los milagros*, Palmyra.

Lipton, Bruce H.: *La inteligencia de las células* (Originalmente publicado en Peak Vitality: Raising the Threshold of Abundance in Our Material. Spiritual and Emotional Lives (2008) Editor: J. M. House, Elite Books, Santa Rosa, CA).

Madirolas Isasa, Eduardo (2014): *La cábala de la Merkavá. Una vía universal de iluminación y liberación*, ed. Disponible en Internet en www.lacabaladelaluz.com.

Mitchell, Stephen (1999): *Tao-te-King,* Gaia Ediciones.

Pert, Candace (1999): *Molecules of emotion: how you feel the way you feel*, Touchstone.

Robinson, Ken y Aronica, Lou (2009): *El Elemento*, Grijalbo.

Ruiz, Juan (2002): *Los cuatro acuerdos. Un libro de sabiduría tolteca*, Barcelona, Urano, 7ª ed.

Sabán, Mario Javier (2011): *Sod 22. El secreto. Las fundamentos de la cábala y el autoconocimiento en la tradición mística del judaísmo*, Buenos Aires, Ghione Impresiones.

Sabán, Mario Javier (2012): *Maasé Bereshit. El Misterio de la Creación,* Buenos Aires, Ghione Impresiones.

Sabán, Mario Javier (2016): *La cábala. La psicología del misticismo judío,* Barcelona, Kairós.

Safran, Alexandre (1989): *La cábala*, Barcelona, Ed. Martínez Roca, colección La Otra Ciencia.

Satz, Mario (1992): (*traducción*) *El libro de la Claridad (Séfer Ha-Bahir),* Barcelona, Obelisco.

Shlezinger, Rabí Aharón (2011): *Las claves de la numerología cabalística,* Barcelona, Obelisco.

Strohm, F.E. Eckard (2000): *Los Ángeles del Atlantis*, Barcelona, Ed. Abraxas, 1ª ed.

Strohm, F.E. Eckard (2004): *Los maestros de Atlantis*, Barcelona, Ed. Abraxas, 1ª ed.

Székely, Edmond Bordeaux (1992): *El Evangelio de los Esenios*, Ed. Sirio.

Targarona Borrás, Judit (1995): *Diccionario Hebreo-Español*, Ríopiedras.

Tolle, Eckhard (2006): *Un nuevo mundo, ahora. Encuentra el propósito de tu vida*, Barcelona, Grijalbo.

Villarrubia, Jaime/Villarrubia, Iván (2005): *La esquina del tiempo*, Barcelona, Escuelas de Misterios.

Villarrubia, Jaime (2008): *Tzalaj. Los Diez Mandamientos a la luz de la cábala. Propuestas para una clave interpretativa*, Málaga, Miraguano Ediciones.

Villarrubia, Jaime; Haut, Carmen y Millera, Dulce María (2010): *Sefer Ha-Neshamah. Manual de cábala práctica. El Programa de Vida y la investigación del Tikún*, Barcelona, Escuelas de Misterios.

Villarrubia, Jaime (2011): *Diccionario de guematria hebreo-castellano*, Barcelona, Escuelas de Misterios, 2 vols.

Villarrubia, Jaime (2011): *Cábala en píldoras,* Barcelona, Escuelas de Misterios.

Villarrubia, Jaime (2013): *Diccionario de Guematria Hebreo-Español*, Escuelas de Misterios Ediciones.

Wauters, Ambika (1998): *Los chakras y los arquetipos. Un viaje hacia el autodescubrimiento y la transformación*, Madrid, Edaf.

Wilber, Ken (1985): *La conciencia sin fronteras*, Barcelona, Kairós.

Wortman, Adriana (2013): *Astrología, kabbalah y transformación*, Barcelona, Ed. Sincronía.

Zukerwar, Haim David (2006): *Kabalá. La esencia de la percepción judía de la realidad*, Barcelona, Índigo.

Tablas de los Ángeles

Cómo encontrar tu Ángel personal según un programa astrológico.

El Ángel personal se obtiene según signo de nacimiento y grado zodiacal de la primera columna de las siguientes tablas.

Nº	NOMBRE	HEBREO	1ª BARRERA SIGNO ZODÍACO Y GRADOS	2ª BARRERA SIGNO ZODÍACO Y GRADOS					3ª BARRERA Minutos	TAROT
1	Vehuiah	והויה	Aries 0° a 5°	Aries 0° a 1°	Géminis 12° a 13°	Leo 24° a 25°	Escorpio 6° a 7°	Capricornio 18° a 19°	00:00-00:20	5Bn
2	Ieliel	יליאל	Aries 5° a 10°	Aries 1° a 2°	Géminis 13° a 14°	Leo 25° a 26°	Escorpio 7° a 8°	Capricornio 19° a 20°	00:20-00:40	5Bd
3	Sitael	סיטאל	Aries 10° a 15°	Aries 2° a 3°	Géminis 14° a 15°	Leo 26° a 27°	Escorpio 8° a 9°	Capricornio 20° a 21°	00:40-01:00	6Bn
4	Elemiah	עלמיה	Aries 15° a 20°	Aries 3° a 4°	Géminis 15° a 16°	Leo 27° a 28°	Escorpio 9° a 10°	Capricornio 21° a 22°	01:00-01:20	6Bd
5	Mahasiah	מהשיה	Aries 20° a 25°	Aries 4° a 5°	Géminis 16° a 17°	Leo 28° a 29°	Escorpio 10° a 11°	Capricornio 22° a 23°	01:20-01:40	7Bn
6	Lelahel	ללהאל	Aries 25° a 30°	Aries 5° a 6°	Géminis 17° a 18°	Leo 29° a 30°	Escorpio 11° a 12°	Capricornio 23° a 24°	01:40-02:00	7Bd
7	Ajaiah	אכאיה	Tauro 0° a 5°	Aries 6° a 7°	Géminis 18° a 19°	Virgo 0° a 1°	Escorpio 12° a 13°	Capricornio 24° a 25°	02:00-02:20	8On
8	Kahetel	כהתאל	Tauro 5° a 10°	Aries 7° a 8°	Géminis 19° a 20°	Virgo 1° a 2°	Escorpio 13° a 14°	Capricornio 25° a 26°	02:20-02:40	8Od
9	Haziel	הזיאל	Tauro 10° a 15°	Aries 8° a 9°	Géminis 20° a 21°	Virgo 2° a 3°	Escorpio 14° a 15°	Capricornio 26° a 27°	02:40-03:00	9On
10	Aladiah	אלדיה	Tauro 15° a 20°	Aries 9° a 10°	Géminis 21° a 22°	Virgo 3° a 4°	Escorpio 15° a 16°	Capricornio 27° a 28°	03:00-03:20	9Od
11	Lauviah	לאויה	Tauro 20° a 25°	Aries 10° a 11°	Géminis 22° a 23°	Virgo 4° a 5°	Escorpio 16° a 17°	Capricornio 28° a 29°	03:20-03:40	10On
12	Hahaiah	ההעיה	Tauro 25° a 30°	Aries 11° a 12°	Géminis 23° a 24°	Virgo 5° a 6°	Escorpio 17° a 18°	Capricornio 29° a 30°	03:40-04:00	10Od
13	Iezalel	יזלאל	Géminis 0° a 5°	Aries 12° a 13°	Géminis 24° a 25°	Virgo 6° a 7°	Escorpio 18° a 19°	Acuario 0° a 1°	04:00-04:20	2En
14	Mebahel	מבהאל	Géminis 5° a 10°	Aries 13° a 14°	Géminis 25° a 26°	Virgo 7° a 8°	Escorpio 19° a 20°	Acuario 1° a 2°	04:20-04:40	2Ed
15	Hariel	הריאל	Géminis 10° a 15°	Aries 14° a 15°	Géminis 26° a 27°	Virgo 8° a 9°	Escorpio 20° a 21°	Acuario 2° a 3°	04:40 -05:00	3En
16	Hakamiah	הקמיה	Géminis 15° a 20°	Aries 15° a 16°	Géminis 27° a 28°	Virgo 9° a 10°	Escorpio 21° a 22°	Acuario 3° a 4°	05:00-05:20	3Ed
17	Lauviah	לאויה	Géminis 20° a 25°	Aries 16° a 17°	Géminis 28° a 29°	Virgo 10° a 11°	Escorpio 22° a 23°	Acuario 4° a 5°	05:20-05:40	4En
18	Kaliel	כליאל	Géminis 25° a 30°	Aries 17° a 18°	Géminis 29° a 30°	Virgo 11° a 12°	Escorpio 23° a 24°	Acuario 5° a 6°	05:40-06:00	4Ed
19	Leuviah	לוויה	Cáncer 0° a 5°	Aries 18° a 19°	Cáncer 0° a 1°	Virgo 12° a 13°	Escorpio 24° a 25°	Acuario 6° a 7°	06:00-06:20	5En
20	Pahaliah	פהליה	Cáncer 5° a 10°	Aries 19° a 20°	Cáncer 1° a 2°	Virgo 13° a 14°	Escorpio 25° a 26°	Acuario 7° a 8°	06:20-06:40	5Ed

EL SENDERO DEL TIKÚN

N°	NOMBRE	HEBREO	1ª BARRERA SIGNO ZODÍACO Y GRADOS	2ª BARRERA SIGNO ZODÍACO Y GRADOS					3ª BARRERA Minutos	TAROT
21	Neljael	נלכאל	Cáncer 10° a 15°	Aries 20° a 21°	Cáncer 2° a 3°	Virgo 14° a 15°	Escorpio 26° a 27°	Acuario 8° a 9°	06:40-07:00	6Cn
22	Ieiaiel	יייאל	Cáncer 15° a 20°	Aries 21° a 22°	Cáncer 3° a 4°	Virgo 15° a 16°	Escorpio 27° a 28°	Acuario 9° a 10°	07:00-07:20	6Cd
23	Melahel	מלהאל	Cáncer 20° a 25°	Aries 22° a 23°	Cáncer 4° a 5°	Virgo 16° a 17°	Escorpio 28° a 29°	Acuario 10° a 11°	07.20-07:40	7Cn
24	Jahuiah	חהויה	Cáncer 25° a 30°	Aries 23° a 24°	Cáncer 5° a 6°	Virgo 17° a 18°	Escorpio 29° a 30°	Acuario 11° a 12°	07:40-08:00	7Cd
25	Ni-Haiah	נתהיה	Leo 0° a 5°	Aries 24° a 25°	Cáncer 6° a 7°	Virgo 18° a 19°	Sagitario 0° a 1°	Acuario 12° a 13°	08:00-08:20	8Bn
26	Haaiah	האאיה	Leo 5° a 10°	Aries 25° a 26°	Cáncer 7° a 8°	Virgo 19° a 20°	Sagitario 1° a 2°	Acuario 13° a 14°	08:20-08:40	8Bd
27	Ierathel	ירתאל	Leo 10° a 15°	Aries 26° a 27°	Cáncer 8° a 9°	Virgo 20° a 21°	Sagitario 2° a 3°	Acuario 14° a 15°	08:40-09:00	9Bn
28	Seehiah	שאהיה	Leo 15° a 20°	Aries 27° a 28°	Cáncer 9° a 10°	Virgo 21° a 22°	Sagitario 3° a 4°	Acuario 15° a 16°	09:00-09:20	9Bd
29	Reiiel	רייאל	Leo 20° a 25°	Aries 28° a 29°	Cáncer 10° a 11°	Virgo 22° a 23°	Sagitario 4° a 5°	Acuario 16° a 17°	09:20-09:40	10Bn
30	Omael	אומאל	Leo 25° a 30°	Aries 29° a 30°	Cáncer 11° a 12°	Virgo 23° a 24°	Sagitario 5° a 6°	Acuario 17° a 18°	09:40-10:00	10Bd
31	Lekabel	לכבאל	Virgo 0° a 5°	Tauro 0° a 1°	Cáncer 12° a 13°	Virgo 24° a 25°	Sagitario 6° a 7°	Acuario 18° a 19°	10:00-10:20	2On
32	Vasariah	יהושר	Virgo 5° a 10°	Tauro 1° a 2°	Cáncer 13° a 14°	Virgo 25° a 26°	Sagitario 7° a 8°	Acuario 19° a 20°	10:20-10:40	2Od
33	Iejuiah	יחויה	Virgo 10° a 15°	Tauro 2° a 3°	Cáncer 14° a 15°	Virgo 26° a 27°	Sagitario 8° a 9°	Acuario 20° a 21°	10:40-11:00	3On
34	Lehajiah	להחיה	Virgo 15° a 20°	Tauro 3° a 4°	Cáncer 15° a 16°	Virgo 27° a 28°	Sagitario 9° a 10°	Acuario 21° a 22°	11:00-11:20	3Od
35	Javakiah	כוקיה	Virgo 20° a 25°	Tauro 4° a 5°	Cáncer 16° a 17°	Virgo 28° a 29°	Sagitario 10° a 11°	Acuario 22° a 23°	11.20-11:40	4On
36	Menadel	מנדאל	Virgo 25° a 30°	Tauro 5° a 6°	Cáncer 17° a 18°	Virgo 29° a 30°	Sagitario 11° a 12°	Acuario 23° a 24°	11:40-12:00	4Od
37	Aniel	אניאל	Libra 0° a 5°	Tauro 6° a 7°	Cáncer 18° a 19°	Libra 0° a 1°	Sagitario 12° a 13°	Acuario 24° a 25°	12:00-12:20	5En
38	Jaamiah	חעמיה	Libra 5° a 10°	Tauro 7° a 8°	Cáncer 19° a 20°	Libra 1° a 2°	Sagitario 13° a 14°	Acuario 25° a 26°	12:20-12:40	5Ed
39	Rehael	רהעאל	Libra 10° a 15°	Tauro 8° a 9°	Cáncer 20° a 21°	Libra 2° a 3°	Sagitario 14° a 15°	Acuario 26° a 27°	12:40-13:00	6En
40	Ieiazel	ייזאל	Libra 15° a 20°	Tauro 9° a 10°	Cáncer 21° a 22°	Libra 3° a 4°	Sagitario 15° a 16°	Acuario 27° a 28°	13:00-13:20	6Ed
41	Hehahel	הההאל	Libra 20° a 25°	Tauro 10° a 11°	Cáncer 22° a 23°	Libra 4° a 5°	Sagitario 16° a 17°	Acuario 28° a 29°	13:20-13:40	7En
42	Mikael	מיכאל	Libra 25° a 30°	Tauro 11° a 12°	Cáncer 23° a 24°	Libra 5° a 6°	Sagitario 17° a 18°	Acuario 29° a 30°	13:40-14:00	7Ed
43	Vevaliah	וליה	Escorpio 0° a 5°	Tauro 12° a 13°	Cáncer 24° a 25°	Libra 6° a 7°	Sagitario 18° a 19°	Piscis 0° a 1°	14:00-14:20	8Cn
44	Ielahiah	ילהיה	Escorpio 5° a 10°	Tauro 13° a 14°	Cáncer 25° a 26°	Libra 7° a 8°	Sagitario 19° a 20°	Piscis 1° a 2°	14:20-14:40	8Cd
45	Sealiah	סאליה	Escorpio 10° a 15°	Tauro 14° a 15°	Cáncer 26° a 27°	Libra 8° a 9°	Sagitario 20° a 21°	Piscis 2° a 3°	14:40-15:00	9Cn
46	Ariel	אריאל	Escorpio 15° a 20°	Tauro 15° a 16°	Cáncer 27° a 28°	Libra 9° a 10°	Sagitario 21° a 22°	Piscis 3° a 4°	15:00-15:20	9Cd

Apéndice I

N°	NOMBRE	HEBREO	1ª BARRERA SIGNO ZODÍACO Y GRADOS	2ª BARRERA SIGNO ZODÍACO Y GRADOS					3ª BARRERA Minutos	TAROT
47	Asaliah	החשיה	Escorpio 20° a 25°	Tauro 16° a 17°	Cáncer 28° a 29°	Libra 10° a 11°	Sagitario 22° a 23°	Piscis 4° a 5°	15:20-15:40	10Cn
48	Mihael	מיכאל	Escorpio 25° a 30°	Tauro 17° a 18°	Cáncer 29° a 30°	Libra 11° a 12°	Sagitario 23° a 24°	Piscis 5° a 6°	15:40-16:00	10Cd
49	Vehuel	והואל	Sagitario 0° a 5°	Tauro 18° a 19°	Leo 0° a 1°	Libra 12° a 13°	Sagitario 24° a 25°	Piscis 6° a 7°	16:00-16:20	2Bn
50	Daniel	דניאל	Sagitario 5° a 10°	Tauro 19° a 20°	Leo 1° a 2°	Libra 13° a 14°	Sagitario 25° a 26°	Piscis 7° a 8°	16:20-16:40	2Bd
51	Hajasiah	החשיה	Sagitario 10° a 15°	Tauro 20° a 21°	Leo 2° a 3°	Libra 14° a 15°	Sagitario 26° a 27°	Piscis 8° a 9°	16:40-17:00	3Bn
52	Imamiah	עממיה	Sagitario 15° a 20°	Tauro 21° a 22°	Leo 3° a 4°	Libra 15° a 16°	Sagitario 27° a 28°	Piscis 9° a 10°	17:00-17:20	3Bd
53	Nanael	נןאאל	Sagitario 20° a 25°	Tauro 22° a 23°	Leo 4° a 5°	Libra 16° a 17°	Sagitario 28° a 29°	Piscis 10° a 11°	17:20-17:40	4Bn
54	Nithael	ניתאל	Sagitario 25° a 30°	Tauro 23° a 24°	Leo 5° a 6°	Libra 17° a 18°	Sagitario 29° a 30°	Piscis 11° a 12°	17:40-18:00	4Bd
55	Mebahiah	מבהיה	Capricornio 0° a 5°	Tauro 24° a 25°	Leo 6° a 7°	Libra 18° a 19°	Capricornio 0° a 1°	Piscis 12° a 13°	18:00-18:20	5On
56	Poiel	פויאל	Capricornio 5° a 10°	Tauro 25° a 26°	Leo 7° a 8°	Libra 19° a 20°	Capricornio 1° a 2°	Piscis 13° a 14°	18:20-18:40	5Od
57	Nemamiah	נממיה	Capricornio 10° a 15°	Tauro 26° a 27°	Leo 8° a 9°	Libra 20° a 21°	Capricornio 2° a 3°	Piscis 14° a 15°	18:40-19:00	6On
58	Ieialael	יילאל	Capricornio 15° a 20°	Tauro 27° a 28°	Leo 9° a 10°	Libra 21° a 22°	Capricornio 3° a 4°	Piscis 15° a 16°	19:00-19:20	6Od
59	Harajel	הרחאל	Capricornio 20° a 25°	Tauro 28° a 29°	Leo 10° a 11°	Libra 22° a 23°	Capricornio 4° a 5°	Piscis 16° a 17°	19:20-19:40	7On
60	Mitzarael	מצראל	Capricornio 25° a 30°	Tauro 29° a 30°	Leo 11° a 12°	Libra 23° a 24°	Capricornio 5° a 6°	Piscis 17° a 18°	19:40-20:00	7Od
61	Umabel	ומבאל	Acuario 0° a 5°	Géminis 0° a 1°	Leo 12° a 13°	Libra 24° a 25°	Capricornio 6° a 7°	Piscis 18° a 19°	20:00-20:20	8En
62	Iah-hel	יההאל	Acuario 5° a 10°	Géminis 1° a 2°	Leo 13° a 14°	Libra 25° a 26°	Capricornio 7° a 8°	Piscis 19° a 20°	20:20-20:40	8Ed
63	Anauel	ענואל	Acuario 10° a 15°	Géminis 2° a 3°	Leo 14° a 15°	Libra 26° a 27°	Capricornio 8° a 9°	Piscis 20° a 21°	20:40-21:00	9En
64	Mejiel	מחיאל	Acuario 15° a 20°	Géminis 3° a 4°	Leo 15° a 16°	Libra 27° a 28°	Capricornio 9° a 10°	Piscis 21° a 22°	21:00-21:20	9Ed
65	Damabiah	דמביה	Acuario 20° a 25°	Géminis 4° a 5°	Leo 16° a 17°	Libra 28° a 29°	Capricornio 10° a 11°	Piscis 22° a 23°	21:20-21:40	10En
66	Manakel	מנקאל	Acuario 25° a 30°	Géminis 5° a 6°	Leo 17° a 18°	Libra 29° a 30°	Capricornio 11° a 12°	Piscis 23° a 24°	21:40-22:00	10Ed
67	Eiael	איעאל	Piscis 0° a 5°	Géminis 6° a 7°	Leo 18° a 19°	Escorpio 0° a 1°	Capricornio 12° a 13°	Piscis 24° a 25°	22:00-22:20	2Cn
68	Jabuiah	חבויה	Piscis 5° a 10°	Géminis 7° a 8°	Leo 19° a 20°	Escorpio 1° a 2°	Capricornio 13° a 14°	Piscis 25° a 26°	22:20-22:40	2Cd
69	Rohel	ראהאל	Piscis 10° a 15°	Géminis 8° a 9°	Leo 20° a 21°	Escorpio 2° a 3°	Capricornio 14° a 15°	Piscis 26° a 27°	22:40-23:00	3Cn
70	Iabamiah	יבמיה	Piscis 15° a 20°	Géminis 9° a 10°	Leo 21° a 22°	Escorpio 3° a 4°	Capricornio 15° a 16°	Piscis 27° a 28°	23:00-23:20	3Cd
71	Haiaiel	הייאל	Piscis 20° a 25°	Géminis 10° a 11°	Leo 22° a 23°	Escorpio 4° a 5°	Capricornio 16° a 17°	Piscis 28° a 29°	23:20-23:40	4Cn
72	Mumiah	מומיה	Piscis 25° a 30°	Géminis 11° a 12°	Leo 23° a 24°	Escorpio 5° a 6°	Capricornio 17° a 18°	Piscis 29° a 30°	23:40-24:00	4Cd

279

Cálculo del Ángel Personal mediante instrumentos informáticos

Ejemplo: 2 de abril de 1958 a las 1:13 h.

Abrir navegador en https://carta-natal.es

Arriba a la derecha pinchar en Calcular Carta Natal.

Esta es la imagen de la carta natal y ahora bajamos en el cursor de la derecha hasta ver la siguiente parte de la imagen.

Aquí vamos a la columna de símbolos de la izquierda y miramos los grados del sol, que vemos que está a 11º45´30´´ de Aries, que si miramos en las tablas corresponde al Ángel número 3 Sitael 6Bn.

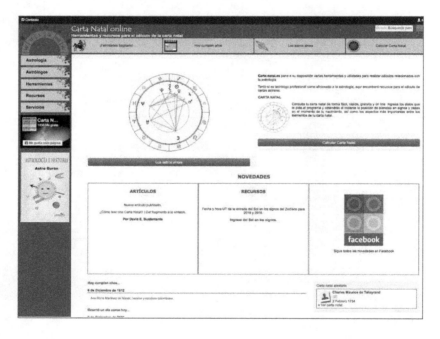

Introducir los datos en el formulario cuya imagen se ve a continuación y darle a **aceptar** después de haber introducido todos los datos requeridos: hora, día, mes y año de nacimiento, así como país, comunidad y localidad de nacimiento.

Apéndice II

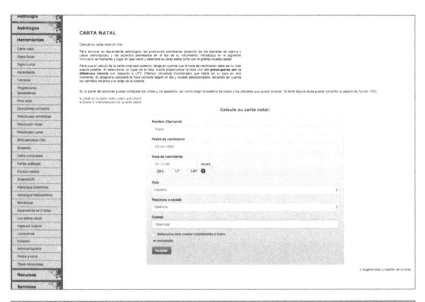

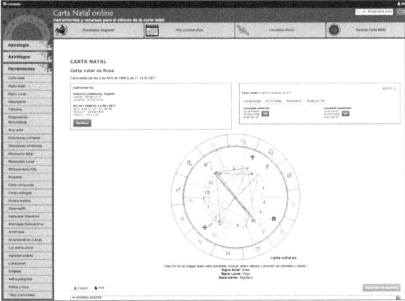

Esta imagen superior es la imagen de la carta natal y ahora bajamos en el cursor de la derecha hasta ver la siguiente parte de la imagen.

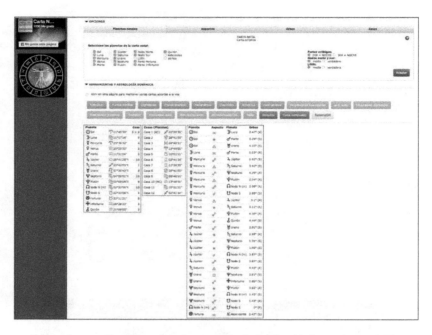

Mirar los grados exactos a los que está el sol y el signo de nacimiento al que le corresponde y mirar en el Apéndice I a qué ángel corresponde.

Ahora ya tenemos el nombre de nuestro ángel personal y vamos a ver los niveles del alma y los mundos a los que pertenece y cómo actúa tu ángel personal, así como la combinación con los 72 Ángeles de la cábala en el proceso del despertar y elevación de la consciencia hasta la consciencia mesiánica. Combinaremos el trabajo con el ángel personal con la secuencia de Ángeles que hemos visto en la escala de Jacob.

Velas y sus diseños de los 72 Ángeles de la cábala

N°	Ángel	Diseño de la vela con el sello y nombre del Ángel
1	VEHUIAH	
2	IELIEL	
3	SITAEL	
4	ELEMIAH	
5	MAHASIAH	
6	LELAHEL	
7	AJAIAH	
8	KAHETEL	
9	HAZIEL	
10	ALADIAH	
11	LAUVIAH	
12	HAHAIAH	
13	IEZALEL	
14	MEBAHEL	

N°	Ángel	Diseño de la vela con el sello y nombre del Ángel	
15	HARIEL		
16	HAKAMIAH		
17	LAUVIAH		
18	KALIEL		
19	LEUVIAH		
20	PAHALIAH		
21	NELJAEL		
22	IEIAEL		
23	MELAHEL		
24	JAHUIAH		
25	NITHAIAH		
26	HAAIAH		
27	IERATHEL		
28	SEEHIAH		
29	REIIEL		

N°	Ángel	Diseño de la vela con el sello y nombre del Ángel
30	OMAEL	
31	LEKABEL	
32	VASARIAH	
33	IEJUIAH	
34	LEHAJIAH	
35	JAVAKIAH	
36	MENADEL	
37	ANIEL	
38	JAAMIAH	
39	REHAEL	
40	IEIAZEL	
41	HEHAHEL	
42	MIKAEL	
43	VEVALIAH	
44	IELAHIAH	
45	SEALIAH	

EL SENDERO DEL TIKÚN ....

N°	Ángel	Diseño de la vela con el sello y nombre del Ángel
46	ARIEL	
47	ASALIAH	
48	MIHAEL	
49	VEHUEL	
50	DANIEL	
51	HAJASIAH	
52	IMAMIAH	
53	NANAEL	
54	NITHAEL	
55	MEBAHIAH	
56	POIEL	
57	NEMAMIAH	
58	IEIALAEL	
59	HARAJEL	
60	MITZRAEL	
61	UMABEL	

Apéndice III

N°	Ángel	Diseño de la vela con el sello y nombre del Ángel
62	IAH-HEL	
63	ANAUEL	
64	MEJIEL	
65	DAMABIAH	
66	MANAKEL	
67	EIAEL	
68	JABUIAH	
69	ROHEL	
70	IABAMIAH	
71	HAYAIEL	
72	MUMIAH	

ROSA GÓMEZ CASAÑ
(Valencia, 1958)

Se licenció en Filología Hispánica en la Universidad de Valencia, de la que ha sido profesora (1983-1999). Ha impartido cursos en las Universidades de Maguncia (1986) y Salzburgo (1993) y en el programa *Hispanic Studies in Spain* (1984-1987 y 1988-1989) de la Universidad de Virginia. Fue premio extraordinario de doctorado (1988) y recibió el premio de investigación María de Luna en su tercera edición (1988).

Ha publicado *La "Historia de Xérica" de Francisco del Vayo. Edición y estudio* (1986), *Aproximación a la historia lingüística del Alto Palancia entre los siglos XIII y XVI* (1988) y *Nicolau Primitiu Gómez Serrano (1877-1971). Una aproximació a la seua vida* (1997), así como casi cincuenta artículos sobre historia de la lengua española, interesándose especialmente por la historia lingüística de las comarcas castellanohablantes de Valencia y su toponimia.

Recibió el premio de poesía *Ausiàs March* (2004).

Como cabalista se ha dedicado a la investigación de la cábala por más de 20 años enfocando su trabajo en el descubrimiento del propósito de vida. Formada en diversas escuelas y con distintos maestros de cábala de los que destacan los conocidos cabalistas Jaime Villarrubia y Mario Sabán. Experta en cábala aplicada y maestra en el sistema cabalístico desarrollado por Hans Müller y Fritz Guggisberg de la Escuela Austriaca. Imparte cursos de cábala y es consultora especializada en análisis cabalísticos personalizados. Su aportación personal a la cábala consiste en integrar este conocimiento ancestral con todas las corrientes espirituales del mundo a fin de potenciar un notable desarrollo espiritual y hacer llegar ese conocimiento de una forma sencilla y práctica.

Es maestra de Reiki, de Arolo Tifar y en Sanación Espiritual Activa y Cirugía Energética, técnicas de sanación energéticas de las que imparte cursos y terapias personalizadas. Es también Maestra Esenia (más de quince años instruida por el reconocido maestro y sanador espiritual Eckard Strohm). Es terapeuta de hipnosis natural y regresiva y terapeuta de CMR de la que es la primera facilitadora de Europa. Actualmente imparte cursos de cábala y se dedica a la sanación fundamentalmente a través de la hipnosis.

Este libro se terminó de escribir
el 16 de febrero de 2020,
festividad de San Maruta, obispo.
Se entregó para su maquetación
el 2 de abril,
día de San Francisco de Paula,
fundador de los Mínimos,
así hasta el 19 de abril de 2020,
festividad de la Divina Misericordia,
en que entró en máquinas.

CPSIA information can be obtained
at www.ICGtesting.com
Printed in the USA
LVHW040358220623
750465LV00003B/400